汽车综合故障诊断技术

主　编　覃娅娟　聂　进

副主编　刘宗正　毛军鹏

参　编　高英儒　朱学维

ZHEJIANG UNIVERSITY PRESS

浙江大学出版社

图书在版编目（CIP）数据

汽车综合故障诊断技术 / 覃娅娟，聂进主编. 一杭州：浙江大学出版社，2016. 1(2018. 12 重印)
ISBN 978-7-308-15548-9

Ⅰ. ①汽… Ⅱ. ①覃… ②聂… Ⅲ. ①汽车—故障诊断 Ⅳ. ①U472. 42

中国版本图书馆 CIP 数据核字(2016)第 010531 号

汽车综合故障诊断技术

覃娅娟　聂　进　主编

责任编辑　吴昌雷
责任校对　余梦洁
封面设计　晨　宇
出版发行　浙江大学出版社
(杭州市天目山路 148 号　邮政编码 310007)
(网址：http://www.zjupress.com)
排　　版　杭州金旭广告有限公司
印　　刷　浙江印刷集团有限公司
开　　本　787mm×1092mm　1/16
印　　张　13
字　　数　325 千
版 印 次　2016 年 1 月第 1 版　2018 年 12 月第 2 次印刷
书　　号　ISBN 978-7-308-15548-9
定　　价　29.00 元

浙江大学出版社市场运营中心联系方式：0571 - 88925591；http://zjdxcbs.tmall.com

高职高专汽车类专业系列教材
编写委员会

杨　帆　武汉外语外事职业学院
肖　贝　黄冈职业技术学院
吴　波　湖北工程职业学院
吴　浩　武汉软件工程职业学院
张得仓　湖北三峡职业技术学院
林凤功　湖北工业职业技术学院
聂　进　黄冈职业技术学院
贾建波　荆州职业技术学院
郭金元　武汉船舶职业技术学院
涂志军　武汉商学院
陶　阳　黄冈职业技术学院
黄　伟　黄冈职业技术学院
黄爱良　黄冈职业技术学院
曹登华　湖北交通职业技术学院
梁学军　随州职业技术学院
覃娅娟　武汉航海职业技术学院
程　俊　黄冈职业技术学院
程洪涛　襄阳职业技术学院
熊其兴　武汉职业技术学院

前言

PREFACE

随着汽车技术的发展，特别是电子技术、计算机技术在汽车上的应用，汽车诊断从人工定性检查质变为利用设备、仪器的定量检测；从现场或试车发展为相关性实验台架的测试。无论是国内还是国外，汽车诊断技术均发生了质的飞跃，并在汽车维修生产和养护方面占据重要的地位。因此，作为高职高专汽车专业的学生和相关的汽车使用、管理、服务人员，应掌握现代汽车故障诊断技术。

“汽车综合故障诊断技术”是“汽车检测与维修”专业的一门重要的专业主干课，也是一门主要的实践课。该课程以“汽车构造”“汽车拆装与调整”“汽车电器设备”“发动机原理”“汽车理论”“汽车新技术”等多门专业课程为基础，理论性和实践性都较强，是本专业整体教学过程的综合体现。通过课程的学习，使学生掌握汽车故障诊断的基本理论知识，能够对汽车常见故障现象进行总结，分析故障原因，查找故障部位；通过实训培养学生的实践技能，掌握正确的故障诊断方法，能够对汽车各系统的重要部位进行检测和调整，具备对汽车典型故障进行诊断、检测与排除的能力。

本书以汽车的总体结构为主线，共 8 章，分别讲述汽车故障诊断的基本知识、汽车发动机（电控喷射式）故障诊断技术、底盘（包括传统结构总成和自动变速器及 ABS 系统）故障诊断技术、电器（包括起动系统、充电系统、灯系统、电子巡航系统、辅助电器等）故障诊断技术、汽车空调系统的故障诊断技术。本书内容以现代汽车常见的结构为主，通过举例说明，通俗易懂。

本书力求理论联系实际，注重能力培养，为加强职业院校学生能力的培养，本书的实践知识注重实用。

本书由武汉航海职业技术学院覃娅娟、黄冈职业技术学院聂进主持编写，在本书编写过程中，编者参考了大量的书籍资料，获益匪浅，在此向这些作者表示感谢！

由于作者水平所限，书中难免存在不足和错误，敬请各位读者批评指正。

编　者

2015 年 9 月

目录

CONTENTS

第一章 汽车故障诊断概论

学习目标

1. 知识目标

(1)了解汽车故障诊断的定义、分类。

(2)掌握汽车故障诊断常用的方法。

(3)了解国内外汽车故障诊断技术的发展状况。

(4)掌握汽车故障通用法则。

2. 能力目标

(1)能运用汽车故障诊断的方法来判断汽车常见的故障。

(2)熟悉故障流程。

任务导入

汽车故障诊断是指在整车不解体(或仅卸下个别小件)的情况下,确定汽车的技术状况,查明故障原因和故障部位的汽车应用技术。随着汽车技术的发展,特别是电子技术、计算机技术在汽车上的应用,汽车故障诊断从传统的听、看、闻、经验诊断方式,发展为以集成化、智能化的诊断设备为手段,以信息技术为依托的现代汽车故障诊断技术;从人工定性检查转变为利用设备、仪器的定量检测;从现场或试车检查发展为相关性实验台架的测试。无论是国内还是国外,汽车诊断技术均发生了质的飞跃。

任务分析

汽车故障诊断的一般思路和方法，是从对汽车故障诊断工程实践具有指导意义的因果图分析法和故障树分析法出发，推导出汽车故障诊断的基本流程和步骤，总结归纳出汽车故障诊断实践中应用最广、使用最多的包含“十个分析、八个试验”的测试方法，提出汽车故障诊断流程设计的基本思路，指出汽车故障诊断流程设计是汽车维修师应该重点掌握的方法。

相关知识

1.1 国外汽车诊断技术的发展

20 世纪 50 年代之前，国外就研发了以故障诊断和性能调试为主的单项检测技术。早期的检测诊断设备是以机械结构为主，单机人工操作。20 世纪 60 年代，随着机电一体化的产生，研制了单机自动化的设备，如四轮定位仪、非接触式速度计等；20 世纪 80 年代，随着计算机技术的发展和应用，实现了汽车诊断控制自动化，出现了集检测工艺、操作、数据采集、存储和打印等功能于一体的系统软件。目前，车载自诊断系统（OBD）和车外诊断系统正在进一步发展。

（1）车载自诊断系统

车载自诊断系统利用安装在汽车内各个部位的传感器，自动检测系统故障，以故障代码形式显示并将故障信息存入电子控制单元 ECU 的 RAM 中，在维修车辆时，维修人员能调出故障代码，找出故障部位。1994 年，美国汽车工程师协会（SAE）在第 1 代 OBD 的基础上，制定了第 2 代在线诊断标准 OBDⅡ。OBDⅡ除了能对电子控制系统检测外，还增加了对与排放有关的系统监测，更注重绿色环保问题。

（2）车外诊断系统

车外诊断系统通过传感器采集信号，并送至车外仪器，在相应诊断软件的支持下，完成各种诊断。例如：发动机综合分析仪等。

1.2 国内汽车诊断技术的发展

我国是在 20 世纪 60 年代开始研究检测技术，如发动机气缸漏气量检测仪等。20 世纪 80 年代，随着汽车工业的发展，汽车诊断技术得到了迅速发展；到 90 年代，相继研制了侧滑试验台、制动试验台、汽车检测站以及我国自主开发的发动机故障诊断仪、四轮定位仪等。汽车检测站综合运用现代检测技术和设备对汽车进行不解体或不完全解体条件下的性能检测诊断，实现了以汽车安全性能为主到综合性能的检测。国产车在汽车电子控制方面上也广泛应用了 OBDⅠ，但根据我国目前的排放法规，OBDⅡ还没有在国产车上使用。

1.3　我国汽车诊断技术存在的差距

我国汽车诊断技术正在快速发展，但与国外先进水平相比，还有一定差距，主要突出在以下几个方面：

①管理水平还须进一步提高。我国已基本建立了车辆检测诊断制度，实施了“定期检测、强制维护、视情修理”的汽车维修制度，但我国各地区经济和技术水平不一致，大部分地区尚未进行汽车维修行业的电脑化管理和信息化建设，甚至还有“事后维修”现象。汽车诊断技术的滞后，与高速发展的汽车技术和迅猛增长的汽车保有量严重脱节，这是一个值得重视的问题。

②诊断设备和仪器的国产化研发能力欠佳，而进口诊断设备价格昂贵，阻碍了我国汽车诊断技术的发展。

③汽车维修人员的素质普遍不高。汽车的高科技化、现代检测设备本身的高性能，要求维修人员具备一定的汽车专业、机电专业理论知识，懂计算机、会英语，综合职业能力强，但这种技能型专门人才紧缺。

1.4　汽车故障的分类、产生原因及其诊断方法

汽车故障是指汽车部分或完全丧失工作能力的现象，其实质是汽车零件本身或零件之间的配合状态发生了异常变化。

汽车工作能力是动力性、经济性、工作可靠性及安全环保等性能的总称。

1.汽车故障的分类

①按丧失工作能力的程度分为局部故障和完全故障。局部故障是指汽车部分丧失了工作能力，降低了使用性能的故障。完全故障是指汽车完全丧失工作能力，不能行驶的故障。

②按发生的后果分为一般故障、严重故障和致命故障。一般故障是指汽车运行中能及时排除的故障或不能排除的局部故障。严重故障是指汽车运行中无法排除的完全故障。致命故障是指导致汽车造成重大损坏的故障。

2.汽车故障产生的原因

①本身存在着易损零件：汽车设计时，因各种因素、各种功能要求不同，各零件有不同寿命，如汽车上在恶劣环境下工作的零部件就为易损件，如发动机轴承、火花塞等。

②零件本身质量差异：汽车和汽车零件是大批量和由不同厂家生产的，不可避免地存在质量差异。原厂配件使用中会出现问题，协作厂和不合格的配件装到汽车上更会出现问题。

③汽车消耗品质量差异：主要有燃油和润滑油等，这些消耗品质量差的会造成燃烧室积炭、运动接触面超常磨损等，严重影响汽车的使用性能而发生故障。

④汽车使用环境影响：汽车是在野外露天等不断变化的环境里工作的，如高速公路路面宽阔平坦，汽车速度高，易出故障和事故；道路不平，汽车震动颠簸严重，易受损伤；山区动力消耗大、在城市用车时间长等不适当的条件都会使汽车使用工况发生变化，容易发生故障。

⑤驾驶技术和日常保养的影响：汽车使用管理日常保养不善，不能按规定进行走合和定期维护，野蛮起动和野蛮驾驶等都会使汽车早期损坏和出现故障。

⑥汽车故障诊断技术和维修技术的影响：汽车使用中有故障要及时维修，出了故障要做

出准确的诊断，才可能修好。在汽车使用、维护、故障诊断和维修作业中，特别是现代汽车，高新技术应用较多，这就要求汽车使用、维修工作人员要了解和掌握汽车技术和高深的新技术。不会修不要乱修，不懂不要乱动，以免旧病未除，新毛病又会出现。

因此，汽车故障广泛地存在于汽车的制造、使用、维护和修理工作的全过程。对于每一个环节都应十分注意，特别是在使用中要注意汽车的故障，有故障要及时发现、及时排除，才能使汽车在使用过程中减少事故的出现。

3. 汽车故障诊断方法

汽车技术状况的诊断是通过检查、测量、分析、判断等一系列活动完成的，其基本方法主要分为两种：直观诊断法和现代仪器设备诊断法。

(1)直观诊断法

直观诊断法又称为人工经验诊断法，是指诊断人员凭丰富的实践经验和一定的理论知识，在汽车不解体或局部解体的情况下，依靠直观的感觉印象、借助简单工具，采用眼观、耳听、手摸和鼻闻等手段，进行检查、试验、分析，确定汽车的技术状况，查明故障原因和故障部位的诊断方法。

(2)现代仪器设备诊断法

现代仪器设备诊断法是在传统的人工经验诊断的基础上随着社会的进步、科学技术的提高，逐渐发展起来的。与人工经验诊断故障的方法比较，其不同点：一是借助于仪器；二是其检查结果的定量化。

通常有如下方法：

①磨损残余物测定法。汽车零件，如轴承、齿轮、活塞环、气缸等在运行过程中的磨损残余物会存留在润滑油中，通过测定润滑油中磨损物的成分及浓度，能获得汽车零部件迅速失效的信息，进而确定汽车运动件中哪个零件发生磨损。磨损残余物可通过油样分析、润滑油混浊度的变化等方法来测定。

②温度测定法。汽车正常工作时，汽车零部件的温度会在一定范围内变化。如正常燃烧的汽车发动机水温为80～90℃，温度过高或过低意味着冷却系统工作不良；而发动机排气温度过高则可能是点火过晚或混合气过稀所致。因此，通过测定汽车零部件的工作温度，可以获取零部件工作是否正常的信息。

③压力测定法。汽车在一定条件下运行时，其某些部位的压力应具有规定的数值，若偏离该数值，则说明存在故障：如发动机气缸压缩压力过低，说明气缸密封不良；如发动机机油压力过低，说明润滑系统有故障，或曲轴轴承间隙过大等。因此，通过某些压力的检测，可以获取零部件或系统工作是否正常的信息。

④无故障码故障诊断。无故障码故障指在车辆使用中，有明显的故障现象，但故障灯不亮，按规定程序调取故障码时，显示正常码。无故障码故障诊断步骤如表1-1所示。

表 1-1　无故障码故障诊断步骤

步骤	检查内容	正常	不正常时的处理方法
1	发动机不工作时检查蓄电池电压	不低于11V	充电或更换蓄电池
2	盘转发动机检查曲轴能否转动	能转动	按“故障诊断顺序表”诊断

续表

步骤	检查内容	正常	不正常时的处理方法
3	起动发动机检查能否起动	能起动	直接转到步骤7进行检查
4	检查空气滤清器滤芯是否脏或损坏	滤芯良好	清洁或更换滤芯
5	检查发动机怠速运转情况	怠速运转良好	按"故障诊断顺序表"诊断
6	检查发动机点火正时	点火正时准确	调整
7	检查燃油系统压力	压力正常	检查排除燃油系统故障
8	检查火花塞和高压线跳火情况	火花正常	检查排除点火系统故障
9	上述检查是否查明故障原因	查明故障原因	按"故障诊断顺序表"诊断

目前可供利用的仪器设备有：万用表、点火正时灯、气缸压力表、真空表、油压表、声级计、流量计、油耗仪、示波器、气缸漏气量检测仪、曲轴箱窜气量检测仪、气体分析仪、烟度计以及功能比较齐全的测功机、四轮定位仪、制动试验台、侧滑试验台、发动机综合检测仪、底盘测功机等等。这些仪器设备给人们提供了可靠的依据，使汽车故障诊断从定性诊断发展为定量诊断。

现代仪器设备诊断法具有检测速度快、准确性高、能定量分析、可实现快速诊断等优点，而且采用微机控制的现代电子仪器设备能自动分析、判断、存储并打印出汽车各项性能参数。其缺点是投资大、占用厂房、操作人员需要培训、检测成本高等。这种诊断方法适用于汽车检测站和中、大型维修企业。使用现代仪器设备诊断法是汽车诊断与检测技术发展的必然趋势。

实际上，上述两种方法往往同时综合使用，也称为综合诊断法。

1.5　汽车故障检测通用法则

1. 询问用户

①汽车已经使用的年限。了解汽车使用的年限可以帮助大致估计出故障的性质。

②产生故障的过程。应了解故障是突然发生的还是逐步恶化的；是静止性的故障还是时有时无的故障。

③是否请人修理过。应该了解该汽车发生故障以后，用户是否请人修理过，修过哪几个部位？如请人修理过，此人的修理过程如何，是否调节过车内的某些可调部位，是否更换过元器件或零部件等。

2. 实际观察

通常应做如下观察：

①整车不工作时，喇叭是否响？

②起动不着车时，起动机运转是否正常？

③起动机运转不正常时，大灯亮度是否正常？

④喇叭不响或响声异常时，大灯亮度是否正常？

⑤电喷发动机不能起动时，水温表指示是否正常？

⑥电喷发动机冷态起动困难，踩下油门踏板，在这种加速加浓的情况下能否起动？

⑦空调器不工作时，冷却液风扇是否运转？

⑧ABS制动系统不起作用时，ABS指示灯能否点亮？

3.联系各部分故障现象进行分析判断

(1)电源部分

电源(蓄电池)部分发生故障将使汽车不能工作或工作失常。无蓄电池电压的主要故障现象是：起动不着车，喇叭不响，大灯不亮，各种指示灯也不亮。蓄电池电压低于正常值时起动机运转无力，灯光变暗，喇叭声音失真等。

发电机组成的电路不良，会使供电升高而损坏用电设备及灯泡；如不能充电则会使蓄电池经常亏电。

(2)起动部分

起动部分担负着产生发动机起动时所需转矩的任务。因此起动部分发生故障时，喇叭和灯光系统正常但起动不着车，发动机不能运转。起动机不转、起动机运转无力也会导致此类故障。

(3)点火部分

因点火部分发生故障而使发动机不能正常工作的主要现象为：发动机不能发动或突然熄火；发动机虽然能发动，但工作不均匀，个别缸不工作；发动机起动时反转、加速时发生爆震或动力不足、加速不良且温度过高；发动机虽然能起动，但有其他不正常现象等。

(4)发动机电控系统部分

因发动机电控系统故障而使发动机不能正常工作的主要现象为：发动机不能起动；发动机冷态起动困难；发动机热态起动困难；发动机怠速状态不良；发动机高速性能不良；发动机加速性能不良；怠速状态时间一长就导致熄火，并且不能再起动；上长坡时，发动机状态不良，像没有劲似的，导致熄火，但停一会儿又能起动；行驶中踏下油门踏板不能加速，反而导致突然熄火。

(5)辅助电器部分

辅助电器大多自成系统，损坏时故障现象仅与该系统中的线路、零件有关系，比较好判断。

必须注意的是：在一些采用自动变速器以及防盗控制、遥控起动等辅助控制装置的车辆上，起动电路还受空挡起动开关、防盗控制器等状态的控制。

4.直观检测法的使用

(1)工作状况突变

因为不正常的现象导致工作性能变坏，例如发动机突然熄火、离合器打滑、换挡困难、转向和制动失灵、轮胎爆破、喇叭不响、灯光不亮，等等，最终造成在正常行驶中的汽车突然间丧失了运行能力。

(2)声响异常

系汽车总成或零部件在工作中超过了技术标准，导致配合尺寸和几何形状发生变化而产生的不正常声响，是机件隐患和故障的表现形式，异响是现象，而故障是本质。异响和故障具有相互联系又有互为因果的关系，消除声响，就是在排除故障。

(3)过热现象

系汽车总成或零部件的工作温度超过了技术标准规定的故障特征。汽车的各个系统在正常行驶情况下，依靠强制通风和自然通风以保持在正常的工作温度范围内工作。汽车在使用中，随着气候、道路条件、发动机和传动转矩的变化，各系统的工作温度也在上下波动，若不监视各系统和部件的温度变化并加以控制、调整，就会发生过冷和过热现象。

(4)排烟异常

发动机的尾气排放与发动机的点火提前角、负荷、转速及混合气浓度有直接关系。发动机优良的综合性能是实现燃烧完全、减少排气污染的关键。发动机尾气排放有时会出现不正常的颜色，这说明了发动机性能受到了机械本身、油路、电路以及发动机工作状况(转速、负荷)恶化的影响。例如：气缸烧机油时，废气呈蓝色；燃烧不完全时，废气呈黑色；油中掺水时，废气呈白色。

(5)燃润料(燃油、润滑油、冷却水等)消耗异常

这是表示发动机工作不良、底盘调整不当的一个汽车技术状况标志。造成燃润料消耗增加是发动机综合故障的反映，如果经过对油路、电路的检查和调整，仍不能达到或接近正常的消耗指标，则表明发动机的技术状况已严重恶化，已达到非经检修而不能恢复的程度。同时表明活塞组零件、气门与气门座、气缸体与气缸盖的密封性下降，从而导致漏气量增加，发动机功率下降，燃润料增加。

作为动力源泉的发动机因其结构复杂，工作条件苛刻，在汽车行驶中发生的故障率也最高。因此，其状况的好坏直接影响正常行驶。

(6)渗漏现象

一般指发动机供油系统的燃油、润滑系统的机油、传动系统的齿轮油和润滑脂、冷却系统的冷却水、制动系统的制动液、真空系统和轮胎的漏气、空调系统的制冷剂等方面的渗漏。

渗漏造成的后果是使汽车零部件过热和烧损，甚至还会引起火灾。一般来说，这是一种有明显征兆和迹象的故障现象。

(7)特殊气味

燃润料是石油产品，在高温和氧化作用下，形成氧化物和氧化聚合物；润滑油氧化的结果是产生有机酸，氧化聚合作用的结果是产生酸性聚合物。制动液是由醚、醇、酯等物质加添加剂合成的；当离合器打滑或制动器拖滞时，摩擦片和制动蹄片因受高温氧化作用影响，会发出焦臭味；蓄电池“过充”时会从通气口排出一股刺鼻的酸味；制动系统渗漏时会嗅到强烈的酒精味；电器设备的导线发生短路会引起燃烧，发出烧焦气味。通过嗅觉闻到不同的气味，很快地查找到故障的部位，并及时分析其原因，可为排除故障提供有利的线索。

(8)车体外观异常

其故障大多反映在行驶机构，即车架、车桥、车轮和轮胎以及悬架装置等方面。行驶机构承担来自各方面的力的作用，如传动系统传递的动力；通过驱动桥及路面附着力对汽车产生驱动力；传递和承受路面对车轮的各反向力及形成的力矩等等。因此，行驶机构受到的冲击、振动和外加负荷，是引起汽车零部件变形，或车体发生外观异常的根源。如两侧轴距尺

寸不一致,减震器失效,轮胎充气不足,磨损不一及车架变形产生的车体倾斜等。通过这些现象,有助于我们分析制动跑偏、侧滑、四轮定位不良而引起的转向打摆和沉重等故障原因。

相关拓展

1. 什么是故障树分析法

故障树分析(FTA)技术是美国贝尔电报公司的电话实验室于1962年开发的,它采用逻辑的方法,形象地进行危险的分析工作,特点是直观、明了、思路清晰、逻辑性强,可以做定性分析,也可以做定量分析。体现了以系统工程方法研究安全问题的系统性、准确性和预测性,它是安全系统工程的主要分析方法之一。一般来讲,安全系统工程的发展也是以故障树分析为主要标志的。

1974年,美国原子能委员会发表了关于核电站危险性评价报告,即"拉姆森报告",大量、有效地应用了FTA,从而迅速推动了它的发展。

故障树图(或者负分析树)是一种逻辑因果关系图,它根据元部件状态(基本事件)来显示系统的状态(顶事件)。就像可靠性框图(RBDs),故障树图也是一种图形化设计方法,并且作为可靠性框图的一种可替代的方法。

一个故障树图是从上到下逐级建树并且根据事件而联系,它用图形化"模型"路径的方法,使一个系统能导致一个可预知的或不可预知的故障事件(失效),路径的交叉处的事件和状态,用标准的逻辑符号("与","或"等)表示。在故障树图中,最基础的构造单元为门和事件,这些事件与在可靠性框图中有相同的意义,并且门是条件。

2. 故障树分析的基本程序

①熟悉系统:要详细了解系统状态及各种参数,绘出工艺流程图或布置图。

②调查事故:收集事故案例,进行事故统计,设想给定系统可能发生的事故。

③确定顶上事件:要分析的对象即为顶上事件。对所调查的事故进行全面分析,从中找出后果严重且较易发生的事故作为顶上事件。

④确定目标值:根据经验教训和事故案例,经统计分析后,求解事故发生的概率(频率),以此作为要控制的事故目标值。

⑤调查原因事件:调查与事故有关的所有原因事件和各种因素。

⑥画出故障树:从顶上事件起,逐级找出直接原因的事件,直至所要分析的深度,按其逻辑关系,画出故障树。

⑦分析:按故障树结构进行简化,确定各基本事件的结构重要度。

⑧分析事故发生概率:确定所有事故发生概率,标在故障树上,并进而求出顶上事件(事故)的发生概率。

⑨比较:比较分可维修系统和不可维修系统进行讨论。前者要进行对比,后者求出顶上事件发生概率即可。

⑩分析:原则上是上述几个步骤,在分析时可视具体问题灵活掌握,如果故障树规模很大,可借助计算机进行。目前我国故障树分析一般都考虑到第7步进行定性分析为止,也能取得较好效果。

3. 故障树分析法在汽车故障诊断中的应用

(1)由故障症状、故障原因的层级关系，确定从顶端到中间再到底端事件的全部事件列表。

在故障树中，首先要分析的系统故障事件称为顶端事件，在汽车故障中顶端事件是指最初故障症状。其次，把不能再分开的基本事件称为底端事件，在汽车故障中底端事件是指最小故障点。最后，把其他事件称中间事件。故障树是由第一层顶端事件、多层中间事件、最后一层底端事件构成。注意：故障树中的底端事件不是最终故障原因，而仅仅是最小故障点，如图 1-1所示。

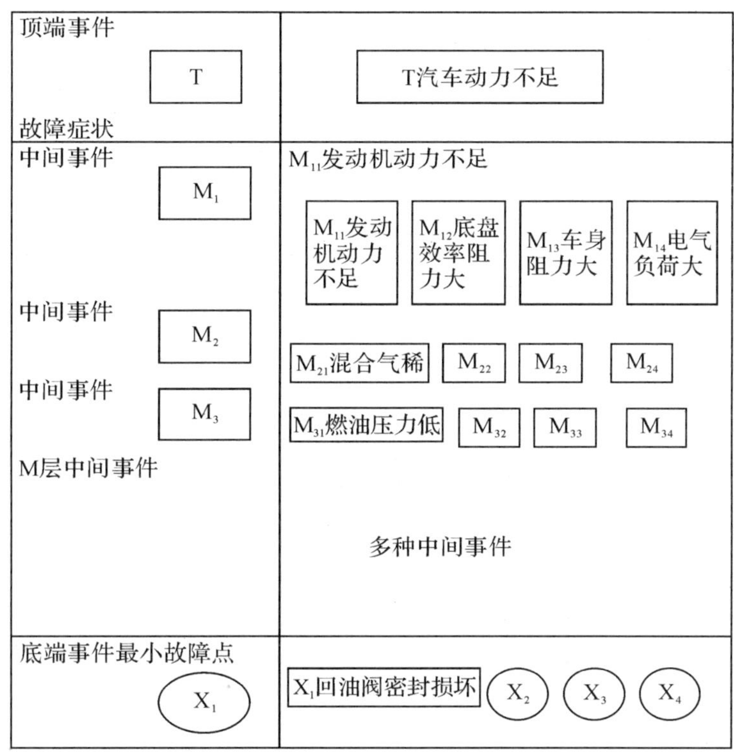

图 1-1　故障树分析法

(2)由故障症状与故障原因之间的逻辑关系，连接事件与事件之间的逻辑图。

故障树是根据故障症状与故障原因间的逻辑关系建立起来的，首先将顶端事件用矩形符号表示，底端事件用圆形符号表示，如图 1-1 的形式。然后再确定各层事件的逻辑关系，主要由“与”和“或”两种组成，并将各层事件用逻辑符号连接起来。

“或”表示只要有一低一层事件发生时，上一层事件就会发生。事件间的“或”关系是汽车故障中最常见的逻辑关系。例如：各缸没有点火和各缸没有喷油这两个事件中，只要有一个发生，发动机就不能起动。其逻辑关系图如图 1-2 所示。

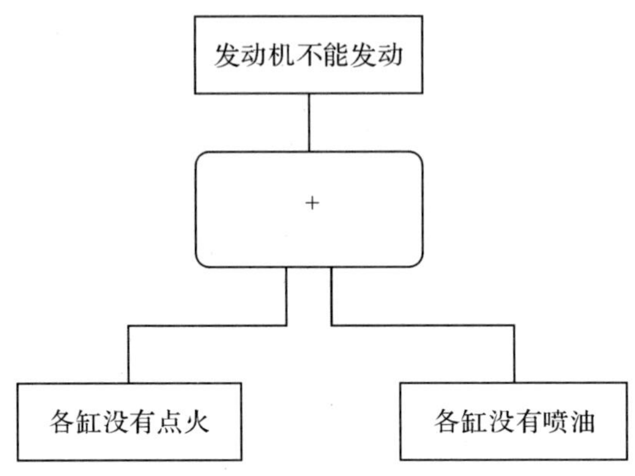

图 1-2　逻辑“或”关系

“与”表示低一层的所有事件都发生时，上一层的事件才发生。例如：机油滤清器堵塞和旁通阀堵塞这两个事件中，必须是同时发生才会导致机油压力完全没有。其逻辑关系如图 1-3 所示。

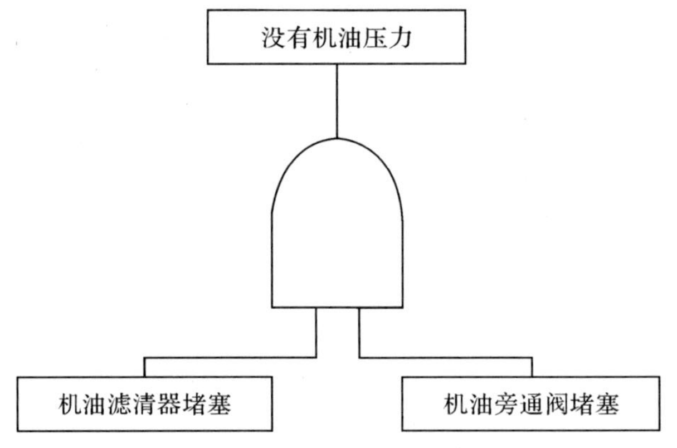

图 1-3　逻辑“与”关系

(3)对故障树进行定性分析

对故障树定性分析的主要目的是找出导致事件发生的全部可能，也就是导致故障症状发生的所有原因。弄清发生某种故障到底有多少种可能性。

思考题

1. 什么是汽车故障？汽车故障的分类有几种？
2. 汽车故障产生的原因及其诊断方法有哪些？
3. 对汽车进行故障诊断的常用方法有哪几种？

第二章 电控汽油喷射发动机的故障诊断

学习目标

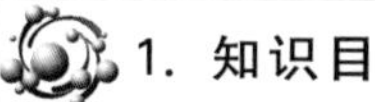

1. 知识目标

(1)了解燃油喷射系统的结构与原理。

(2)了解燃油喷射系统的优缺点。

(3)掌握燃油喷射系统的常见故障及排除方法。

(4)了解转向传动机构的类型,转向摇臂、直拉杆及横拉杆和转向减震器的一般构造。

(5)掌握液压动力转向装置的工作原理,整体式、分开式动力转向的一般构造。

2. 能力目标

(1)熟悉汽车转向系统各个零部件的名称以及功用。

(2)掌握转向器的拆装程序及要领。

(3)掌握循环球式转向器的检测方法。

(4)掌握转向器各调整部位的调整方法。

(5)掌握横拉杆、直拉杆球头与座的调整方法和要求。

案例导入

皇冠 MS122L-SEMGS 轿车,夏季使用空调时,冷却液温度上升很高,汽车无法行驶。

常规诊断大多认为,是因为夏天天气炎热,发动机过热(发热过多或散热不足)所至。实际上,发动机温度上升影响因素很多,影响的程度不尽相同。有的能导致冷却液温度急剧上升甚至激烈沸腾。夏季虽然气温较高,但实际上使用空调出现这种现象仍然是因为发动机的冷却能力不行。

维修建议

对车的冷却系统要定期清洗并长年使用长效防冻液，特别是行驶里程较长时，随着使用年限的增加，同时还要注意防冻液不能随意加水，以免形成稠状物质堵塞水道。另外，车的压力变化能改变水的沸点造成温度升高，势必影响到发动机散热能力，另外还要注意水箱的密封情况，确保冷却液不致流失。

相关知识

传统化油器式汽油机是通过化油器来完成汽油和空气的混合，再通过节气门进入气缸进行工作(通过节气门进入气缸的是混合气)。

燃油喷射(Electronic Fuel Injection，EFI)系统，是用电子控制器(ECU)控制燃油喷射代替传统化油器的系统。

电喷发动机是采用电子控制装置，取代传统的机械系统(如化油器)来控制发动机的供油过程。如汽油机电喷系统就是通过各种传感器将发动机的温度、空燃比、油门状况、转速、负荷、曲轴位置、车辆行驶状况等信号输入电子控制装置。电子控制装置根据这些信号参数，计算并控制发动机各气缸所需要的喷油量和喷油时刻，将汽油在一定压力下通过喷油器喷入到进气管中雾化；并与进入的空气气流混合，进入燃烧室燃烧，从而确保发动机和催化转化器始终工作在最佳状态。这种由电子系统控制将燃料由喷油器喷入发动机进气系统中的发动机称为电喷发动机。电喷发动机按喷油器数量可分为多点喷射和单点喷射。发动机每一个气缸有一个喷油嘴，称多点喷射(MPI)。发动机几个气缸共用一个喷油嘴，称单点喷射(SPI)。

电喷发动机与化油器式发动机有很大的区别，在使用操作方法上也颇有不同。起动电喷发动机时(包括冷车起动)，一般无须踩油门。因为电喷发动机都有冷起动加浓、自动冷车快怠速功能，能保证发动机不论在冷车或热车状态下顺利起动。在起动发动机之前和起动过程中，像起动化油器式发动机那样反复快速踩油门踏板的方法来增加喷油量的做法是无效的，因为电喷发动机的油门踏板只操纵节气门的开度，它的喷油量完全是电脑根据进气量参数来决定。在油箱缺油状态下，电喷发动机不应较长时间运转，因为电动汽油泵是靠流过汽油泵的燃油来进行冷却的。在油箱缺油状态下长时间运转发动机，会使电动汽油泵因过热而烧坏，所以如果您的爱车是电喷车，当仪表盘上的燃油警告灯亮时，应尽快加油；在发动机运转时不能拔下任何传感器插头，否则会在电脑中显现人为的故障代码，影响维修人员正确地判断和排除故障。

由高速向低速带挡滑行的过程中，喷油器是停止喷油的，因为电子控制装置中有一种“减速断油控制”规则。也就是说，当发动机控制单元识别为带挡减速，并且满足一定的条件时，就会控制喷油器暂停喷油(但此时火花塞仍然是正常跳火的)。此时，由于没有了雾化的汽油，发动机自然也就停止了工作。但是车辆因为惯性会继续滑行，所以此时是车轮带动发动机转动的。当车速降低到一定程度(或发动机转速降低到一定程度)时，发动机控制单元会控制喷油器继续喷油，保证发动机不熄火。如果您空挡滑行，无论车速多高，只要换挡杆处于空挡位置,发动机控制单元都会认为此时是怠速状态,它就会按照怠速的要求始终进行喷油。

喷油器不喷油,也就等于没有了燃料供给,发动机自然就停止了工作,但是此时发动机不会停止运转,因为车轮会带动发动机转动。由于车速较高,发动机转速自然也就会被带动得很高。同时说一点:车辆的变速箱在每个挡位都是有其固定的变速比的,在相同挡位下转速与车速是一一对应的,跟喷油量、路况等都没有关系。

现代电子控制燃油喷射式汽油机是以直接与间接测出的空气量信号为基础(传感器),由电控单元计算出发动机燃烧所必需的汽油量,对喷油器提供开启信号,通过喷油器(执行器)的开启给发动机提供适量的燃料(通过节气门进入气缸的是空气)。

电控燃油喷射发动机的控制原则是以电控单元为控制核心,以空气流量和发动机转速为控制基础,以喷油器和点火时刻为控制对象,使发动机在各种工况下都能得到与工况相匹配的最佳空燃比和最佳点火时刻。显然,电控燃油喷射系统能实现空燃比和点火的高精度控制。

现代电控汽油喷射系统采用闭环控制的供油特性,在电控汽油喷射系统的控制过程中,有结果参与的反馈控制,这使得电控燃油喷射系统的发动机功率得到了较大的提高,降低了燃料消耗,使废气排放量减少。

2.1　电控汽油喷射系统的组成和工作原理

电控汽油喷射系统(EFI)由空气供给系统、燃油供给系统、点火系统、电子控制系统组成,如图 2-1 所示。

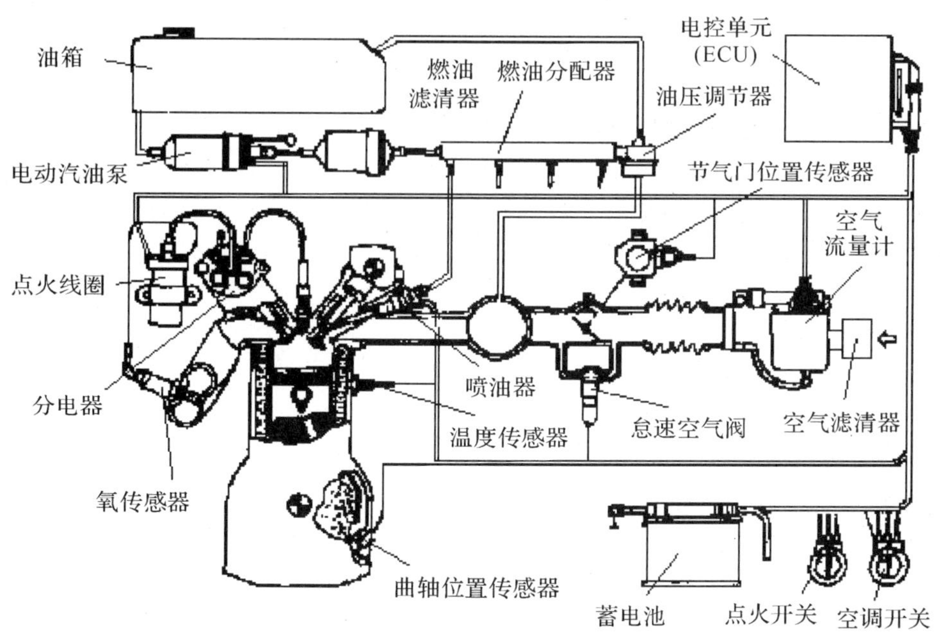

图 2-1　电控汽油喷射系统组成

空气供给系统的作用是根据发动机运行工况提供适量的空气，并根据 ECU 的指令完成空气量的调节。

燃油供给系统的作用是根据发动机各个工况提供适量的燃油，并根据 ECU 的指令完成燃油量的调节。

电控单元(ECU)是整个电控汽油喷射系统的中心，发动机状态信息通过各种传感器收集后进入电控单元，经电控单元处理后发出相应的指令来控制执行元件动作。

设计者预先将发动机所有可能的工作状况进行优化，并以数据形式全部存储在存储器内。这样 EFI 系统就可以控制发动机总是在最佳工况下工作。还可以按照汽车的使用目的，将确定的优化了的实验数据预先存储。如以节油、减少排气污染即经济性指标为目的，或以缩短汽车行驶时间即以动力性为目的的发动机实验数据，将这些控制数据优化确定下来，发动机的工作性能也就不随发动机的使用而改变了。

空气流量信号和发动机转速信号是汽油喷射系统的主要信号。ECU 根据它确定发动机各个工况下的基本燃油供给量和基本的点火时刻。

2.1.1 空气供给系统的组成、工作原理

1. 空气供给系统的组成

空气供给系统由空气滤清器、空气计量装置、节气门体、节气门位置传感器和怠速控制(阀)等装置组成，如图 2-2 所示。

空气计量装置的作用是用来测量发动机吸入的空气量，并将信号输入发动机电控单元(ECU)，作为燃油喷射和点火控制的主控制信号。

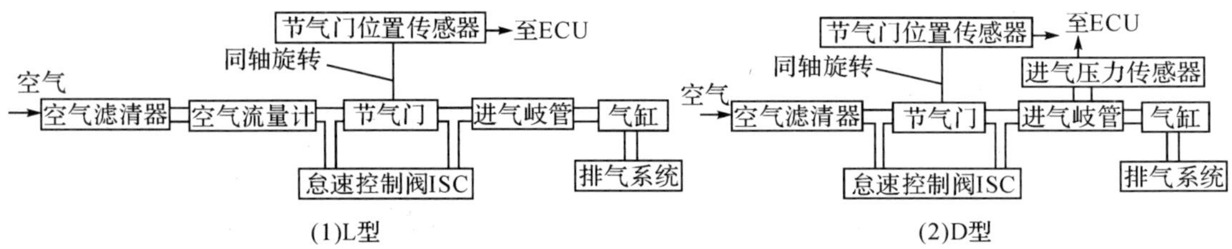

图 2-2 空气供给系统组成

L 型空气计量装置有翼片式、卡门旋涡式、热线式和热膜式。翼片式、卡门旋涡式空气流量计属于体积流量测量方式，可直接测量空气体积流量。热线式、热膜式空气流量计属于质量流量测量方式，可直接测量空气质量流量。

D 型空气计量装置主要有半导体压敏电阻式、膜盒传动的可变电感式等。进气歧管绝对压力传感器是一种间接检测空气流量的传感器。

节气门体由节气门、怠速旁通气道、怠速调整螺钉、怠速控制阀等组成。

节气门位置传感器安装在节气门体上，用来测量节气门的开度。

怠速控制阀的作用是控制发动机暖机时的快怠速，加快发动机暖机过程。发动机正常怠速运转时空气经怠速旁通气道进入进气总管，在旁通气道上安装有怠速调整螺钉。一些电控发动机设置有怠速控制阀，其怠速运行是由 ECU 控制的。

2. 空气供给系统的工作原理

基本工作原理是：空气通过进气通道并经过空气流量计，空气流量计的传感器（电位计）在气流压力（流量）的作用下，输出一个电压信号，并把此电压信号传输给 ECU，ECU 根据此信号和转速等信号来决定基本喷油量。

当发动机怠速时，节气门处于全关闭位置。ECU 根据此信号和冷却水温度信号来确定怠速喷油量。怠速运转所需的空气流经旁通通路，在旁通通道中，安装了能改变通路面积的怠速调整螺钉，以调整正常怠速时的空气流量，从而调整怠速运行状况，调整怠速转速。

电控怠速控制系统：在 ECU 控制下的怠速控制阀能够根据发动机实际工况变化来改变怠速时流入发动机的空气量，使发动机在不同工况下都能以最佳转速（怠速）运转。

2.1.2　燃油供给系统的组成、工作原理及故障诊断

1. 燃油供给系统的组成

燃油供给系统一般由油箱、电动汽油泵、燃油滤清器、燃油分配管、喷油器、压力调节器、油压脉动衰减器、冷起动喷油器、输油管等组成，如图 2-3 所示。

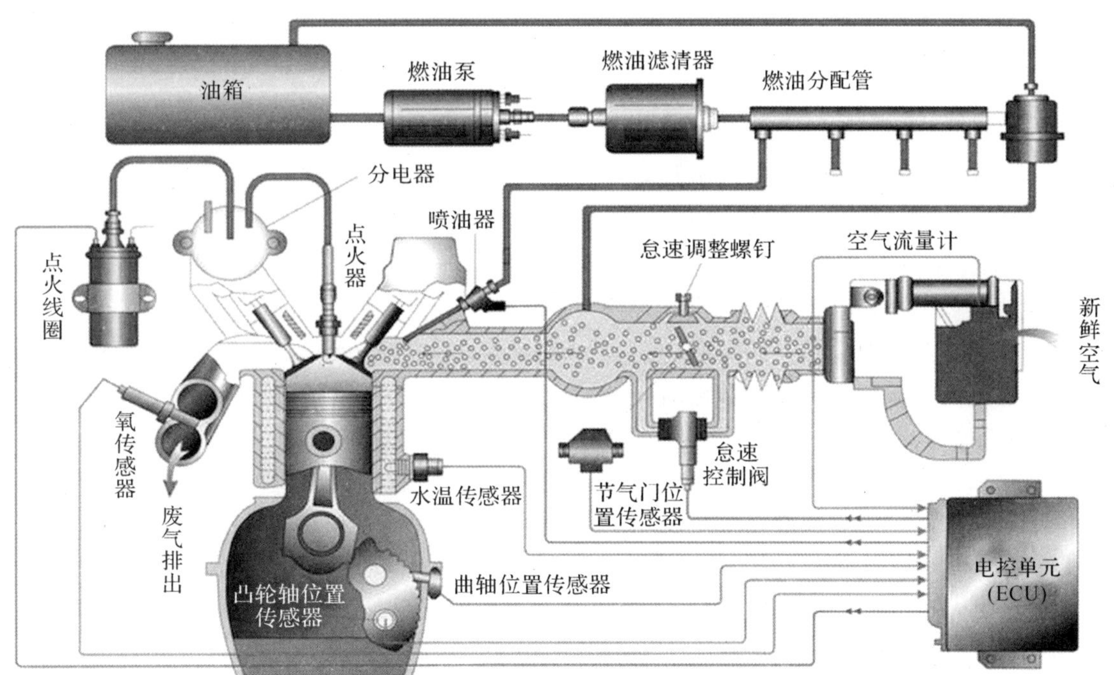

图 2-3　燃油供给系统组成

电动汽油泵的作用是向喷油器提供具有一定压力、一定流量的燃油。

燃油滤清器的作用是把汽油中的固体夹杂物质除去，防止燃油系统堵塞，减小机械磨损。

喷油器安装在进气管上，按喷嘴的形式喷油器又分为轴针式和孔式喷油器。

冷起动喷油器装在进气总管上，它只有在发动机低温起动时才工作，其喷嘴的几何形状

与一般的喷油器不同。

压力调节器的作用是为保持燃油分配管内的燃油压力相对进气歧管内的压力稳定在0.25MPa左右。

脉动衰减器有效地吸收了脉动油压的能量，可有效地降低压力波动产生的油压波动。

2.燃油供给系统的工作原理

当燃油供给系统工作时，由电动汽油泵将燃油从油箱中泵出，经燃油滤清器过滤杂质后输送到燃油分配管中，由安装在燃油分配管上的油压调节器根据进气歧管内压力将油压自动调节到规定值，再经输油管分配到各个喷油器。喷油器根据电控单元发来的控制信号，把适量的燃油喷入进气歧管中。当油路压力超过规定值时，汽油压力调节器工作，使过量的燃油反流回油箱，从而使喷油器的喷射油压不变。当冷却水温度低于发动机工作温度时，冷起动喷油器工作，将燃油喷入进气总管，以改善发动机低温起动性能。

3.电控汽油机燃油供给系统故障诊断

(1)喷油器故障与检修

喷油器常见故障：

①喷油器线路插接器或内部连接线路接触不良，导致喷油器不喷油。

②喷油器电磁线圈短路或断路，导致喷油器不喷油。

③喷油器阀胶结、喷油器阀密封不严，导致喷油器滴油，工作不正常。

④喷油器阀口积污，使喷油量减少或喷射角度过小，导致发动机动力性下降。

喷油器检修方法：

①喷油器的工作状态检查。发动机怠速运行时，用手触摸或用听诊器检查喷油器工作时的震动或声响，以判断喷油器电磁阀是否动作。若感觉有震动或能听到电磁阀动作的声响，则可初步判断喷油器可以工作，但不能确定其性能是否良好；若喷油器无震动或声响，则说明该喷油器不工作。

②喷油器的电路检查。若发动机运转时喷油器无震动或声响，则将点火开关置于ON，检查喷油器的电源线路和控制线路有无断路或短路故障。若线路正常而喷油器仍然不能工作，则说明喷油器有故障。

③喷油器的电阻检查。断开点火开关，拔下喷油器的插头，用万用表电阻挡测量喷油器线圈的电阻值。低阻型喷油器的电阻值一般为1.5～3.5Ω，高阻型喷油器的电阻值为12～15Ω。若测得的电阻值为无穷大，则说明喷油器电磁线圈有断路故障；若测得的电阻值过大或过小，则说明喷油器电磁线圈或内部线路连接有故障。喷油器电磁线圈存在故障时，应更换喷油器。

④检查喷油器的堵和漏。断开点火开关，装油压表，拔下喷油器连接器，逐个给喷油器脉冲供电，油压不下降为堵。测量保持油压，若油压过低，喷油器喷口发黑，说明喷油器泄漏。检查喷油器的喷油量、雾化状态。

(2)电动燃油泵故障与检修

电动燃油泵常见故障：

①电动燃油泵电动机烧坏、内部电路接触不良，导致电动燃油泵不工作。

②电动燃油泵单向阀泄漏，导致燃油系统保持压力过低或为0，使发动机熄火后起动

困难。

③电动燃油泵磨损严重、安全阀泄漏或弹簧失效，导致燃油系统供油量不足，燃油系统压力下降。

电动燃油泵检修方法：

①电动燃油泵工作状态的检查。就车检查时，用跨接线将蓄电池正极与燃油泵继电器的燃油泵接线端子 FP 短接，若在靠近电动燃油泵的位置能听到电动燃油泵运转的声响，或者用手触摸燃油滤清器的进油软管有油压感，则说明电动燃油泵有故障，应拆减燃油泵。

②电动燃油泵电动机的电阻检查。将万用表负极搭铁，万用表正极接在诊断接头的 FP 端子上，此时万用表所显示的电阻值，即为电动燃油泵电动机的线圈电阻。电动燃油泵电动机的电阻值一般为 0.5～3Ω。若电动燃油泵电动机的线圈断路、短路或电阻值过大，则应更换电动燃油泵。

③电动燃油泵最大压力和保持压力的检查。按照前述的方法就车检查电动燃油泵最大压力和保持压力。若电动燃油泵最大压力和保持压力符合原车的标准，则说明电动燃油泵工作正常。若电动燃油泵最大压力低于原车标准，则说明电动燃油泵磨损严重、安全阀泄漏或弹簧失效，应更换电动燃油泵；若电动燃油泵保持压力低于原车标准，则说明电动燃油泵单向阀泄漏，应更换或修复电动燃油泵。

2.1.3　点火系统的组成、工作原理及故障诊断

目前汽车使用的点火系统主要有传统点火系统、电子点火系统和微机控制点火系统。下面分别阐述发动机常用的传统点火系统和电子点火系统故障诊断方法。

1. 传统点火系统

传统点火系统组成如图 2-4 所示。它由蓄电池、点火线圈、分电器(断电器和配电器)、点火开关和火花塞等组成。

其工作原理是：接通点火开关，当发动机旋转时，分电器内的断电器的凸轮轴也随之转动，断电器触点交替地闭合和打开。当触点闭合时，点火线圈初级绕组中有电流通过，且逐渐增大。当触点打开时，次级绕组中产生 15～25kV 的高压电，经配电器按发动机点火顺序将高压电分配给各缸火花塞，产生电火花。解放 CA10D、东风 EQ1090 车采用传统点火系统。

当传统点火系统发生故障时，首先应判断故障在低压电路还是在高压电路，其方法是：接通点火开关，起动发动机，观察电流表，如电流表指针指示放电 3～5A 并间歇地摆回零位，表示低压电路良好，故障在高压电路；如电流表指示为零或指示放电 3～5A 且不摆回零位，或者指示大电流放电，表示初级电路有故障。

(1)低压电路断路

故障现象：电流表指针指为零且不动，不做间歇摆动，发动机不能起动。

故障原因：

①蓄电池存电量严重不足或其内部断路。

②蓄电池接线柱与导线夹头、搭铁线松脱或接触不良。

③点火开关断路。

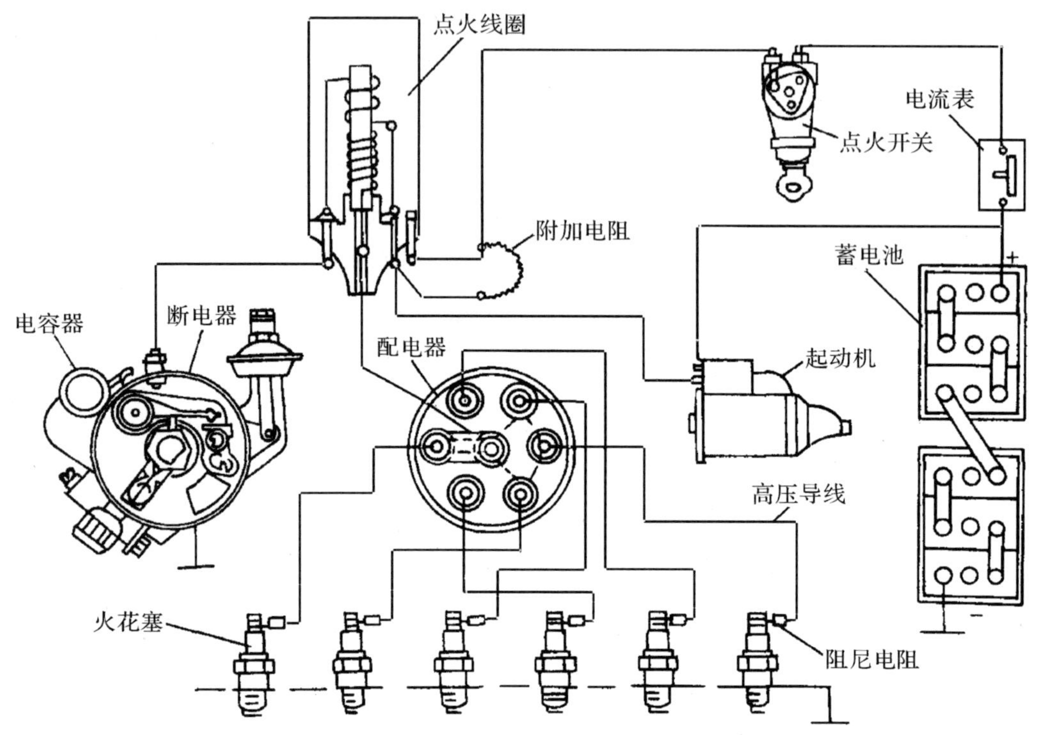

图 2-4　传统点火系统组成

④附加电阻断路。

⑤点火线圈的低压线圈断路(或接线处松脱)。

⑥断电器触点间隙过大或严重烧蚀、脏污。

⑦低压电路连接导线断路,接头松脱或接触不良。

故障诊断与排除:低压电路断路的故障原因和部位较多,贯穿于整个低压电路之中。因此排除断路故障,可采用逐点检查电压的方法进行,或采用分段短路(又称分段搭铁)试火的方法进行判断检查。低压电路断路故障诊断流程见图 2-5。

注意事项:

①提倡采用试灯法或仪表(万用表、电压表)检测法诊断故障。

②采用搭铁试火法诊断故障时,应注意安全。

(2)低压电路对地短路

故障现象:打开点火开关,电流表指针指示放电 3～5A 的位置不动;用起动机起动发动机时,电流表放电略有增加,发动机不能起动。

故障原因:

①点火线圈的初级线圈至断电器触点间接地短路。

②电容器接地短路。

③触点不能张开。

故障诊断与排除:低压电路短路故障诊断流程见图 2-6。

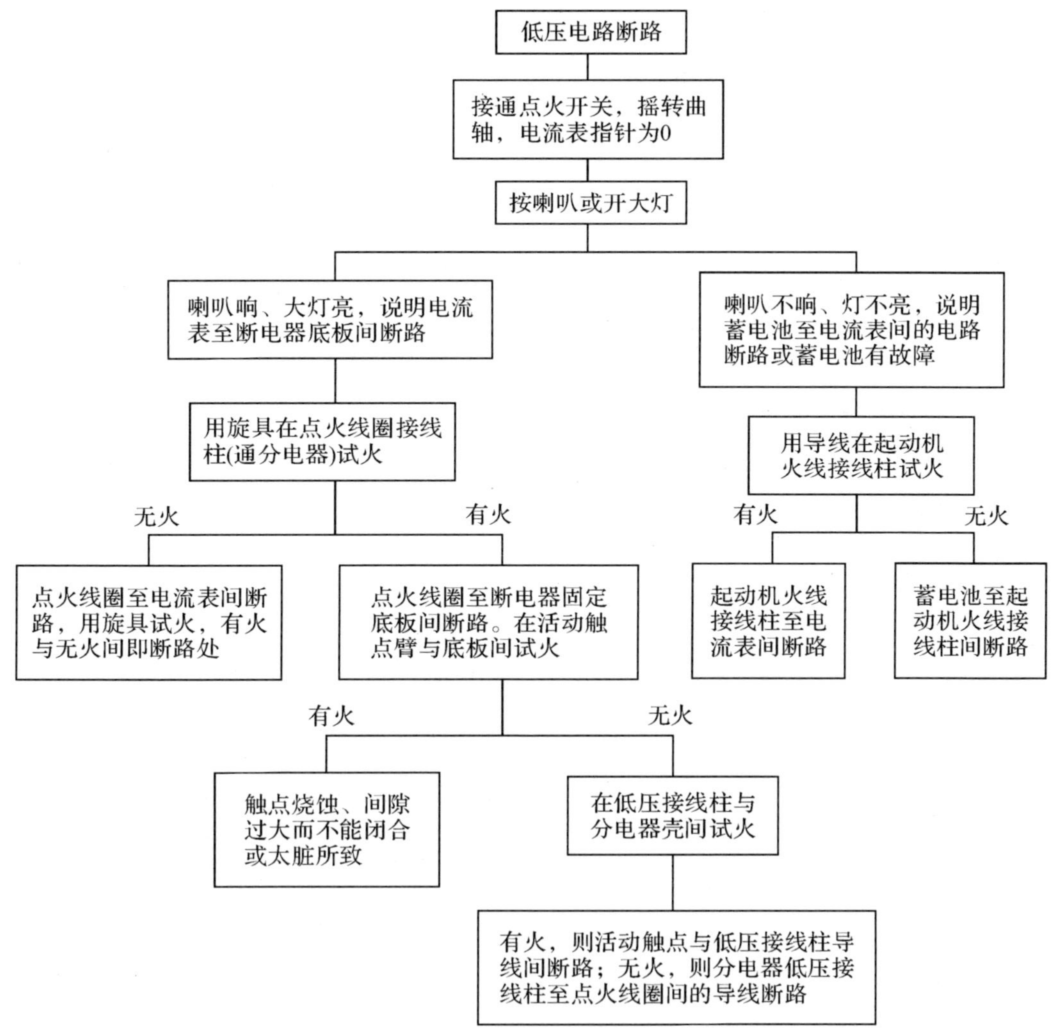

图 2-5　低压电路断路故障诊断流程

(3)低压电路短路

故障现象：打开点火开关并摇转曲轴，电流表指示 10A 以上大电流放电，指针在 10A 左右不摆动。

故障原因：

①点火开关内部接地短路。

②点火开关至点火线圈电源接线柱间的导线或接线柱接地短路。

③点火开关至组合继电器的导线或接线柱接地短路。

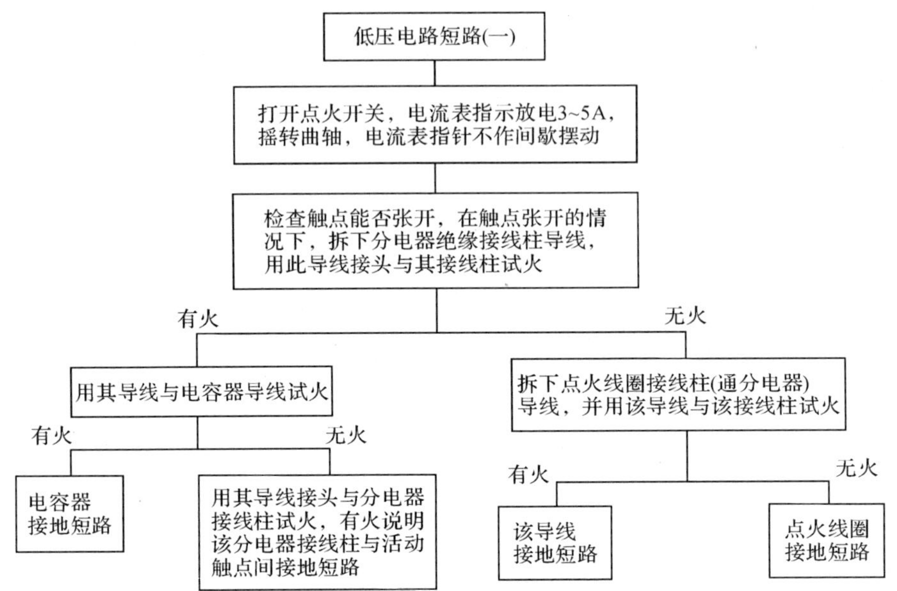

图 2-6　低压电路短路故障诊断流程(一)

故障诊断与排除：故障诊断流程见图 2-7。

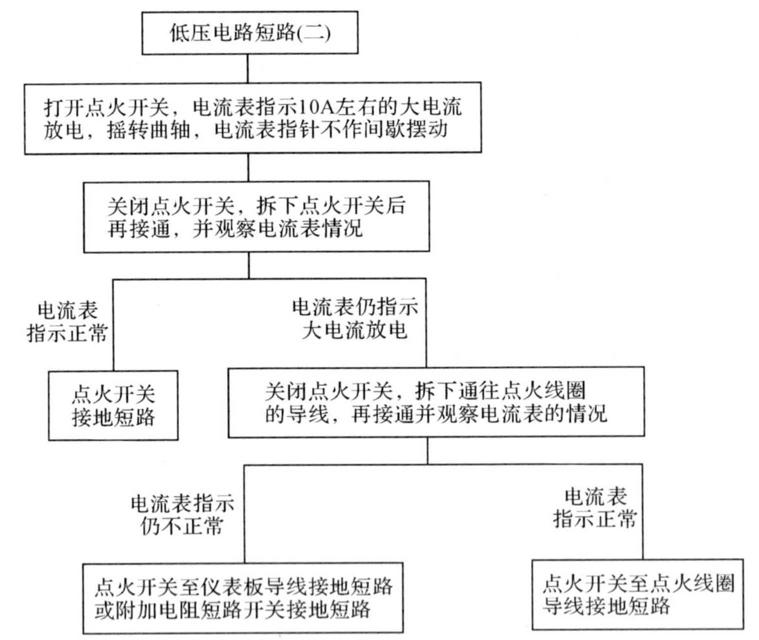

图 2-7　低压电路短路故障诊断流程(二)

注意事项：

①发现大电流放电故障后，应立即切断电源，以免烧坏线束或用电设备。

②排除此故障时应灵活运用。往往发生故障处的电源线会有焦臭或过热的现象，一般可触摸到故障部位，不必再反复接通电源。

(4)高压电路故障

故障现象：打开点火开关，起动发动机，电流表指示在 3～5A 间做间歇摆动，但发动机无着火征兆，不能起动。

故障原因：

①分火头被击穿。

②点火线圈中央高压线插孔漏电。

③中央高压线脱落或漏电。

④高压线圈接地短路或断路。

⑤分电器盖破裂或中央插孔有绝缘物。

故障诊断与排除：高压电路故障诊断流程见图 2-8。

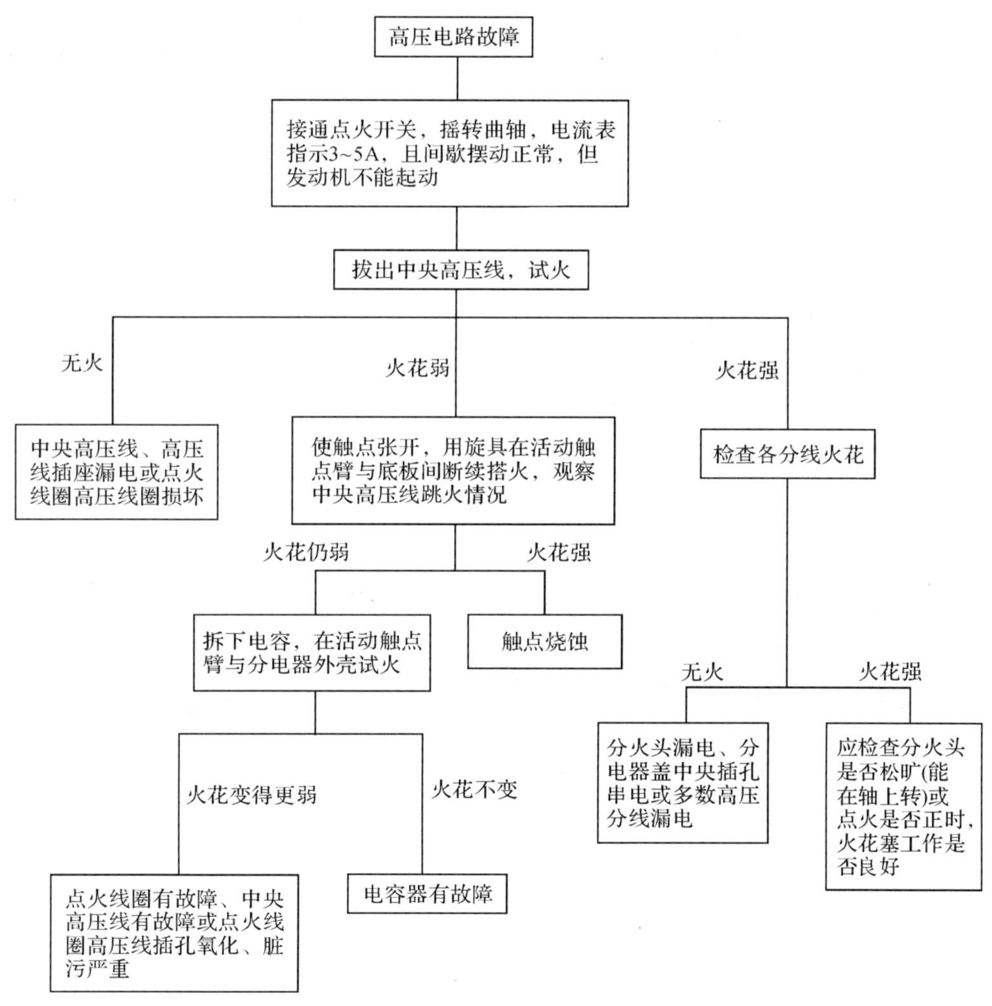

图 2-8　高压电路故障诊断流程

2. 电子点火系统

电子点火系统包括半导体辅助点火系统和电子点火系统。

半导体辅助点火系统的初级电流由断电器的触点控制半导体三极管的导通和截止而产

生的。由于触点对污染较敏感,特别是分电器高速转动时,由于机械惯性的作用,触点会跳震,使次级电压降低;同时,凸轮和触点臂胶木块的磨损会影响点火系统的正常工作。所以,它已在现代轿车中较少被采用。

电子点火系统由内含信号发生器和点火提前装置的配电器、点火控制器、点火线圈和火花塞等组成,如图 2-9 所示。

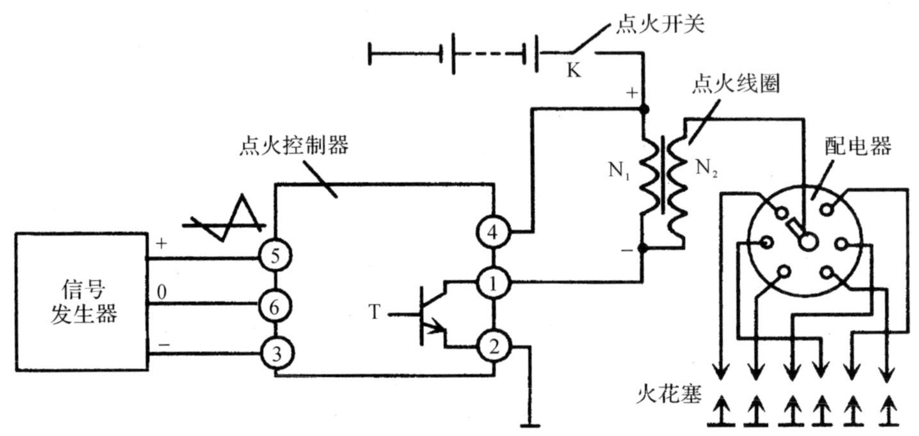

图 2-9　电子点火系统组成

电子点火系统基本工作原理是:信号发生器转动时,其周围磁场发生变化,在传感器中产生电压信号,该信号经点火控制器的放大、整形来控制末级大功率三极管的导通与截止,使点火线圈中初级电流发生变化,并在次级绕组中感应出高压电。点火控制器中的闭合角(指末级大功率三极管导通期间配电器转过的角度。该角度越大,三极管导通时间越长,初级电流越大)控制、恒流控制(高能点火线圈是利用减小初级绕组的电阻值来增加初级电流的,该电流较大,易烧坏末级大功率三极管,必须限制)性能使初级绕组的电流不论在发动机高速或低速时,都为一个定值,次级电压也为一个定值,从而提高了点火性能。采用电子点火系统的代表车型有桑塔纳、奥迪、捷达等。

诊断电子点火系统故障时,可首先判断故障在点火控制电路还是在高压电路:拔下配电器盖上的中心高压线,使线端距发动机机体 6～8mm,起动发动机,观察高压跳火情况。若能跳火,说明点火控制电路中的信号发生器、点火控制器、点火线圈正常,故障发生在高压电路;若不能跳火,说明故障发生在信号发生器、点火控制器、点火线圈等点火控制电路。

(1)高压电路故障

若故障是高压电路故障,其检查方法与传统点火系统相同。

(2)点火控制电路故障

故障现象:拔下配电器盖上的中心高压线,使高压线的端部距发动机的机体 6～8mm,起动发动机,高压线无跳火。

故障原因:

①低压电路断路或搭铁不良。

②点火开关故障。

③点火线圈故障。

④信号发生器故障。

⑤点火控制器故障。

故障诊断与排除：如故障发生在点火控制电路，则应检查点火线圈、信号发生器、点火控制器。排除方法如图 2-10 所示。

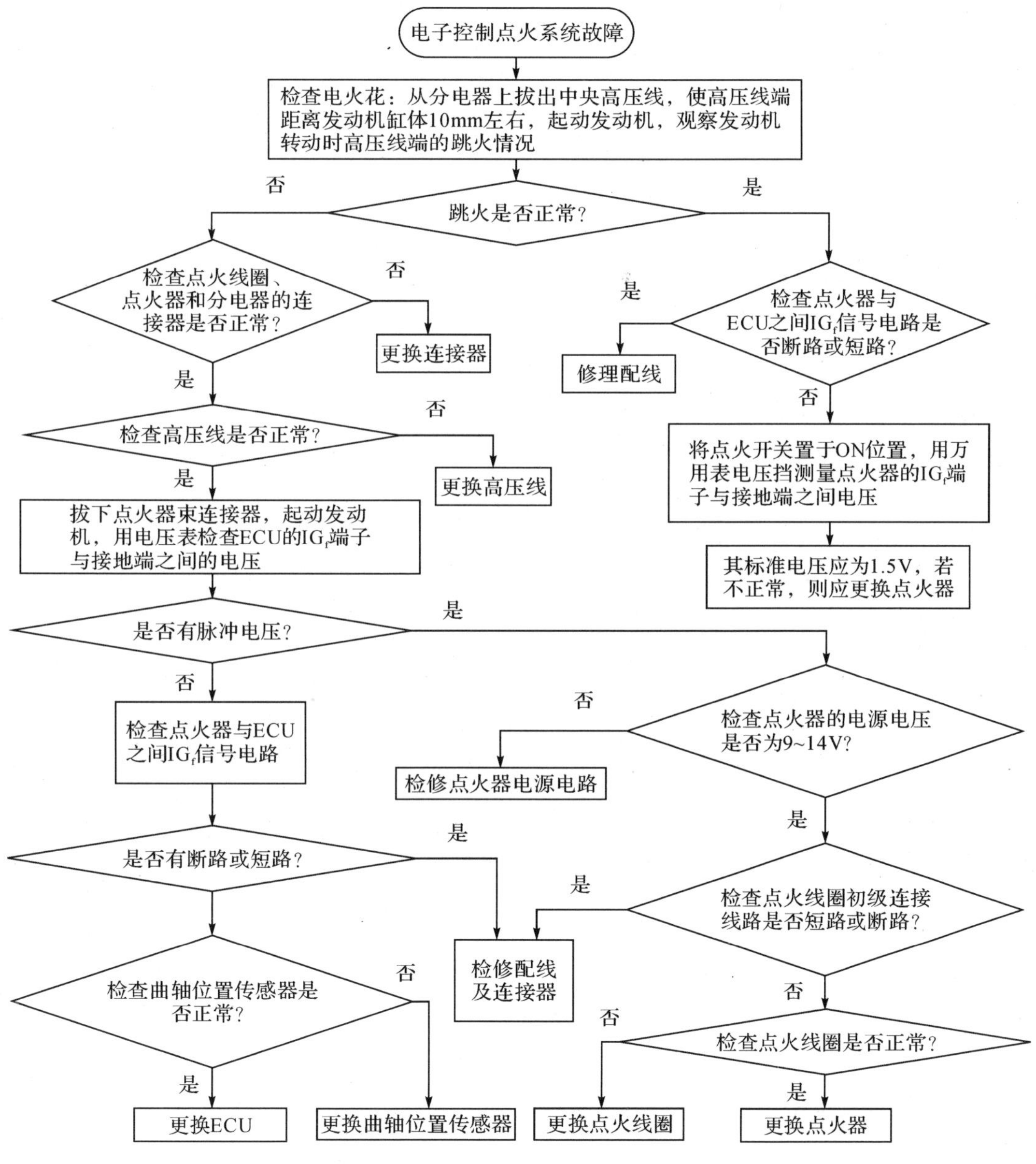

图 2-10　电子点火系统诊断排除流程

①点火线圈的检查。接通点火开关，不起动发动机，用万用表直流电压挡测量点火线圈(＋)与搭铁间的电压值，是否为蓄电池电压。若电压过低或为零，则应检查蓄电池以及蓄电池至点火线圈(＋)之间的连接导线和熔断器。若电压为蓄电池电压，则应断开点火开关，检查点火线圈初、次级电阻是否符合规定。

②信号发生器的检查。电子点火系统常采用霍尔式信号发生器。在点火线圈、点火控制器连接导线良好的情况下,可拔下配电器盖上的中心高压线,使线端距发动机机体6~8mm,转动发动机使霍尔信号发生器转子的缺口对正霍尔信号发生器。接通点火开关,用钢锯片插入霍尔信号发生器,迅速拔出钢锯片。若能跳火,说明霍尔信号发生器良好;否则说明霍尔信号发生器损坏。

③点火控制器的检查。在点火线圈正常的情况下,将连接插头从点火控制器上拔下,将电压表接在如图2-9所示的2和4端子之间,接通点火开关,测得电压值应与蓄电池电压值相近。断开点火开关,重新将连接插头插在点火控制器上,拔下霍尔信号发生器上插头,将电压表接在点火线圈"+"和"-"接线柱上,接通点火开关,此时,电压应不小于2V,并在1~2s后必须下降到零;快速将配电器的中央高压线拔出并搭铁,电压值应在瞬间上升到2V;断开点火开关,将电压表接到点火控制器的5、6端子上,接通点火开关,电压应不小于5V。否则应更换点火控制器。

2.1.4 电控系统的组成和工作原理

1. 电控系统的组成

ECU主要由输入回路(包括A/D转换器)、微机以及输出回路等组成,如图2-11所示。

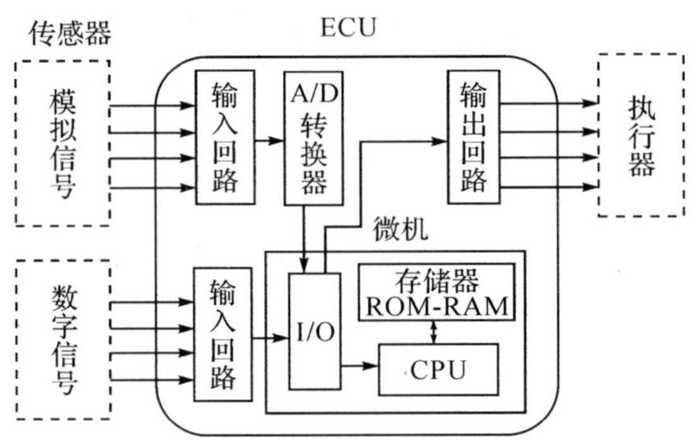

图2-11　电控系统组成

(1)输入回路

输入回路的作用是对输入信号进行预处理。即将传感器输入的信号中的杂波去除掉,将正弦信号转换为矩形波信号,然后将其转换成输入电平。

(2)微机

微机是将中央处理器、存储器、定时/计数器、输入/输出(I/O)接口电路等主要计算机部件集成在一块电路芯片上的微型计算机。

(3)输出回路

输出回路的作用是将微机发出的控制指令转换成能够控制驱动执行器工作的控制信号。

2. 电控系统工作原理

汽车在运行中,电控系统中的各种传感器将各种状态参数,如发动机转速、进气流量、节气门位置、进气温度、冷却水温度、曲轴位置等工作状态参数转变为电信号输入ECU;输入回路把传感器输入的这些信号转换为计算机可以识别的标准信号;再由ECU中的微处理器进行计算、比较后，发出控制指令信号；然后，由输出回路将微机发出的控制指令（控制信号），经放大、变换等处理后，转变成控制喷油器动作信号、电动汽油泵运转信号、点火控制信号、怠速控制阀等执行器工作。使发动机得到最佳混合比、最佳点火时间和最稳定怠速运转。使发动机获得最优化状态下的动力性、经济性和排气净化性。

2.2　故障诊断与检修常用工具

2.2.1　跨接线

跨接线是一段专用导线，不同形式的跨接线主要是其长短和两端接头不同。跨接线两端的接头一般是不同形式的插头或鳄鱼夹，以适应不同位置的跨接。主要用于电路故障诊断。如图 2-12 所示。

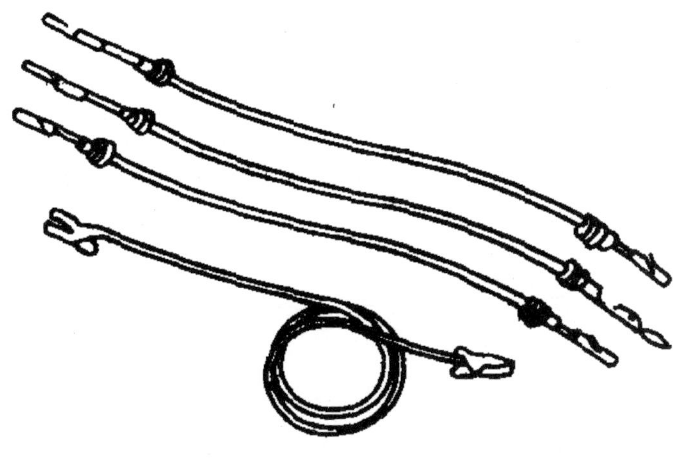

图 2-12　跨接线

2.2.2　测试灯

测试灯主要用来检查电控元件电路的通、断。根据指示灯亮度判断被测电路的电压高低。如图 2-13 所示。

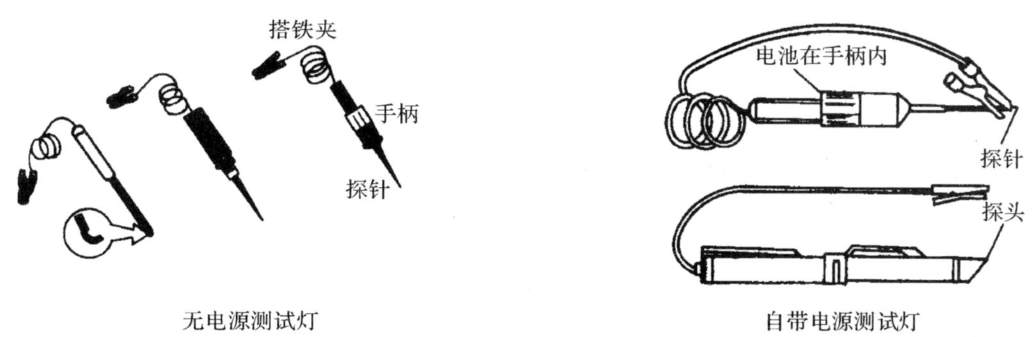

图 2-13　测试灯

2.2.3 万用表

万用表主要用来测量电阻、电压、电流等参数，以此判断电路的通、断和电控元件的技术状况。

1. 常用数字式万用表

数字式万用表采用数字化测量技术和液晶显示器(LCD)显示，具有测量准确度高、测量范围宽、分辨率高、测量速率快、输入阻抗高、功耗小、功能全、集成度高、过载能力强和抗干扰能力强等优点，在汽车故障诊断与检修中应用广泛。

2. 汽车万用表

除具有数字万用表的功能外，还具有一些汽车专用测试功能。除可用来测量电控元件和电路的电阻、电压、电流外，一般还能测量转速、频率、温度、电容、闭合角、占空比等项目，并具有自动断电、自动变换量程、数据锁定、波形显示等功能。

汽车万用表的功能及面板，如图 2-14 所示。

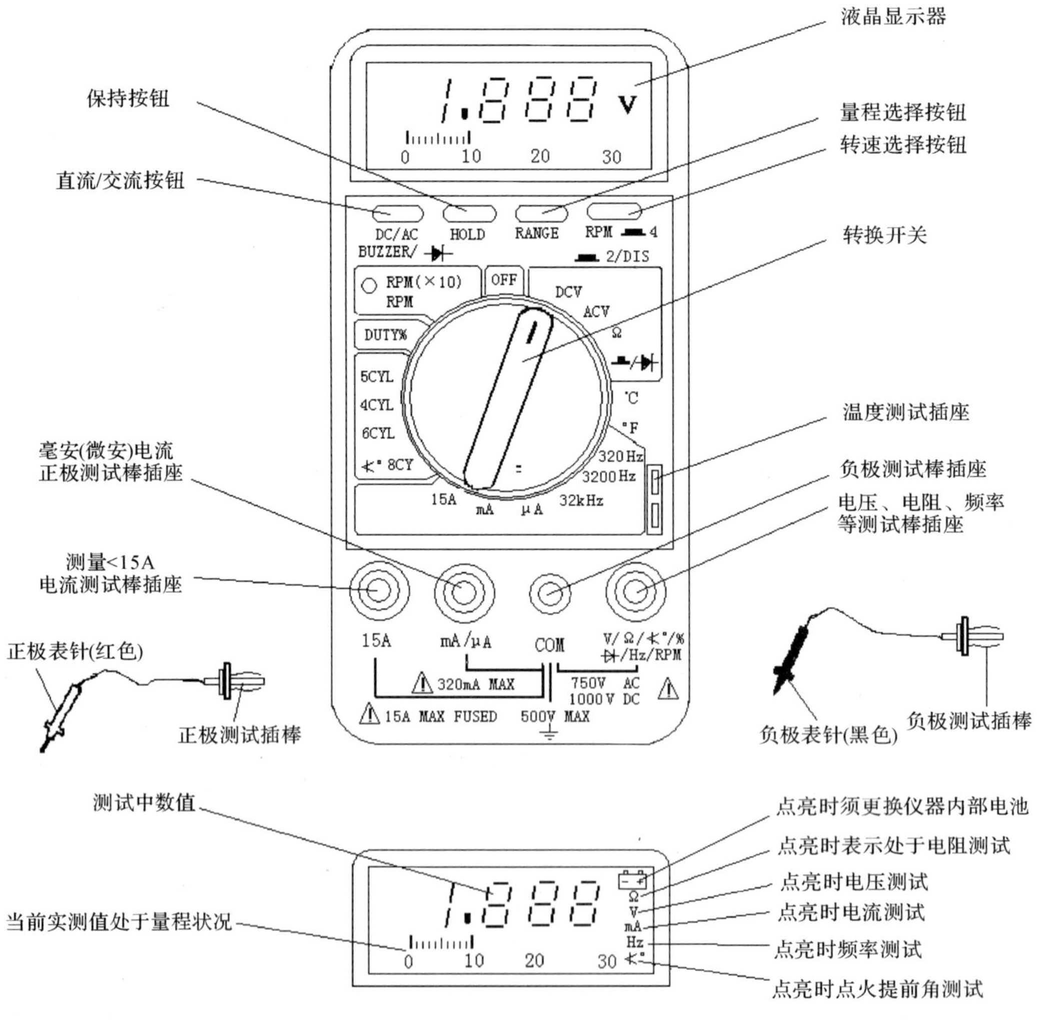

图 2-14 汽车万用表

3.KM300型多功能汽车数字万用表的使用

(1)KM300型多功能汽车数字万用表功能

①对微小电压、电流进行测量和记忆锁定功能。

②测试线路中的电压及阻抗和电路断路、短路检测。

③检测电路中接点的电压降。

④温度检测和发动机转速检测。

⑤测量电磁线圈工作导通/关断的百分比。

⑥点火系统高压电路技术状况检测。

⑦发电机整流二极管动态检测。

⑧交直流电压、电流检测,并具有15A电流过载保护功能等。

⑨对电阻、直流电压测量可选择自动或手动方式。

⑩精确测试频率(MHz)、时间(ms)功能。

(2)KM300型万用表附件

KM300型万用表的附件包括特殊温度传感器及插头、转速测试传感器等。

4.汽车万用表的操作方法

(1)测量直流电压

①将汽车万用表"转换开关"旋转到直流电压(DCV)位置。万用表进入自动选择量程测量方式。也可以按下【RANGE】(量程)键,使万用表进入手动选择量程测量方式。每按动一次【RANGE】(量程)键,即可选择到下一个高一点的量程。

②红色表棒插入面板电压/欧姆插孔中,黑色表棒插入面板COM插座中。将红、黑表棒与被测电路上的触点连接。

③注意万用表上的"+""-"表笔必须和电路测试点的极性一致。

④读取直流电压值。

注意:测量时不要检测高于750V的电压,否则,可能会损坏万用表的内部线路;在不知被测电压范围时,应将"转换开关"置于最大量程,并视情况逐渐旋转至适当量程;液晶显示器显示"1",表示过量程,"转换开关"应置于更高量程。

(2)测量直流电流

①按下【DC/AC】(直流/交流)键,选择直流。

②将"转换开关"旋转到15A挡或者mA挡或者μA挡位置。

③将红色表笔插入面板15A或mA/μA插座内,如果不能估出被测试电流量值,应先将其插入15A插座内。把黑色表笔插入面板上的COM插座内。将红、黑表笔串联连接到被测电路上,并注意万用表上的"+""-"标记,表笔必须和电路测试点中的极性一致。

④接通被测电路的电源。

⑤读取直流电流值。

注意:检测直流电流(DCA)时,不要检测高于15A的电流。虽然汽车万用表可能显示更高的电流值,但有可能损坏其内部线路。

(3)测量电阻

①将"转换开关"旋转到Ω位置上,此时能自动选择最佳测量量程。也可以按下

【RANGE】(量程)键,使汽车万用表进入手动选择量程。每按动一次【RANGE】键,即可选择到下一个高一点的量程。

②将红色表棒插入面板电压/欧姆插座中,黑色表笔插入面板COM插孔中。将红、黑表笔连接到被测电路上。

③读取两点之间的电阻值。

注意:当输入开路时,液晶显示器会显示"l",表示过量程状态;如被测电阻超过所用量程,则会显示出过量程"1",必须选用高挡量程;检测在线电阻时,须确认被测电路已关闭电源,测量电阻时绝不能带电操作,同时有电容元件的电路,应确认已放电后,才能进行测量,否则易烧毁汽车万用表。

(4)测量频率

①将红色表笔插入面板电压/频率(Hz)插孔中,黑色表笔插入面板COM座孔。将红、黑表笔与被测电路上的触点连接。

②把"转换开关"置于Hz量程,把两个表笔跨接在电源或负载之间。

③读取两点之间的频率数值。

(5)测试二极管

①红色表棒插入面板电压/欧姆插座中,把黑色表笔插入面板COM座孔。

②将"转换开关"置于二极管符号的挡位上,并将测试表笔跨接在被测二极管上。

③读取测量数值。

注意:当输入端未接入(即开路)时,液晶显示器显示值为"1"。KM300型多功能万用表显示值为正向电压降伏特值,当二极管反接时即显示过量程"l"。

(6)测量温度

①将"转换开关"旋转到温度(℃或℉)挡位置上。

②把万用表配备的测量温度的特殊插头插接到温度测试插座内,测针与被测温度的部位接触。

③温度稳定后,读取测量值。

(7)测量转速

①将"转换开关"旋转到转速(RPM或RPM×10)位置上。

②感应夹(传感器)的红色表笔插入面板电压/欧姆插座内,黑色表笔插入COM插座内,感应夹(传感器)夹在通往火花塞的高压线上,其上方的箭头应指向火花塞。

③按下转速选择键,根据被测发动机的冲程数和有无分电器,选择"4"或"2/DIS"。

④读取发动机转速值。

(8)测量触点闭合角

①根据发动机的气缸数量,将"转换开关"旋转到触点闭合角对应的缸(4CYL、5CYL、6CYLL)位置上。

②将红色表笔插入面板插座电压/闭合角插孔中,把黑色表笔插入面板COM插孔中。将红、黑表针连接到被测电路上。

③读取触点闭合角度值。

2.2.4　故障诊断仪(解码器)

故障诊断仪主要对汽车电控系统进行诊断。

1. 故障诊断仪的功能

①快速、方便读取或清除故障码。

②对发动机控制系统进行动态测试,显示瞬时信息,为诊断提供依据。

③能在静态或动态下,向电控系统各执行元件发出检修作业需要的动作指令,以便检查执行元件的工作状况。

④在车辆允许或路试时监测并记录数据流。

⑤具有示波器功能、万用表功能和打印功能。

⑥有限诊断仪能显示系统控制电路图和维修指导,以供故障诊断和检修时参考。

⑦有些功能强大的专用诊断仪能对发动机控制 ECU 进行某些数据的重新输入和更改。

2. 常见故障诊断仪简介

故障诊断仪分为专用型和通用型两大类。

(1)专用型

是汽车制造公司为自己生产的汽车而专门设计制造的。一般只适合在特约维修站配备,以便提供良好的售后服务,充分发挥故障诊断仪的功能。

(2)通用型

是汽车保修设备制造公司为适应诊断检测多种车型而设计制造的。一般都配有不同车系的测试卡和适合各种车型的检测连接电缆连接器,测试卡存储有几十种甚至上百种不同公司、不同车型汽车电控系统的检测程序、检测数据和故障码等资料,适合综合性维修企业使用。

3. 431ME 型汽车电控系统故障诊断仪的使用

431ME 型汽车电控系统故障诊断仪如图 2-15 所示。

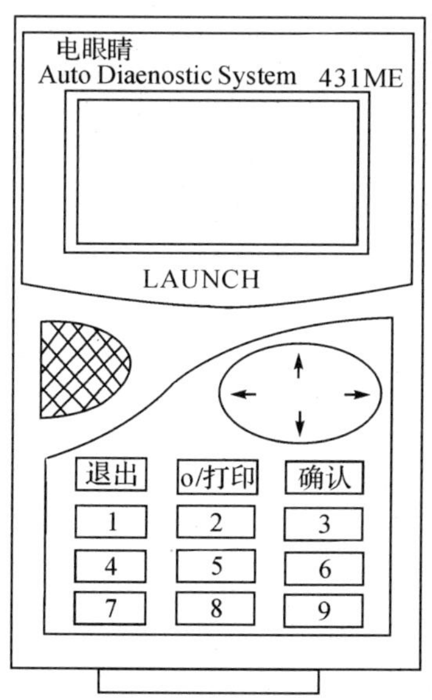

图 2-15　431ME 型汽车电控系统故障诊断仪

(1)基本操作方法

测试条件：

①汽车蓄电池电压应为 11～14V。

②关闭汽车所有的附属电器设备。

③节气门应处于关闭状态，即怠速触点闭合。

④点火正时和怠速应在标准范围内，水温(90～110℃)和变速箱齿轮油温度(50～80℃)达到正常工作温度。

测试的基本步骤：

①选择测试卡。如果选择不适当的测试卡进行测试，则会导致错误的测试结果或者使测试无法进行。

②选择测试接头。在进行测试时，测试接头的一端与电眼睛主电缆线相连，另一端与汽车电控系统诊断座相连。

③连接 431ME 电眼睛故障诊断仪。完成测试准备工作并选择好测试卡和测试接头后，即可连接 431ME 电眼睛。

操作示例(以丰田车系为例)：

(1)测试系统的选择

①仪器通电后，按【确认】键，屏幕显示如图 2-16 所示。

②选择“丰田/TOYOTA”车系，按【确认】键，屏幕显示如图 2-17 所示。

③按【↑】、【↓】键移动光标，选择合适的测试接头。

431ME Select mode
• 丰田/TOYTA
三菱/MI TSUBISHI
马自达/MAZDA

图 2-16　测试系统选择

Select diag.com
1.半圆形诊断插座
2.长方形诊断插座
3.OBD2诊断插座

图 2-17　选择丰田系列

(2)测试操作

测试操作通常分为读系统数据流和测试故障码两大部分。以丰田汽车为例，在确认诊断测试方法后，按【确认】键，屏幕显示如图 2-18 所示。

显示测试功能有测试故障码、重阅已测故障码、查阅故障码、清除故障码、清除 SRS 故障码、打印测试结果。在“测试功能”选项上，按【↑】、【↓】键，选择相应测试功能，当选定某项测试功能后，按【确认】键执行相应的操作。

Select function
• (1)测试故障码
(2)重阅已测故障码
(3)查阅故障码
(4)清除故障码

图 2-18　确定诊断测试功能

Sel.test operation
• 自动测试所有系统
选择系统测试

图 2-19　选择测试故障码

①选择测试故障码。按【确认】键，屏幕显示如图 2-19 所示。选择“自动测试所有系统”，按【确认】键，屏幕显示如图 2-20 所示。此时仪器将自动对该车各电控系统进行检测。

仪器将自动显示如图 2-21 所示的测试结果。按【↑】、【↓】键及【确认】键，可读取各系统的故障码及内容。若选择"ENG"系统，按【确认】键即显示如图 2-22 所示的故障码(假设有以下三个故障码)。选择"12"，按【确认】键即显示如图 2-23 所示的测试结果。

T：发动机系统　ENG

图 2-20　选择自动测试

SYSTEM	RESULT
● ENG	×××
AT	×××
SRS	×××
CC	×××

图 2-21　显示测试后结果

发动机系统		ENG
● 12	13	21

图 2-22　显示故障码

转速信号不良(发动机起动两秒内无曲轴转速NE信号或曲轴位置G信号输送到ECU)	
Code：12	01　03

图 2-23　显示测试后结果

Select　System
发动机系统　……　ENG 自动变速箱系统　……　AT 防抱刹车系统　……　ABS 安全气囊系统　……　SRS

图 2-24　显示各系统

SYSTEM	RESULT
ENG	Tb.code

图 2-25　显示选择后结果

其中："01"表示第一页内容，"03"表示共有三页。按【↑】、【↓】键可读取所有内容。

若选择如图 2-19 所示的"选择系统测试"，按【确认】键，屏幕显示如图 2-24 所示。此时按【↑】、【↓】键及【确认】键，可读取各系统具体故障码及故障内容。若选择"发动机系统"，按【确认】键则显示如图 2-25 所示的结果。

注意：如果是接头接触不好或该系统无信号输出，则会出现 TESTERR，即测试错误，需查找原因并重试。

②选择查阅故障码。使用该功能可查阅所有电脑控制系统故障码内容和故障内容及分析。可选择"依照故障码顺序查阅""输入故障码查阅"两种方法，如图 2-26 所示。

选择"查阅故障码"，按【确认】键即显示如图 2-23 所示的结果。在选择测试系统后，按【确认】键即显示如图 2-24 所示的界面。此时可用【↑】、【↓】键及【确认】键，来选择一种查阅方式。例如在"依照故障码顺序查阅"选项下，按【确认】键后屏幕显示如图 2-27 所示的结果。

Select　operation
● 依照故障码顺序查阅 输入故障码查阅

图 2-26　查阅故障码模式

主电脑电源中断	
Code：11	01　01

图 2-27　显示查阅后结果

此时显示的是故障码 11 的内容。按【→】键，可查看下一个顺序号的故障码内容。如果在“输入故障码查阅”选项下，按【确认】键即屏幕显示如图 2-28 所示的界面。按仪器上的【→】键，可选择个位和十位；按【0】—【9】数字键可更改数字。按【确认】键即可查出该故障码。

Search code ···

请输入故障码:

0 0

图 2-28 选择输入查阅故障码模式

“清码方法”

除安全气囊系统以外的其它系统拆下EFI保险丝或拆下电瓶电源负级30秒后即可清除故障码

图 2-29 选择清除故障码的显示

③选择清除故障码。使用该功能可应用仪器自动清除故障码，或是根据仪器说明书人工清除故障码。选择“清除故障代码”，按【确认】键即显示如图 2-29 所示的界面，清除故障码。

特别系统故障码清除方法有特别的提示。如清除 SRS 气囊故障码，在“清除 SRS 故障码”选项下，按【确认】键即显示如图 2-30 所示的界面。根据提示说明，按【确认】键即显示如图 2-31所示的界面。仪器将自动清除 SRS 故障码。

“清除气囊故障码”

1.接上“TOTOTA-17”或“TOYOTA-17F”测试接，按【确认】键

2.数秒钟后，SRS警告灯会快速闪烁，表示SRS故障码已清除，此时应关闭点火开关即完成清除

图 2-30 选择清除故障码后

Clear SRS code

正在清除气囊故障码……

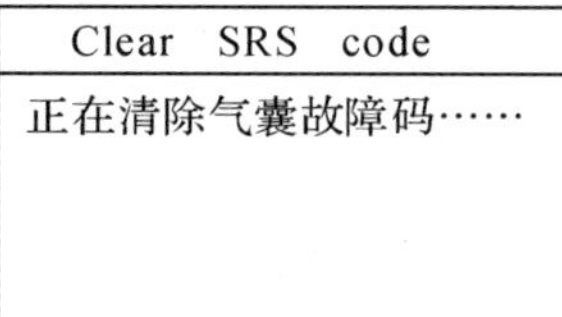

图 2-31 清除过程中

2.3 电控汽油喷射发动机故障诊断

在汽车维修中，如何准确迅速地诊断故障的原因，判别故障部位，对于提高工作效率、缩短修理时间是非常重要的。

有足够的点火高压与能量、恰当的混合气空燃比、正确的点火时刻、正常的气缸压缩压力是发动机正常运行的必要条件。若有一个条件不能满足，发动机将运行不良。常见故障的诊断与排除是从上述四个方面入手的。

电控燃油喷射发动机常见故障分为：发动机不能起动、发动机起动困难、发动机怠速不良、发动机加速性能不良、发动机动力不足、发动机失速、发动机油耗过大、发动机点火不良等。

1. 发动机不能起动的故障诊断与排除

(1)故障现象

起动发动机时，发动机不转，或能转动但不着火。

(2)故障原因

①点火系统故障。

②燃油供给系统故障。

③起动系统故障。

④蓄电池故障。

(3)发动机不能起动的诊断流程

发动机不能起动的诊断流程如图 2-32 所示。

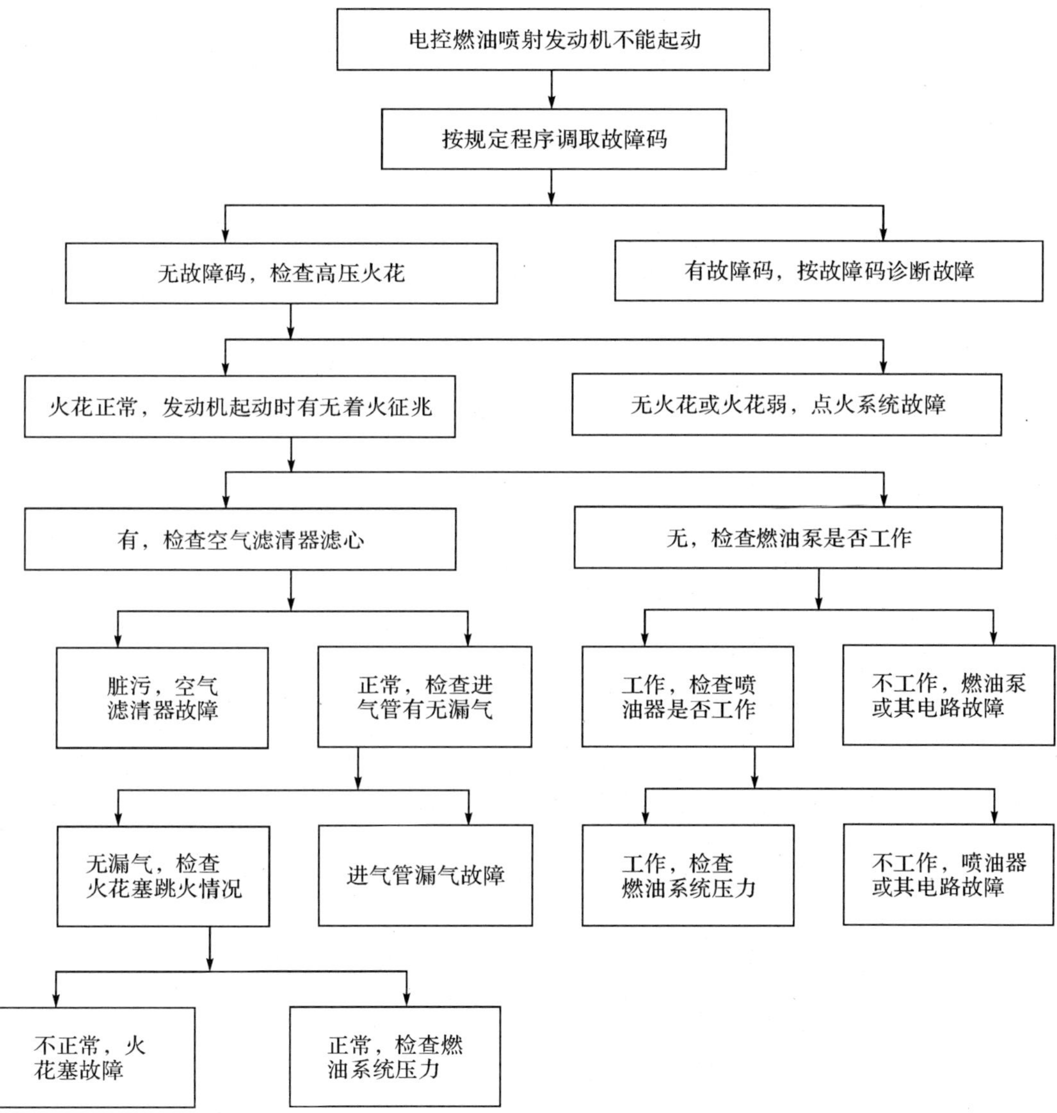

图 2-32　发动机不能起动的诊断流程

2. 冷车起动困难的故障诊断与排除

(1)故障现象

在发动机冷却液温度低于发动机工作温度下起动时，需要起动若干次才能起动，或者根本不能起动。而在发动机正常工作温度下，即热起动时，一起动发动机就立即能够运转。

（2）故障原因

冷起动困难的根本原因是混合气过稀或过浓。冷车难发动的故障原因有冷起动喷油器不喷油，水温传感器故障，进气温度传感器故障，喷油器雾化不良，进气管积炭，点火能量不够，火花塞故障，怠速控制阀故障等。

（3）冷车起动困难的诊断流程

冷车起动困难的诊断流程如图 2-33 所示。

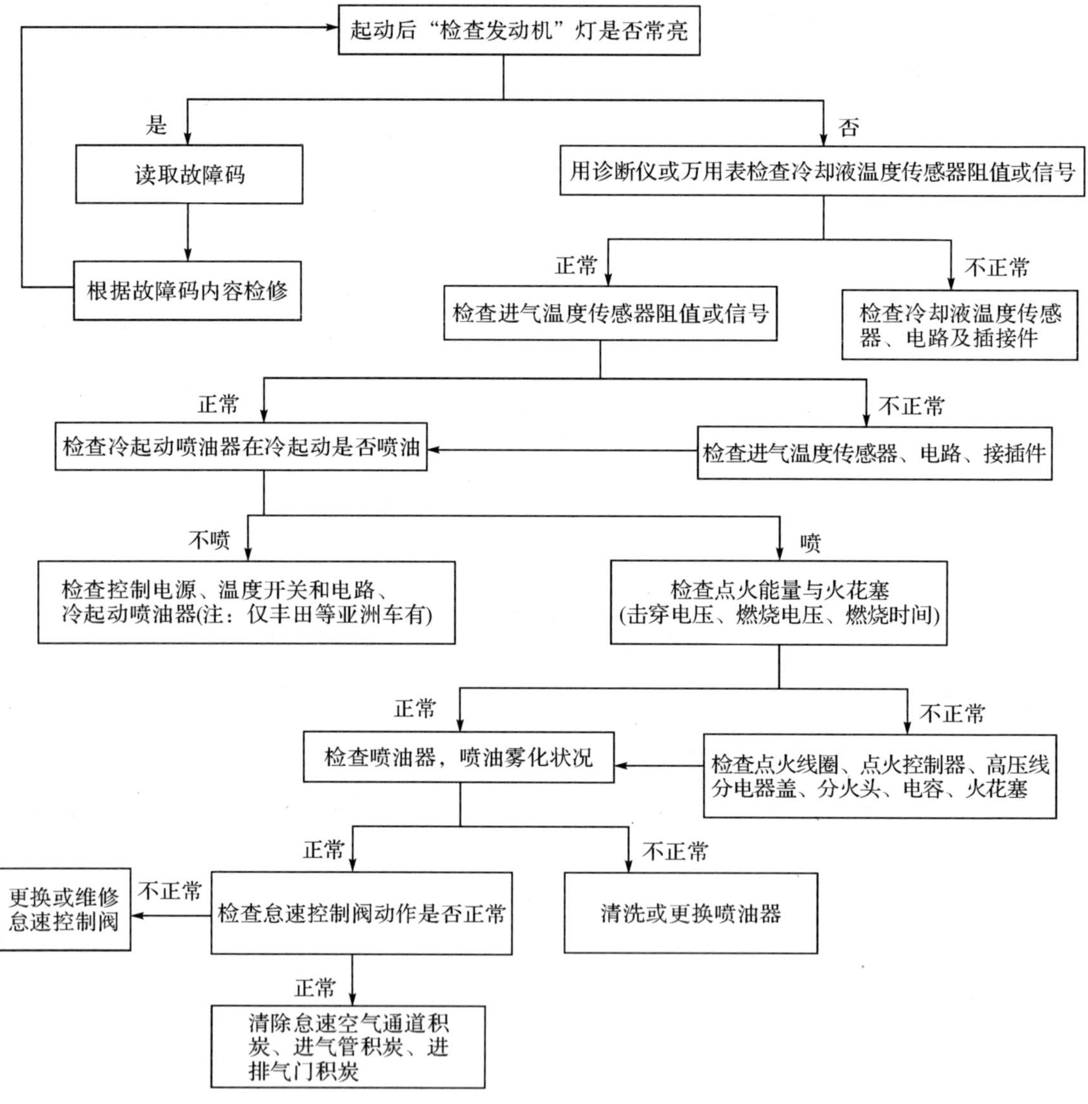

图 2-33　冷车起动困难的诊断流程

3. 热车起动困难的故障诊断与排除

（1）故障现象

发动机冷车起动正常。当运转的发动机熄灭后，再次起动困难，甚至不能发动。

(2)故障原因

①水温传感器故障,进气温度传感器故障。

②多个喷油器漏油或严重雾化不良。

③冷起动喷油器故障,怠速阀故障。

④油压过高,点火能量不足等。

(3)热车起动困难的诊断流程

热车起动困难的诊断流程如图 2-34 所示。

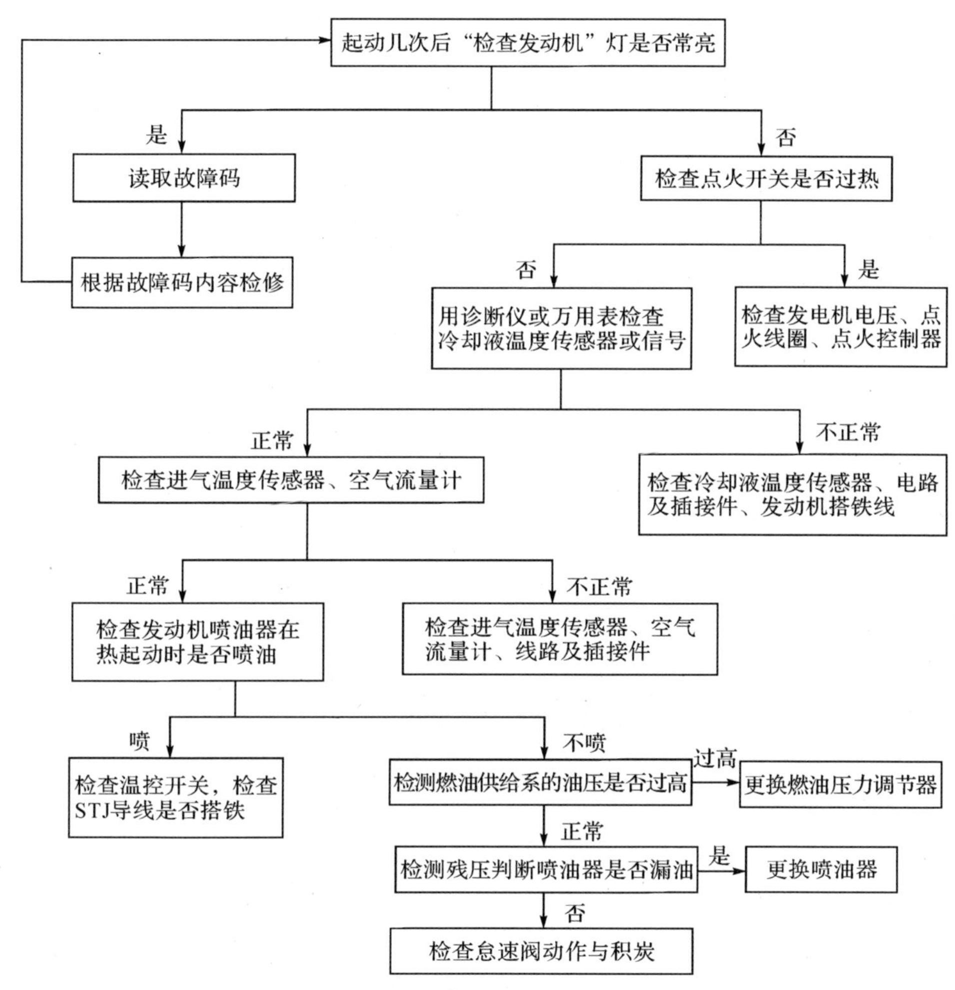

图 2-34　热车起动困难的诊断流程

4. 怠速转速过低的故障诊断与排除

(1)故障现象

在发动机怠速时接通空调开关,或动力转向开关接通,或换挡杆从 P 挡或 N 挡挂入 D 挡时,正常情况下怠速会自然提高。如果发动机怠速调整(匹配)的太低或在上述开关接通情况下,怠速下降,造成怠速不稳甚至熄火。

(2)故障原因

①怠速控制阀故障。

②节气门位置传感器信号不正确等。

(3)怠速转速过低的诊断流程

怠速转速过低的诊断流程如图 2-35 所示。

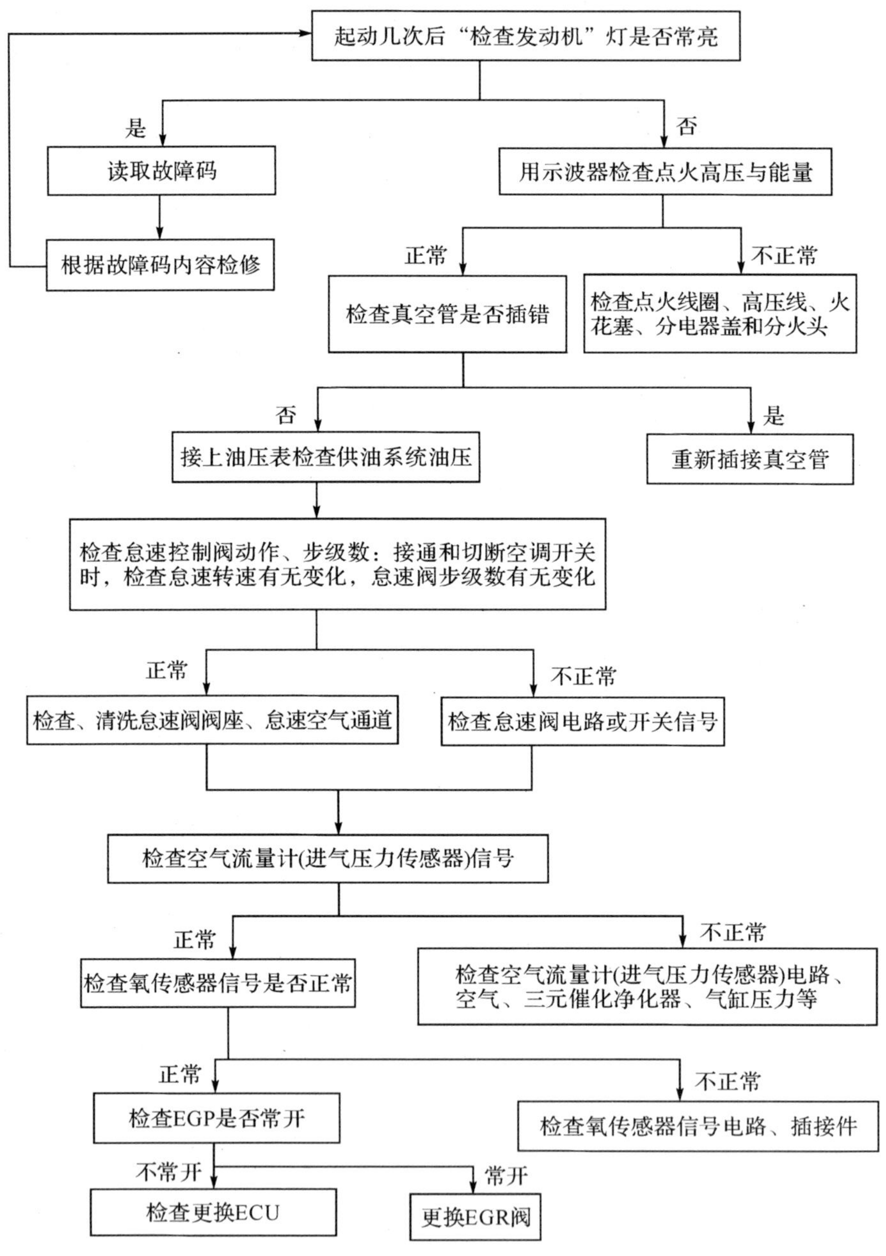

图 2-35　怠速转速过低的诊断流程

5.怠速转速过高的故障诊断与排除

(1)故障现象

发动机在正常怠速工况下,其转速明显高于标准。不挂挡汽车也会缓慢地爬行。

(2)故障原因

①进气温度传感器、水温传感器、节气门位置传感器、空气流量计(或进气歧管绝对压力传感器)故障。

②开关信号故障,怠速控制阀故障,节气门体故障,喷油器故障。

③发动机控制单元故障或匹配设定有问题。

(3)怠速转速过高的诊断流程

怠速转速过高的诊断流程如图 2-36 所示。

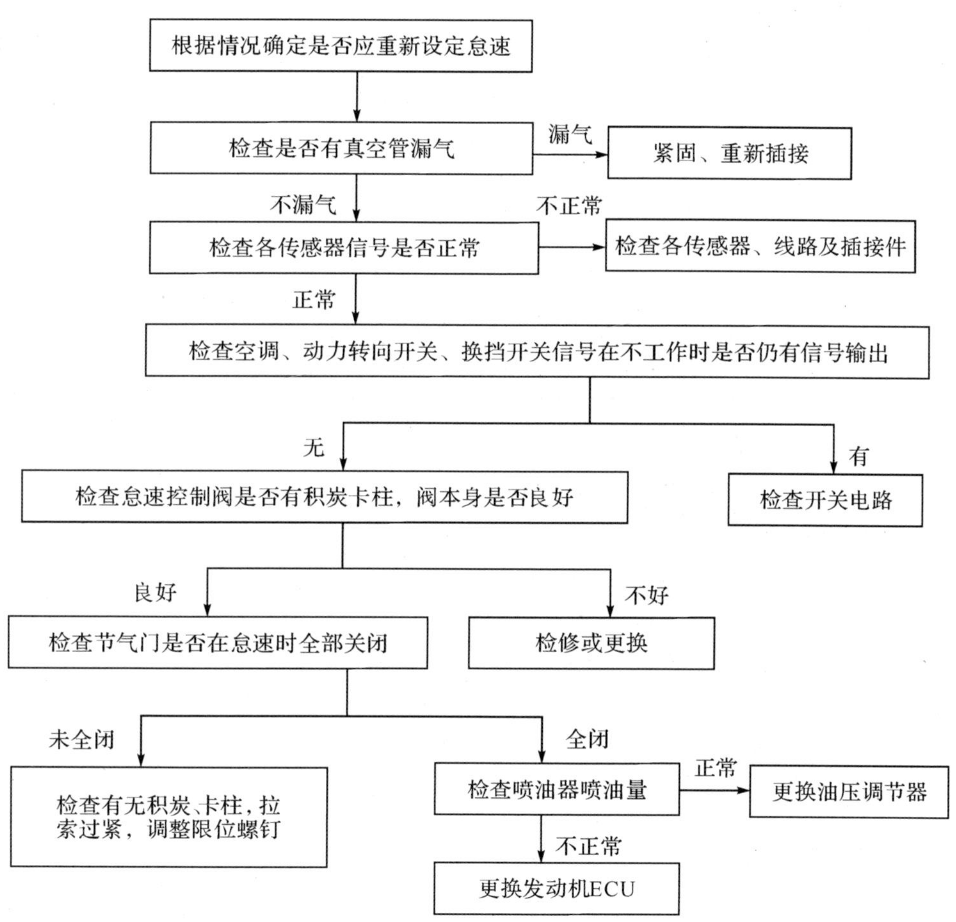

图 2-36　怠速转速过高的诊断流程

6.发动机加速不良、动力不足的故障诊断与排除

(1)故障现象

发动机加速不良的两种现象:一种是踩下加速踏板,发动机加速时间过长;另一种是踩下加速踏板,发动机转速不但不上升反而下降。

(2)故障原因

①燃油系统油压过高或过低,喷油器喷油不良,传感器信号错误。

②点火高压低,能量小,点火正时不正确。

③气缸压缩压力低,排气管堵塞等。

(3)发动机加速不良、动力不足的诊断流程

发动机加速不良、动力不足的诊断流程如图 2-37 所示。

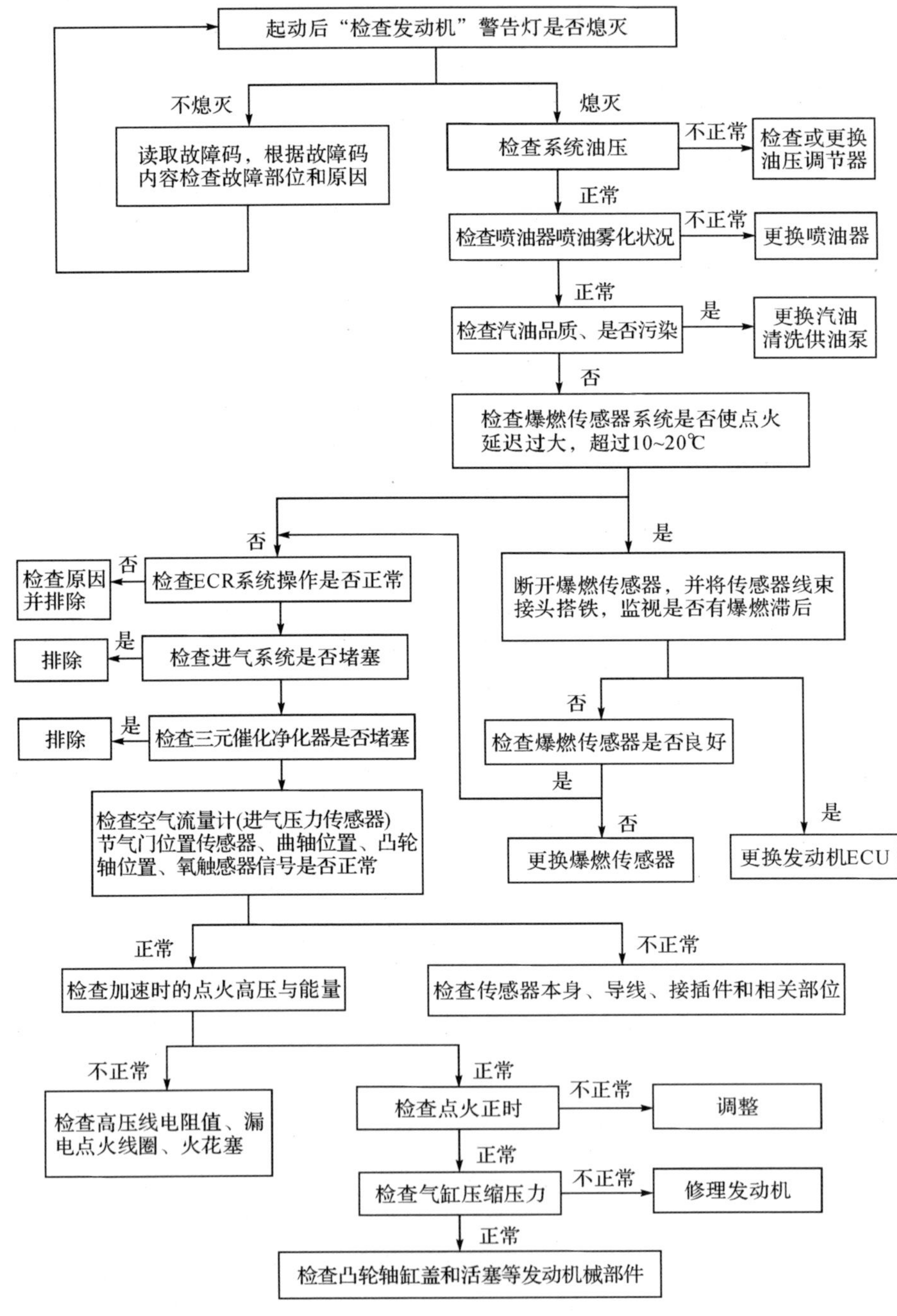

图 2-37　发动机加速不良、动力不足的故障诊断流程

7. 混合气过稀的故障诊断与排除

(1)故障现象

进气管有回火现象。

(2)故障原因

①进气管漏气、燃油供给系统故障。

②点火正时调整不正确。

③冷却液温度传感器、节气门位置传感器、进气温度传感器故障。

(3)混合气过稀的诊断流程

混合气过稀的诊断流程如图 2-38 所示。

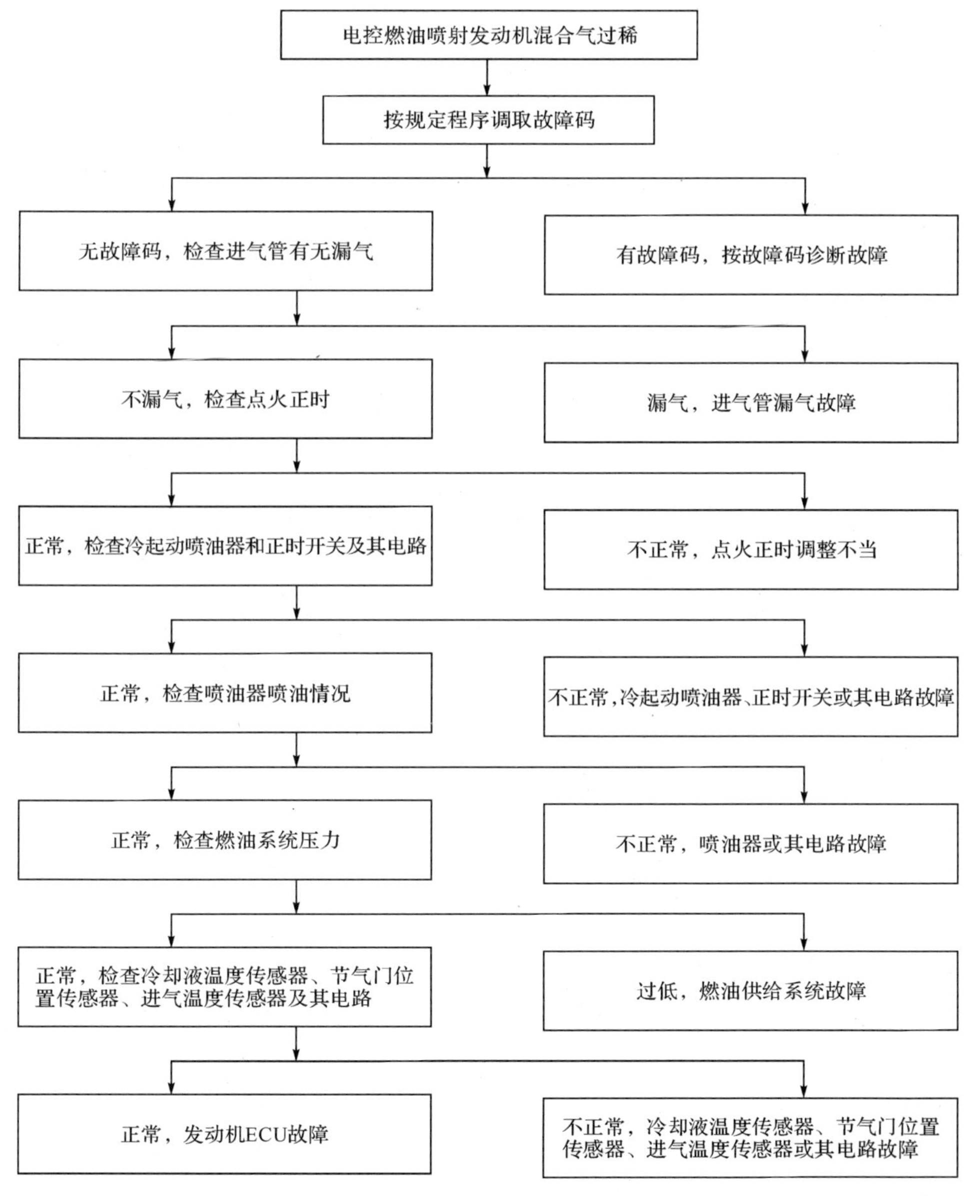

图 2-38　混合气过稀的诊断流程

8. 混合气过浓的故障诊断与排除

(1)故障现象

排气管有冒黑烟或放炮现象。

(2)故障原因

①燃油供给系统故障。

②点火正时调整不正确。

③控制电路故障、发动机 ECU 故障。

(3)混合气过浓的诊断流程

混合气过浓的诊断流程如图 2-39 所示。

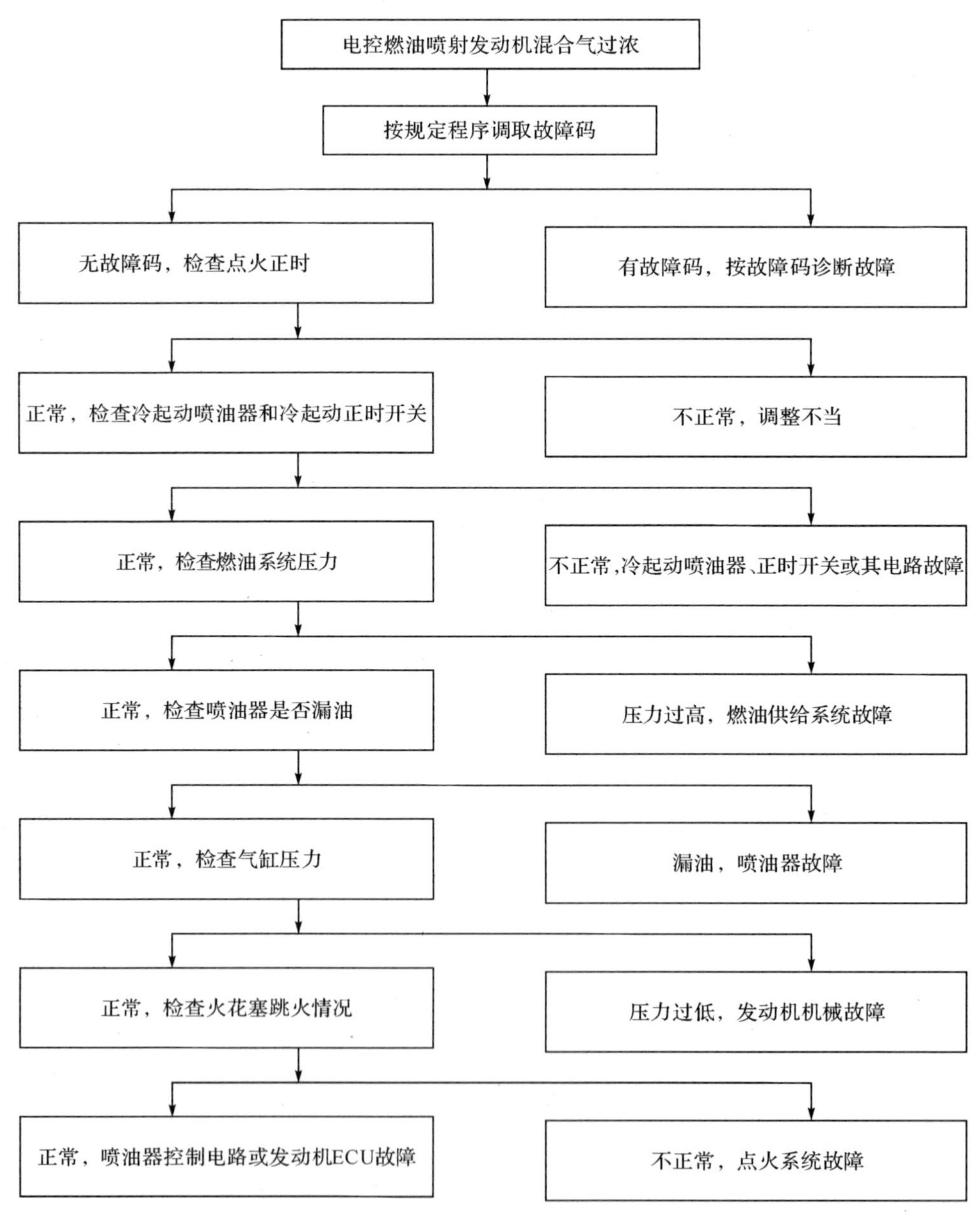

图 2-39　混合气过浓的故障诊断流程

9.发动机失速的故障诊断与排除

(1)故障现象

发动机正常运转时,转速忽高忽低,不稳定。

(2)故障原因

①空气滤清器故障、怠速调整不当。

②点火正时调整不正确、控制系统故障。

③发动机 ECU 故障、空气流量计、冷却液温度传感器、进气温度传感器故障。

(3)发动机失速的诊断流程

发动机失速的诊断流程如图 2-40 所示。

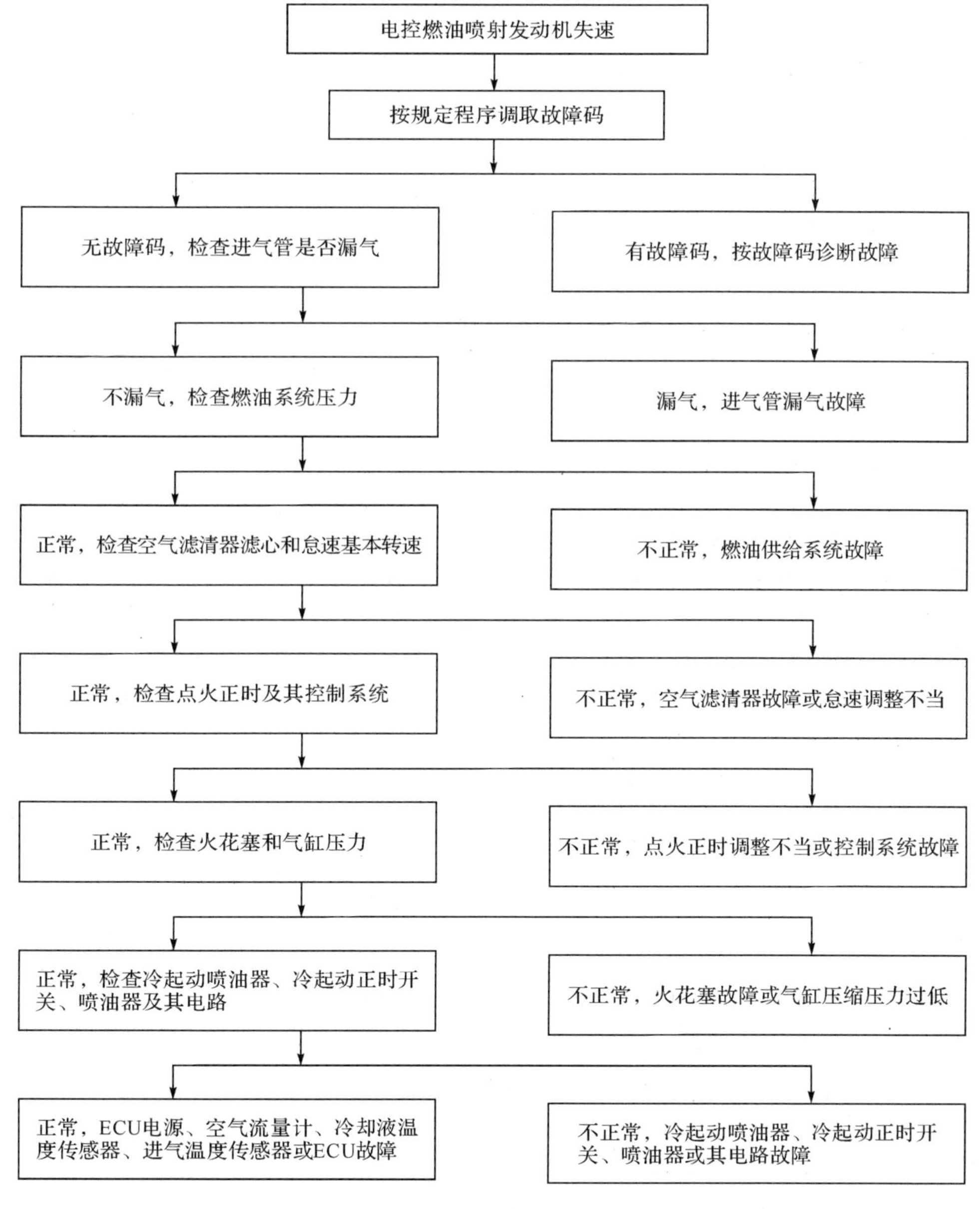

图 2-40　发动机失速的诊断流程

10.发动机过热的故障诊断与排除

(1)故障现象

①发动机起动后,水温上升很快。

②运转中的汽车,水温表指针经常指在100℃以上并伴随有冷却液沸腾现象。

③发动机易产生突爆或早燃,熄火困难等。

(2)故障原因

①冷却液量不足,冷却液中水垢过多,致使冷却效能降低。

②百叶窗没有完全打开。

③冷却液温度表或警示灯指示有误,如感应塞损坏、线路搭铁、脱落或指示表失灵等。

④散热器芯管堵塞、漏水、水垢过多或散热器片变形导致冷却效果下降,散热器出水管被吸瘪或堵塞。

⑤风扇皮带松弛或因油污打滑,风扇离合器失效,温控开关、风扇电动机损坏,叶片变形等。

⑥节温器失效,不能正常开启,致使冷却液大循环工作不良。

⑦水泵泵水量不足,水泵皮带过松或油污打滑,轴承松旷,水泵轴与叶轮脱转,水泵叶轮、叶片破损,水泵密封面、水封漏水,水泵内有空气等。

⑧点火过迟或过早、混合气过稀或过浓、润滑不良等。

⑨使用不合理,如经常超负荷工作等。

(3)故障诊断与排除

①检查冷却液液面高度是否符合要求,检查冷却液中锈皮或水垢是否过多等。

②检查百叶窗能否完全打开。

③检查冷却液指示装置。就车诊断时,将连接感应塞的导线与发动机机体搭铁,若搭铁后水温表指针摆动,说明水温表良好,感应塞有故障,否则说明水温表有故障。

④检查风扇的风量,可用一张薄纸放在散热器前面,若纸被牢牢吸住,说明风量足够。检查风扇皮带是否过松、叶片有无变形、风扇离合器是否失效等。对电动风扇,应先检查温控开关,若将其短接后风扇立即转动,说明温控开关损坏;若风扇仍然不转,应检查线路熔断器、继电器、电动机等是否损坏。

⑤检查散热器是否变形、漏水,并触试散热器和发动机温度,若散热器温度低而发动机温度高,说明冷却水循环不良,应检查散热器出水胶管是否被吸瘪或堵塞。如果出水管良好,可拆下散热器的进水软管并起动发动机,这时冷却水应有力地排出,若不排水,说明水泵或节温器有故障。

⑥若上述部位均正常,再检查散热器和发动机各部位温度是否均匀。如果散热器冷热不均,说明其水管有堵塞。如果发动机的温度前端低于后端,则表明分水管已损坏或堵塞,应拆换。

⑦若非上述原因,则可能水套内积垢过多,应予以清除。

⑧在冷却系统均正常的情况下发动机仍过热,则应考虑其他系统的问题,如点火是否过迟,排气门脚间隙是否过大,混合气是否过浓或过稀,燃烧室内积炭是否过多以及润滑油是否不足等。此外,汽车上长坡、顺风行驶或在高温季节长时间低速大负荷行驶等也会引起发动机过热。

11. 冷却液升温缓慢的故障诊断与排除

(1)故障现象

①温度指示值低于发动机正常工作温度。

②发动机乏力,消声器时有放炮,燃油消耗增加。

(2)故障原因

①水温表或水温感应器损坏,指示有误。

②节温器漏装或阀门黏结不能闭合。

③在冬季或寒冷地区行驶时,未关闭百叶窗或未采取车身保温措施。

④冷车快怠速调整过低。

(3)故障诊断与排除

①若环境温度较低,应检查百叶窗是否关闭,是否采取了保温措施。

②检查水温表、传感器及线路是否正常。

③拆检节温器,若损坏应更换。

12. 冷却液消耗过多的故障诊断与排除

(1)故障现象

发动机有漏水现象,冷却液液面下降过快,需经常添加冷却液。

(2)故障原因

①散热器损坏,水泵密封不良和管路接头损坏、松动等造成冷却系统外部渗漏。

②气缸垫损坏、缸体缸盖水套破裂、气缸盖翘曲、缸盖螺栓松动等造成冷却系统内部渗漏。

(3)故障诊断与排除

①检查冷却系统有无外部渗漏现象。由于发动机冷却液往往加有染料着色,外部渗漏部位较为明显,应重点检查软管、接头、散热器芯和水泵等部位。

②检查冷却系统有无内部渗漏。一般内部渗漏时会伴随有发动机无力、排气管排白烟、散热器有气泡、机油液面升高、机油呈乳白色等现象,应拆检缸体、缸盖和缸垫。

2.4 上海别克轿车发动机的故障诊断与检测

上海别克轿车发动机 ECU 内有一自诊断系统,该系统能识别输入/输出装置及电路的故障。如果系统检测到一个故障,ECU 便将一个“故障码”储存在存储器内,并点亮位于仪表板上的“故障警示灯”(MIL)。只要故障未消除,“MIL”便持续亮。如果出现的是一个间歇性故障,“MIL”将熄灭,但 ECU 内将储存一故障码。在 ECU 进入诊断模式后,“MIL”将闪烁,闪烁次数代表显示的故障码,检修人员可利用“MIL”来查找和排除发动机电子控制系统的故障。

2.4.1 主要元件的检测

1. 主要元件及其控制电路

别克轿车发动机上常见的传感器有空气流量计(MAF)、进气温度传感器(MAT)、进气岐管压力传感器(MAP)、节气门位置传感器(TP)、水温传感器(ECT)、氧传感器(HO2S)、爆震传感器(KS)、24X 曲轴位置传感器(CKP)、7X 曲轴位置传感器、凸轮轴位置传感器(CMP)等。其主要的执行器有怠速控制阀、喷油器、燃油泵、废气再循环阀(EGR)、碳罐电磁阀(EVAP)等。其控制电路如图 2-41 所示。

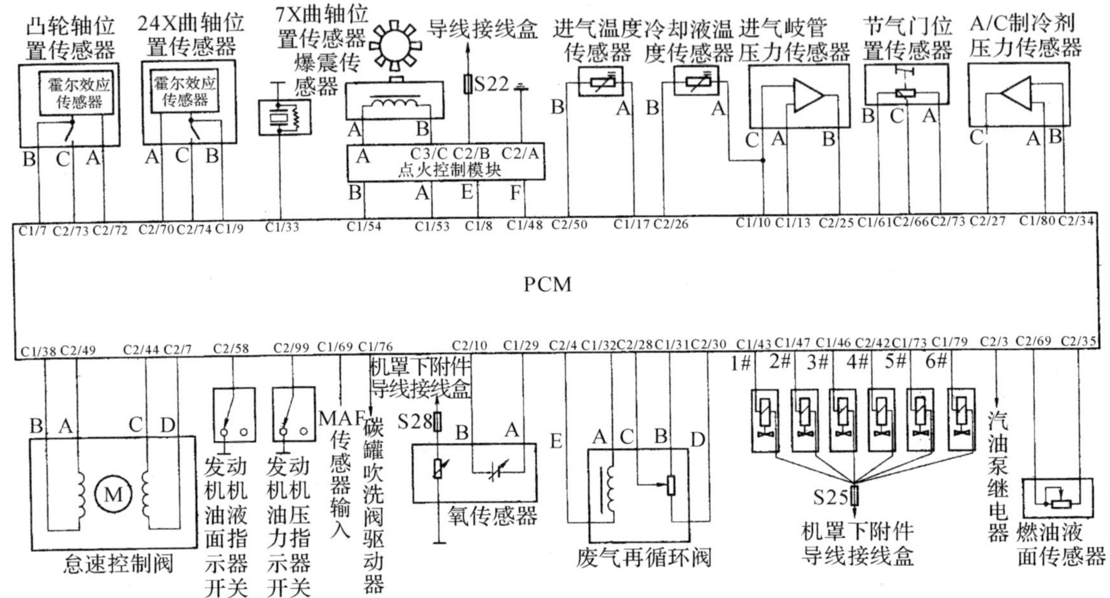

图 2-41 别克轿车发动机电控系统原理

2. 主要元件的检测方法

(1)点火开关“OFF”

拔下该元件的导线连接器,检测该元件相关端子的电阻,判断该元件是否正常,然后检测连接器侧搭铁端子的搭铁是否良好。

(2)点火开关“ON”

检测连接器侧相应端子的电压,以判断相关电路是否正常,所有检测结果应与表 2-1 所列的参数相符。

表 2-1 别克轿车主要元件检测

检测项目	电压表(点火开关“ON”)			欧姆表(点火开关“OFF”)	
	“+”	“—”	读数	两端子	读数
空气流量计	C	搭铁	12V	连接器之 B 与搭铁	0Ω
进气温度传感器	B	搭铁	5V	A 与 B	185～25000Ω
水温传感器	B	搭铁	5V	A 与 B	177～28680Ω
节气门位置传感器	A	搭铁	5V	连接器之 B 与搭铁	0Ω
				A 与 B	3.98～4.50kΩ
				C 与 B	1.12～4.19kΩ
				A 与 C	4.20～1.14kΩ

续表

检测项目	电压表(点火开关"ON")			欧姆表(点火开关"OFF")	
	"+"	"—"	读数	两端子	读数
氧传感器	A	B	0.1～0.9V	A与B	3.4kΩ
	D	搭铁	12V	连接器之C与搭铁	0Ω
24X曲轴位置传感器	A	搭铁	12V	连接器之C与搭铁	0Ω
				A与B	3.4Ω
				A与C	＞4.4MΩ
				B与C	＞4.4MΩ
7X曲轴位置传感器	A	搭铁	12V(起动时)	A与B	960Ω
凸轮轴位置传感器	A	搭铁	12V	连接器之C与搭铁	0Ω
				A与B	3.4kΩ
				A与C	＞4.4MΩ
				B与C	＞4.4MΩ
怠速控制阀	A	B	12V	A与B	51Ω
	C	D	12V	C与S	51Ω
喷油器	A	搭铁	12V	A与B	12Ω
废气再循环阀	B	搭铁	12V	A与B	6.2Ω
				连续器之A、B与搭铁	0Ω
	D	搭铁	5V	B与D	4.92kΩ
				B与C	随阀开度而变化
燃油泵	A	搭铁	5V	B与C	2.3Ω
	B	搭铁	12V	A与D	45～195Ω
碳罐电磁阀	A	搭铁	12V	A与B	26.6Ω

2.4.2　常见故障现象和故障部位

表2-2给出了别克发动机常见故障现象、故障部位和一般检测顺序。

表 2-2　别克发动机常见故障现象、故障部位和一般检测顺序

故障现象＼故障部位	传感器/电控系统								燃油供给系统	点火系统	机械部分	TCC运行情况	废气系统	AT运行情况	冷却系统	排气系统	进气系统
	ECT	CKP	CMP	MAF	HO_2S	KS	TP	EOR									
发动机起动困难	1	2	3	4				5	6		7	8					
发动机喘架/工作粗暴				2	1			3	4		5	6	7				
功率不足、反应迟缓或发动机无力						2		3	1	5	6	8	7				4
发动机爆震/点火爆燃								5	1	2	4	7		6	3		
汽车发抖		2	3	5	1		4	6	7	8							
发动机熄火/失火		6					3	4	1	7	8	5	9				2
燃油经济性差		2	3						1	5	7	8	9		6		4
怠速不稳或粗暴							3	4	1	6	7		8	5			2
发动机熄不了火									1	2							
发动机回火		1	2	3					4	5	6	7				8	

注：TCC 为液力变矩器；AT 为自动变速器

2.4.3　燃油供给系统的故障诊断与检测

1. 燃油供给系统

图 2-42 所示为燃油供给系统的组成和压力表的连接示意图。

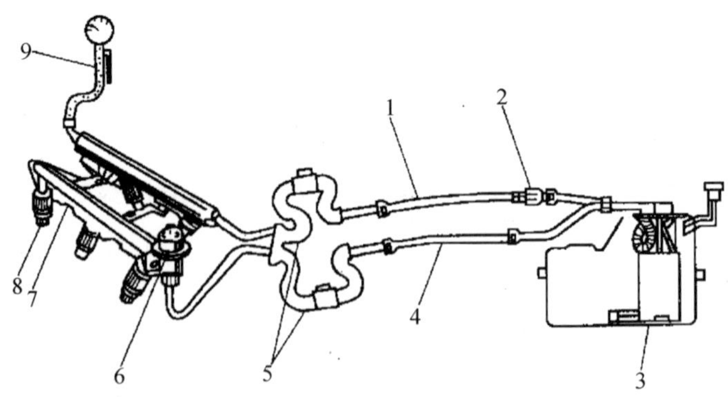

1—输油管　2—燃油滤清器　3—整体式油箱　4—回油管　6—燃油压力调节器
7—油轨总成　8—喷油器　9—燃油压力表 J34730－1A

图 2-42　别克轿车的燃油供给系统

2.燃油供给系统的故障诊断与检测

①关闭点火开关和空调系统，安装 J34730－1A 燃油压力表并将放油软管放入专用放油容器中，打开点火开关，排除油路中的空气。

②关闭点火开关 10s，燃油表指示的压力应为 284～325kPa，夹住回油管，此压力应能保持，否则可能是喷油器、油泵总成或油管有泄漏之处。

③若压力远远小于规定值，应依次检测油管、燃油泵及其控制电路和燃油压力调节器。

④若压力大于规定值，则检测燃油压力调节器和回油管是否堵塞。

2.4.4　电控系统的故障诊断与检测

当发动机电控系统出现故障时，可通过专用检测设备 Tech 2 进行检查，将 Tech 2 与方向盘下的诊断接头相连，读出故障码，其故障代码及故障原因见表 2-3。当显示与某元件有关的故障代码时，应首先参照表 2-2 进行该元件的基本检测，若不能排除故障，则按故障代码的诊断流程进行进一步的检测。

表 2-3　上海别克发动机电控系统故障代码及故障原因

序号	故障代码	故障部位	序号	故障代码	故障部位
1	P0101	MAF 传感器电路性能不良	17	P0134	HO_2S 传感器 1 活性不足
2	P0102	MAF 传感器电路频率低	18	P0135	HO_2S 传感器 1 加热电路故障
3	P0103	MAF 传感器电路频率高	16	P0137	HO_2S 传感器 2 电路电压低
4	P0107	MAP 传感器线路电压低	20	P0138	HO_2S 传感器 2 电路电压高
5	P0108	MAP 传感器线路电压高	21	P0140	HO_2S 传感器 2 活性不足
6	P0112	MAT 传感器线路电压低	22	P0141	HO_2S 传感器 2 加热电路故障
7	P0113	MAT 传感器线路电压高	23	P0171	燃油校正系统稀
8	P0117	ECT 传感器线路电压低	24	P0172	燃油校正系统浓
9	P0118	ECT 传感器线路电压高	25	P0300	发动机缺火
10	P0121	TP 传感器电路性能不良	26	P0325	KS 传感器组件
11	P0122	TP 传感器线路电压低	27	P0326	KS 传感器电压高
12	P1123	TP 传感器线路电压高	28	P0327	KS 传感器电压低
13	P1125	ECT 传感器达到闭环要求时间过长	29	P0336	CKP 传感器电路故障
14	P0131	HO_2S 传感器 1 电路电压低	30	P0341	CMP 传感器电路故障
15	P0132	HO_2S 传感器 1 电路电压高	31	P0401	EGR 系统流量不足
16	P0133	HO_2S 传感器 1 反应慢	32	P0402	三元催化系统效率低

续表

序号	故障代码	故障部位	序号	故障代码	故障部位
33	P0440	EVAP 系统有故障	50	P1134	HO_2S 传感器 1 过渡时间比不当
34	P0441	EVAP 系统净化时无流量	51	P1200	喷油器控制电路故障
35	P0442	EVAP 系统少量泄漏	52	P1336	驱动系统偏差不学习
36	P0446	EVAP 系统碳罐通风堵塞	53	P1350	点火控制电路故障
37	P0506	怠速空气控制系统转速低	54	P1361	点火控制电路不触发
38	P0507	怠速空气控制系统转速高	55	P1374	7X 参考电路故障
39	P0530	空调制冷压力传感器电路故障	56	P1406	EGR 系统针阀位置电路故障
40	P0560	系统电压故障	57	P1441	无净化时 EVAP 系统流量故障
41	P1106	MAP 传感器间歇性电压高	58	P1635	5V 参考电路 A 故障
42	P1107	MAP 传感器间歇性电压低	59	P1639	5V 参考电路 B 故障
43	P1111	MAT 传感器间歇性电压高	60	P1641	故障指示灯控制电路
44	P1112	MAT 传感器间歇性电压低	61	P1651	风扇 1 继电器控制电路
45	P1114	ECT 传感器间歇性电压低	62	P1652	风扇 2 继电器控制电路
46	P1115	ECT 传感器间歇性电压高	63	P1654	空调继电器控制电路
47	P1121	TP 传感器间歇性电压高	64	P1655	EVAP 系统净化电磁阀控制电路
48	P1122	TP 传感器间歇性电压低	65	P1675	EVAP 系统通风电磁阀控制电路
49	P1133	HO2S 传感器转换不足			

2.4.5 点火系统故障诊断与检测

1. 点火系统检测注意事项

①点火线圈次级电压输出能力非常高——超过 40000V。当发动机运转时，应避免身体与点火次级高压零部件接触，否则会造成人身伤害！

②7X 曲轴位置传感器是点火系统中最关键的零件，如果传感器损坏，发动机将不能起动。

③曲轴位置传感器的间隙非常重要，任何时候传感器都不能碰间断环，否则传感器将损

坏。如果平衡装置间断环弯曲，间断环叶片会损坏传感器。

④点火正时不可调整，在曲轴平衡装置或正时链条盖上没有正时记号。

⑤如果需要更换曲轴位置传感器，则必须首先拆下曲轴平衡装置。平衡装置是压配在曲轴上的，可使用专用工具 J38197。拆下蛇形附件驱动带和平衡装置固定螺栓，当重新安装时，拧紧平衡装置固定螺栓。

⑥在更换曲轴位置传感器组件时，检查曲轴平衡装置间断环的叶片是否弯曲，如果没有仔细检查而存在弯曲的叶片，新的曲轴位置传感器在曲轴一转即可损坏叶片。

⑦点火线圈次级或次级绕组的两端都未与发动机的搭铁相连。虽然点火线圈组件安装在点火控制模块上，但在电器上未搭铁。

⑧维修点火系统时，小心不要损坏次级点火导线或皮套。旋转每个皮套使其在火花塞或线圈接线柱上转动，然后从火花塞或线圈上拔下。注意：不要刺穿次级点火导线或皮套！如果用针尖或测试灯穿透绝缘层进行测试将会带来进一步故障。

⑨点火控制模块通过 3 个将模块固定在其支架上的固定螺栓与发动机机体搭铁。如果维修时，确保模块与其固定支架连接良好。

2. 发动机点火系统检测

①将火花试验器 J26792 卡在发动机搭铁线上。将火花塞引线一端连接到火花试验器上，另一端与测试线圈保持连接。将另一火花塞引线连接到其他线圈接线柱上，火花塞引线的另一端连接到搭铁上。

②起动发动机，同时观察火花试验器，应能看到火花。对于每个点火线圈，重复上述步骤。

③如果火花塞不跳火，应检查如下情况：检查线圈是否开裂、积炭或起火花；检查次级电阻值是否超出规定范围。线圈次级电阻值为 5000～7000Ω，火花塞引线电阻值为 1968Ω/m；如果次级点火部件有故障，点火部件将对搭铁起火花。应检查功能点火控制模块是否失效、点火系统导线至点火模块供电或搭铁连接是否过松或系统导线是否损坏。

④拆卸火花塞并检查如下情况：火花塞上是否有污物、裂纹、间隙小；电极是否烧损或损坏或加热范围是否正确。如果火花塞受到气体或油质污染，在更换火花塞之前，应确定产生污物的原因。

⑤曲轴位置传感器 CKP24x 信号出现间断。

⑥点火供电电路或传感器搭铁电路至曲轴位置传感器或凸轮轴位置传感器间断。

⑦3X 参照信号出现间断。

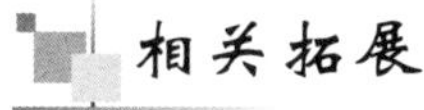

相关拓展

发动机综合分析仪

汽车发动机综合分析仪又称汽车发动机综合检测仪（见图 2-43）。指的是发动机在不解体的情况下，通过对其多种参数检测，能够对发动机进行性能分析和故障诊断的一种仪器。如汽车发动机综合分析仪 SOE800，由硬件和软件组成，硬件包括发动机分析仪模块、测试电缆以及各种测试接头等。

图 2-43　发动机综合分析仪

发动机综合分析仪是现代汽车技术诊断的重要设备之一。早在40年前，发动机分析仪就已经在汽车维修企业中开始应用了。但是由于当时汽车的技术水平相对比较低，有许多故障不用发动机分析仪也可发现。所以发动机分析仪的应用在我国汽车维修行业始终没有真正地开展起来。当时我国的汽车维修企业中，虽有少数厂家拥有发动机分析仪，但却很少在维修实际中应用。到了20世纪80年代，世界汽车技术迅速发展，特别是汽车电子控制技术在汽车上的广泛应用，使得传统汽车维修的方法越来越多地面对着新技术的严峻挑战，逐渐显得力不从心。这样就使得发动机分析仪的应用在我国汽车维修业中悄然兴起。虽然我国汽车维修企业的开业条件中，并未将发动机分析仪作为标准配置，但仍然有不少一类汽车维修企业，甚至也有少数二类汽车维修企业都购买了发动机分析仪。但是由于发动机分析仪的应用需要具备发动机技术和电子测量技术两方面的综合知识。我国汽车维修行业中技术工人的普遍水平相对比较低，特别是多年以来我国汽车维修技术中，机械修理和电气修理分离的原因，造成发动机分析仪的应用很难开展，致使许多汽车维修企业只能将价值几万至几十万元的发动机综合分析仪，当作“摆设”来装点门面，却不能真正发挥它的作用。

随着新世纪的到来，世界汽车技术的发展更是日新月异。人类为了创造更好的生存空间，对汽车在安全、环保和节能三方面又提出了越来越苛刻的要求，因而汽车电子控制技术，特别是微型计算机控制技术在汽车上的应用就越来越广泛，越来越普及。这也就使汽车维修技术中，对汽车电子控制的诊断水平要求越来越高。发动机分析仪发展到今天已经成为一台测试内容广泛的综合分析仪，它能对发动机的各个系统，例如，点火系统、燃油系统、进气系统、排气系统、机械部分和电子电气部分等各个环节进行全面、广泛和准确的综合分析。

目前发动机分析仪已经成为现代汽车诊断技术中的关键设备。但是由于今天的发动机分析仪已经发展成为以微电脑为核心的高科技电子测量产品，因此，发动机分析仪在汽车维修实践中的应用难度越来越高。由于我国汽车维修技术水平与发达国家相比存在着较大差距，所以发动机分析仪的应用技术已经成为影响我国现代汽车维修技术发展的“瓶颈”。尽快掌握发动机分析仪的应用技术，已成为当前我国汽车维修技术发展的重要课题。

希望汽车维修人员能够比较全面地掌握发动机分析仪的操作方法，并学会应用发动机分析仪对现代汽车发动机的各个系统进行综合技术诊断，掌握发动机诊断及故障分析的方法，使发动机分析仪在我国汽车维修企业中真正发挥作用。

发动机分析仪通常可以分为四类：

1. 传统式发动机分析仪

传统式发动机分析仪实际上就是台式点火示波器。点火示波器是以示波管为核心的测试仪器，专门用于汽车点火系统高低压波形分析。它是汽车发动机点火系统故障诊断的测试设备。它不仅能准确描绘出发动机点火系统的工作状况；还可以通过点火波形进一步扩展分析发动机机械部分的工作状况，因此它是常规发动机检查的核心设备。点火示波器通常与数字分析仪组合成一台发动机分析仪。其中数字分析仪相当于台式汽车万用表，但往往增加有单缸断火功率试验功能。另外这种点火示波管还兼有喷油器波形和传感器波形试验功能，因此可以作为普通示波器使用。

2. 智能式发动机分析仪

智能式发动机分析仪是以一台内部装有微处理器的以数字存储示波器为核心的测试仪器。智能式发动机分析仪具有很强的数据处理功能，采用菜单式操作，这对初学者是很容易掌握的。智能式发动机分析仪分为台式和便携式两种。台式可作为汽车维修企业中诊断中心的重要设备。便携式因采用液晶屏幕显示而使得体积大为缩小，重量也大大减轻，携带十分方便，为车间现场使用和野外修车提供了极大的方便。智能式发动机分析仪集汽车示波器(含点火示波器和数字存储示波器功能)及汽车万用表于一身，使用菜单操作方式并具有自动调整功能，即使不会使用示波器的人也可以轻松掌握。

3. 电脑式发动机分析仪

电脑式发动机分析仪是以个人微机为核心的发动机综合分析仪设备。它通过测试接口模块和测试程序软件实现测试功能，可以完成点火示波器、汽车示波器的全部测试功能，同时还可以进行自动测试。对于装有汽车数据资料库的系统，还能够实现测试中资料库的在线支持和数据自动分析。在显示上采用微机数据处理和图形处理使得显示功能更为丰富，显示画面极为生动，加上测试数据自动统计处理功能使得分析过程简单、准确无误。良好的人机界面和自动程序引导功能，也给操作者带来极大的方便。

4. 模块式发动机分析仪

模块式发动机分析仪是将电脑式发动机的测试接口模块与个人微机分离出来，单独将接口模块和软件作为独立的产品推出的测试设备。这种产品使用时，必须配合个人微机才能构成完整的测试系统。它具有不受微机主机升级换代的影响，既可以在台式微机上应用，也可以方便地与笔记本电脑构成便携式发动机分析仪。

复习延伸

常见故障诊断实例

【例 2.1】 电路故障引起发动机不起动。

车型：1998 款红旗 CA7180E—AHP 型捷达发动机。

故障：发动机不起动。

诊断：曲轴转速传感器为磁感应式，拆下传感器，传感器表面并不脏；用万用表测量其阻值为 920Ω，正常；接着测量控制单元端传感器的电压为 3V 多；拔下发动机控制单元的插头，发现插头上有进水的痕迹；顺着线束往上检查，发现水是顺着线束流下来的，并在导流板下方找到漏水部位。

排除：压缩空气吹干，用毛刷把水锈清理干净，测量发现曲轴转速传感器的线束正常。用密割胶封好漏水部位，又将线束上的水擦干、包好。

分析：进入发动机控制单元的水滴引起短路。由进水引起的电控部分故障，大多是偶发性的，且故障部位有时较为隐蔽，当遇到这种偶发性故障时，一定要把进水的原因找到，排除隐患。

【例 2.2】 传感器故障引起发动机不起动。

车型：一辆采用 AEP 发动机的帕萨特 B4 轿车。

故障：热起困难，起动不久就开始发抖，直至熄火。

诊断：故障解码器检测，无故障码。拆下火花塞，看到火花塞全部被淹，说明混合气过浓或点火能量不足，或点火时刻不准。重新接上解码器，读取 08 数据块 01 组。显示的温度为－8℃，而当时的环境温度约为 20℃，说明冷却液温度传感器有故障。

排除：更换新件后，故障完全排除。

分析：由于冷却液温度传感器失效，总显示－8℃信号，因此 ECU 判断为冷车工况，从而控制增加喷油脉宽，造成混合气过浓。

【例 2.3】 雪佛兰子弹头车发动机动力不足，加速时放炮，故障灯常亮。

首先调取故障码，为 43 号码，意为爆震传感器故障。找到爆震传感器，拔下插头，测量其电压为 5V(点火开关打开)，正常；插上插头，再测其电压仍为 5V，不正常。正常情况下，PCM 在爆震传感器信号线上提供一个 5V 直流参考信号。爆震传感器的内部电路将这个电压降到 2.5V，当发动机产生爆震时，传感器将产生一个不规则的交流信号，并将此信号输入给 PCM，PCM 将延迟点火正时，直至爆震传感器不再产生爆震信号为止。

【例 2.4】 某丰田 PREVIA 子弹头车，加速至 3000r/min 后再也上不去，“检查发动机”警告灯起动后熄灭。

检查油压、喷油雾化、高压火、点火正时都正常；检查空气流量汁 VS 信号，怠速 2.3～2.8V 正常。加速至 3000r/min 应该为 0.3～1.0V，但实际为 2V，再踩下加速踏板，VS 信号一直为 2V，说明随节气门开度增加进气量不能增加或空气流量计本身有故障。拆下空气流量计，插头仍插在空气流量计上，接通点火开关，用手推动翼板式空气流量计的计量板，没有卡住现象，信号电压也正常，这说明空气流量计良好。拆下空气滤清器起动、加速发动机，

VS信号最高仍为2V,空气流量计至节气门间无漏气现象。拆下排气管再起动、加速,发动机转速立即上升至5000r/min,这说明排气管上触媒堵塞,更换后恢复正常。

思考题

1. 简述电控汽油喷射系统的组成和作用。
2. 汽车万用表一般具有哪些专用功能?
3. 电控汽油喷射系统常见故障有哪些?故障原因是什么?如何排除?
4. 如何诊断电子点火系统故障?
5. 如何诊断怠速过高的故障?故障原因是什么?
6. 如何诊断怠速不稳的故障现象?故障原因是什么?

第三章 柴油机故障诊断

学习目标

1. 知识目标

(1)了解柴油机电控技术发展。

(2)掌握柴油机电控燃油喷射系统的组成及工作原理。

(3)了解柴油机电控燃油喷射系统常用的检测方法。

(4)掌握常见的柴油机故障、诊断与排除。

2. 能力目标

(1)能运用汽车故障诊断的方法来判断柴油机常见的故障。

(2)掌握柴油机故障流程。

(3)能独立完成简单案例分析。

任务导入

道依茨 1013、1015 水冷柴油机,起动困难,需要在进气管喷乙醚才能起动,起动后柴油机作业时严重冒黑烟。

任务分析

1. 故障原因

如果柴油机出现上述故障,一般情况下是喷油泵柱塞和出油阀或喷油嘴有问题。常见现象是：柱塞磨损严重，出油阀密封不严，供油压力不足和喷油嘴雾化不良。

2. 排除方法

专业维修喷油泵，更换柱塞和出油阀或酌情更换喷油嘴，按要求调整喷油泵供油量和喷油嘴喷油压力。故障即可排除。

注意：如果更换柱塞和出油阀后，柴油机带负荷工作时转速下降，且排气无烟，则可能是供油量不足造成的，应调整喷油泵供油量。

相关知识

3.1　柴油机电控技术发展简述

柴油机电控技术是在解决能源危机和排放污染两大难题的背景下，在飞速发展的电子控制技术平台上发展起来的。汽油机电控技术的发展为柴油机电控技术的发展提供了宝贵经验。

当前，美、欧、日等地的大部分柴油轿车和轻型客车都使用了直列式转子式电控柴油喷射系统，并正向更新型的电控高压共轨系统转化。

柴油机电控技术发展的三个阶段：位置控制、时间控制、时间一压力控制方式。

第一代柴油机电控燃油喷射系统（位置控制式电控喷油系统）

位置控制式系统是早期发展与应用系统，亦称为第一代电控柴油机喷油系统，它是在柴油机原用 Bosch 柱塞式喷油泵、分配式喷油泵及泵—喷油器的基础上进行改造并加装电子控制的执行器来达到控制的目的。它是目前商业化程度最高的一种产品，如日本柴油机机器公司的 COVEC - 1 系统、日本五十铃公司 4FBI 柴油机电子控制系统（I - TEC）、Bosch 公司的分配泵 ECD、日本丰田汽车公司的柴油机电控制系统 ECD - Ⅰ、ECD - Ⅱ 和日本电装公司 ECD - V1 系统均属上述类型的喷油泵。

优点：结构不需改动，生产继承性好，便于对现有柴油机进行升级换代。

缺点：系统响应慢、控制频率低、控制自由度小、控制精度不够高，喷油压力无法独立控制。

第二代柴油机电控燃油喷射系统（时间控制式电控喷油系统）

时间控制式系统是 20 世纪 90 年代后开发的电控喷射系统，属第二代电控柴油机喷油系统。其工作原理是高速电磁阀直接控制高压燃油的导通，一般情况下，可以制成在电磁阀关闭点，喷油即开始；在电磁阀打开点，喷油即终止。由此，喷油始点取决于该电磁阀的关闭时刻，喷油量取决于电磁阀关闭的持续时间。这样的原理与结构，可以把传统喷油泵中的齿杆、滑套、柱塞斜槽及提前器等机构取消，简化了系统的结构。日本 Zexel 公司的 Model - 1 电控分配泵，美国 Detroit 公司的 DDEC 电控泵喷嘴、德国 Bosch 公司的 EUP13 电控单体泵都属于时间控制系统。我国专家欧阳明高和丹麦 Sorenson 研制的“泵一管一阀一嘴（Pump/Pipe/Valve/Injector——PPVI）”电控燃油喷射系统也属于第二代电控喷射系统。

特点：通过设置传感器、电控单元、高速电磁阀和相关电/液控制执行元件等，组成数字式高频调节系统，由电磁阀的通、断电时刻和通、断电时间控制喷油泵的供油量和供油正时。

但供油压力还无法独立控制。

第三代柴油机电控燃油喷射系统(时间—压力控制方式)

第二代柴油机电控燃油喷射系统中最典型的是电控共轨式燃油喷射系统。在后期开发的柴油机电控共轨式燃油喷射系统中,为降低对供油压力的要求,喷油量的控制采用控制喷油压力的方法实现,即喷油量的“压力控制”方式。

喷油器喷孔尺寸一定,喷油时间一定,控制喷油压力即可控制喷油量;而在增压活塞和柱塞尺寸一定时,喷油压力(即增压压力)取决于共轨中的油压,共轨中的油压是由ECU根据各种传感器信号通过燃油压力调节阀来控制的,所以将此种喷油量控制方式称为“压力控制”方式。在系统中,ECU根据实际的共轨压力信号对共轨压力进行闭环控制。

在该系统中,ECU控制供油压力调节阀使喷油器的喷油压差保持不变,再通过控制三通电磁阀工作实现喷油量和喷油正时的控制。电磁阀通电开始时刻决定了喷油的开始时刻,其通电时间决定喷油量。

3.2 柴油机电控燃油喷射系统的优点

在电控喷射方面,柴油机与汽油机的主要差别是,汽油机的电控喷射系统只是控制空燃比(汽油与空气的比例),柴油机的电控喷射系统则是通过控制喷油时间来调节输出的大小,而柴油机喷油控制是由发动机的转速和油门拉杆位置来决定的。因此,基本工作原理是计算机根据转速传感器和油门位置传感器的输入信号,首先计算出基本喷油量,然后根据水温、进气温度、进气压力等传感器的信号进行修正,再与来自控制套位置传感器的信号进行反馈修正,确定最佳喷油量。

1. 改善低温起动性

电子控制系统能够以最佳的程序替代驾驶员进行这种麻烦的起动操作,使柴油机低温起动更容易。

2. 降低氮氧化物和烟度的排放

采用柴油机电控技术,可精确地将喷油量控制在不超过冒烟界限的适当范围内,同时根据发动机工况调节喷油时刻,从而有效地抑制排烟。

3. 提高发动机运转稳定性

采用柴油机电控系统,无论负荷怎样增减,都能保证发动机怠速工况下以最低的转速稳定运转,有利于提高其经济性。

4. 提高发动机的动力性和经济性

柴油机电控系统中,ECU根据传感器信号精确计算喷油量和喷油正时,从而提高发动机的动力性和经济性。

5. 控制涡轮增压

采用电子控制技术可以对增压装置进行精确控制。

6. 适应性广

只要改变ECU的控制程序和数据,一种喷油泵就能广泛用在各种柴油机上,而且柴油机燃油喷射控制可与变速器控制、怠速控制等各种控制系统进行组合,实现集中控制,有利于缩短柴油机电控系统开发周期，并降低成本，从而扩大柴油机电控系统的应用范围。

3.3 柴油机电控燃油喷射系统的组成及工作原理

3.3.1 柴油机电控燃油喷射系统的组成

柴油机电控燃油喷射系统除了控制喷油量外，对喷油正时和喷油的压力都有很高的要求。(柴油机电控燃油喷射系统的喷油压力较高，约 19.6MPa)

各种柴油电控系统的区别在于控制功能、传感器的数量和类型、执行元件的类型、ECU控制软件、主要电控元件的结构原理和安装位置，基本组成与其他电子控制系统一致，也由传感器——ECU——执行元件三部分组成。

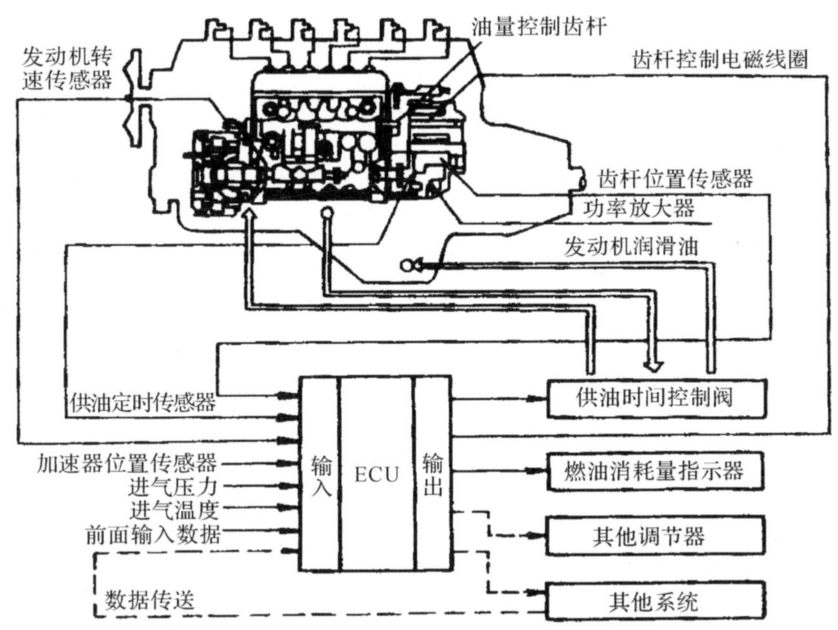

图 3-1 电控柴油喷射系统控制原理

1. 传感器及其他信号输入装置

踏板位置传感器用以检测加速踏板的位置，即发动机的负荷信号，此信号输入 ECU 后，与转速信号共同决定柴油机的喷油量及喷油提前角，是柴油机电子控制系统的主控制信号。

转速传感器、曲轴位置传感器用以检测发动机转速或曲轴位置，与加速踏板位置传感器共同决定喷油量和喷油提前角，是柴油机电控系统的主控制信号。

泵角传感器用以检测喷油泵轴转角，与曲轴位置传感器配合共同控制喷油量，并保证在喷油正时改变时不影响喷油量。

溢流环位置传感器用以检测溢流控制电磁铁的电枢位置，以反馈控制溢流环的位置。

正时活塞位置传感器用以检测电子控制定时器正时活塞的位置，将喷油正时提前量信号输入 ECU。

控制杆位置传感器用以检测电子控制柱塞式喷油泵调速器中控制杆的位置，将燃油喷射量的增减信号反馈给 ECU。

控制套筒位置传感器用以检测电子控制分配式喷油泵调速器中控制套筒的位置，将燃油喷射量的增减信号反馈给 ECU。

着火正时传感器检用以测燃烧室开始燃烧的时刻，修正喷油正时。

冷却水温度传感器用以检测发动机冷却水温度，修正喷油量及喷油正时。

进气压力传感器用以检测进气压力，以修正喷油量及喷油正时。

进气温度传感器用以检测进气温度，以修正喷油量及喷油正时。

E/G 开关即发动机点火开关，向 ECU 输入发动机工作状态信号。

A/C 开关即空调开关，向 ECU 输入空调工作状态信号，是怠速控制信号之一。

动力转向油压开关用以检测动力转向管路油压的变化，所获信号是怠速控制信号之一。

空挡起动开关向 ECU 输入自动变速器是否处于空挡位置的信号，是怠速控制信号之一。

2. 电子控制单元

其核心是单片计算机系统，同时包括一些输入/输出接口电路等。出通道接口电路等。它们与系统中的软件一起，负责信息的采集、处理、计算决策、执行程序，并将运行结果作为控制指令输出到执行器。此外，还有一种通信的功能，即和其他的控制系统，如传动装置控制器进行数据传输与交换，同时考虑到汽车其他系统的实时情况，适当修正喷油系统的执行指令，即适当修正喷油量、喷油提前角等等，与此同时还可以向其他的控制系统输送必要的信息。

3. 执行器

柴油机电子控制系统的执行器也是由执行电器和机械执行机构两部分组成，其功用是根据控制单元送来的执行指令，调节喷油量和喷油正时等，从而调节柴油机的运行状态。主要有：电动调速器、溢流控制电磁铁、电子控制正时控制阀、电子控制正时器、电磁溢流阀、高速电磁阀、电子液力控制喷油器等。这些执行器实质上是电磁铁、螺旋管、直流电机、步进电机和力矩电机等电器。

3.3.2 柴油机电控燃油喷射系统的工作原理

电控柴油喷射系统由传感器、ECU(计算机)和执行机构三部分组成。其任务是对喷油系统进行电子控制，实现对喷油量以及喷油定时随运行工况的实时控制。采用转速、温度、压力等传感器，将实时检测的参数同步输入计算机，与已储存的参数值进行比较，经过处理计算按照最佳值对喷油泵、废气再循环阀、预热塞等执行机构进行控制，驱动喷油系统，使柴油机运作状态达到最佳。

3.4 柴油机燃料供给系统的检测

柴油机燃油供给系统主要由柴油箱、柴油滤清器、输油泵、喷油泵、调速器、喷油器等组成。以下介绍对输油泵、A 型喷油泵、调速器及喷油器检测的方法等。

1. 输油泵的检测

(1)输油泵主要零件的磨损与检查

①出油阀的磨损。出油阀的磨损主要是阀门与阀座配合面的磨损。检查的方法是用嘴吸气或吹气,对于进油阀可从进油口方向吸气,吸气时应感觉不到有漏气。

②活塞与输油泵体的磨损。磨损使活塞与孔的配合间隙增大。活塞与泵体孔的标准配合间隙为 0.015～0.038mm,当此间隙达到 0.06mm 时应修理。

(2)输油泵的试验

输油泵的工作性能试验主要有密封性试验、吸油能力试验、供油能力试验等。

①密封性试验。旋紧手油泵的手柄并堵住出油口,将输油泵浸入清洁的煤油或柴油中。从进油口接入 147～196kPa 压力的压缩空气,若在泵体与推杆之间的缝隙处有气泡漏出,用量筒收集气泡,若 1min 收集量在 50mL 以内,说明此间隙正常,密封良好。

②吸油能力试验。将输油泵装在喷油泵上,旋紧手油泵手柄。在进油口接头上安装一根内径为 8mm、长度为 2m 左右的塑料管,使输油泵进油口高于油箱油面 1m。然后用手以每秒 2～3 次的速度往复拉与压柱塞,记录燃油输送到出油口的时间,此时间应小于 1min,否则应检修。如图 3-2所示。

③供油量试验。当喷油泵转速为 750r/min,输油压力为 206kPa,输油泵供油量不低于 250mL/min。当喷油泵转速为 600r/min,从开始吸油到供油压力上升到 180kPa 所需的时间不应超过 30s。

(3)EQD6102 型柴油机输油泵性能试验

试验如图 3-2 所示。

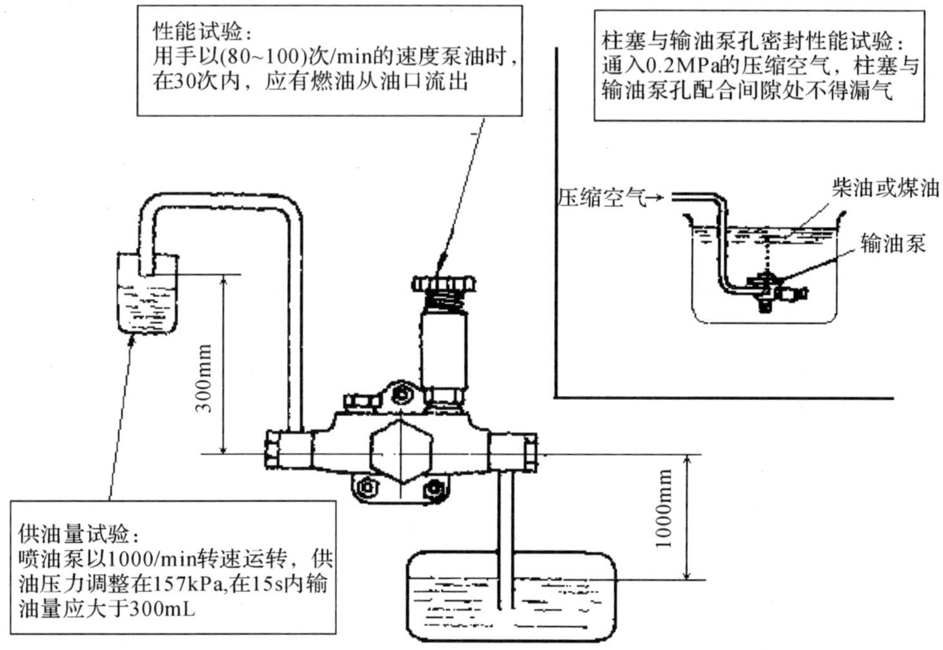

图 3-2　输油泵性能试验

2.喷油泵的检测调整

(1)喷油泵检测调整的主要项目

①供油不均匀性检查。

②额定供油量。

喷油泵额定供油量和供油不均匀度的检查与调整是在喷油泵试验台上进行的。

③供油间隔角的检查。喷油泵各缸供油间隔角的均匀性,将决定柴油机各缸供油提前角的一致性。

A型喷油泵供油间隔角的检查方法如下:

在一缸出油阀管接头上安装内径为$\phi 2\sim 3$mm的透明(玻璃)定时管,如图3-3所示。油门处于全开位置,转动喷油泵凸轮,注意观察定时管内液面,当油面微一闪动,立即停止转动油泵凸轮,这就是第一缸柱塞供油开始角,记录此时刻度盘读数;然后用同样方法,依次检查并记录1—5—3—6—2—4缸柱塞的供油起始角。前后两缸的刻度读数差,即为这两缸的供油间隔角。

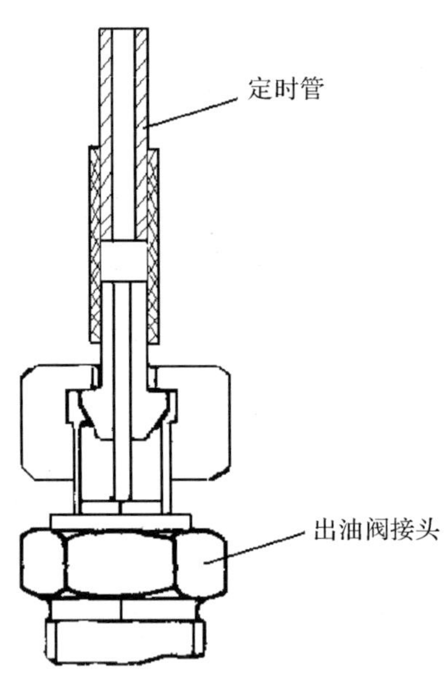

图3-3 安装定时管

(2)喷油泵偶件的检测方法

①柱塞偶件的检验。密封性能的检验方法:将喷油泵中的出油阀取出,将阀座与出油阀衬垫仍留在里面,旋上出油阀座,将喷油泵试验台上的高压油管接在出油阀座上,并排净内部的空气。将柱塞调整到最大供油量的中间行程位置。用喷油泵试验台上的手柄泵油至20MPa后停止泵油,测量油压下降至10MPa时所经历的时间。对于柱塞偶件要求不少于18s。各个柱塞偶件的密封性指标相差应不大于最大数值的15%。

也可用滑动性能试验对柱塞偶件的磨损程度进行简单的检查。检测方法:将柱塞、套筒洗净后装一体,并使其倾斜60°角,然后将柱塞拉出35~40mm,柱塞应能在本身重力作用下沿套筒缓缓下滑到原位。

密封性试验的另一种方法是:用一手握住套筒,并用手指堵住套筒端面的出油孔和进油孔;另一手拉出柱塞时,应感到有明显的吸力;放开柱塞时,柱塞应能迅速而自动地回至原位。将柱塞转到几个不同的位置反复试验几次均应符合要求。

②出油阀偶件的检验。密封性试验：出油阀偶件的密封性试验可采用简单的专用夹具。将出油阀偶件装入专用夹具中，并将专用夹具连同出油阀偶件一起接在喷油器试验器的高压油管上。拧松调节螺钉使出油阀落在阀座上，以检验密封锥面的密封性，其试验标准为：当油压从25MPa降至10MPa所经历的时间不应小于60s。然后旋进调节螺钉，使出油阀顶起0.3～0.5mm，以检验减压环带与导向孔之间的密封性，其试验标准为：当油压从25MPa降至10MPa所经历的时间不应小于2s。

滑动性能试验：在柴油中浸泡后的出油阀偶件，在轴线垂直方向，抽出阀体约1/3，松开时阀体应能靠本身的重力下落到阀座的支承面上。

3.喷油器检测

(1)喷油器针阀偶件的磨损

喷油器针阀偶件的磨损有：喷油器密封锥面、轴针与喷孔、针阀与针阀体导向面等处的磨损。

(2)喷油器的检验与调试

喷油器的检验与调试一般是在喷油器试验器上进行，并保证试验器本身具有良好的密封性。

①密封性检验：将调压螺母调整至喷油器在规定压力下喷油，停止压油后。观察压力表指针，记下油压自20MPa降至18MPa所经历的时间，此时间应不少于9s，如图3-4所示。

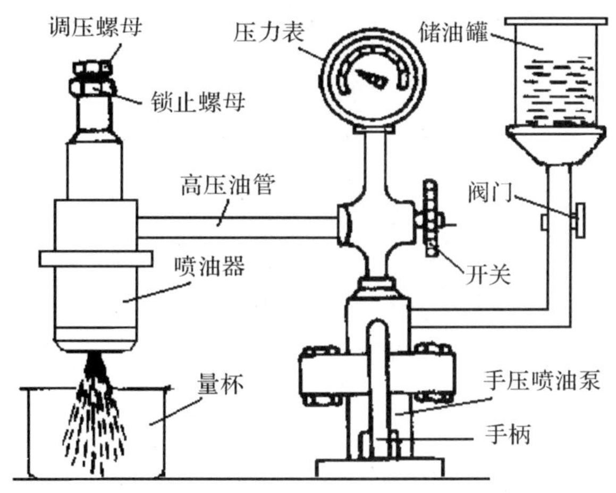

图3-4　密封性检验

②喷油压力的检验和调整：当喷油器刚开始喷油时，压力表所指示的最高压力即为喷油压力。若不符合规定，应进行调整。旋入喷油器调压螺母时喷油压力增高，旋出时喷油压力降低。同一台发动机各缸喷油器的喷油压力的误差不应大于0.25MPa。

③喷雾质量的检验：以60～70次/min的频率压动手柄，喷油器喷出的燃油应呈雾状，没有明显可见的油滴和油流，以及浓稀不均的现象；断油应干脆；喷射前后不允许有滴油现象。经多次喷油后，喷口附近应是干的或稍有湿润。

④喷雾锥角的检验：喷油器喷出燃油的雾化锥角不应偏斜，其锥角角度和形状应符合要求。

⑤喷油器的通过能力检验：在喷油器试验台上，将各个喷油器用同一根高压油管逐个接

到预先调整好的喷油泵的同一个分泵上，在标定转速下测量每分钟的喷油量。各个喷油器的喷油量相差不得超过平均值的5%。

3.5 柴油机故障诊断与排除

柴油机所使用的柴油，黏度大、蒸发性差。所以，要形成品质良好的混合气，对柴油品质、气缸压力、喷油泵的压力及喷油正时、喷油器喷射的压力、射程、喷射雾化等的要求极其严格。

供油量随转速变化的特性，称为喷油泵的速度特性。喷油泵的速度特性使发动机在高速时出现超速，而在怠速时会出现熄火。为此，柴油机必须配置调速器，用以限制柴油机超速并稳定怠速。柴油机燃料系统的部分机件，如喷油泵、出油阀、喷油器等，均为十分精密的配合副。

柴油机供给系统常见故障部位如图3-5所示。

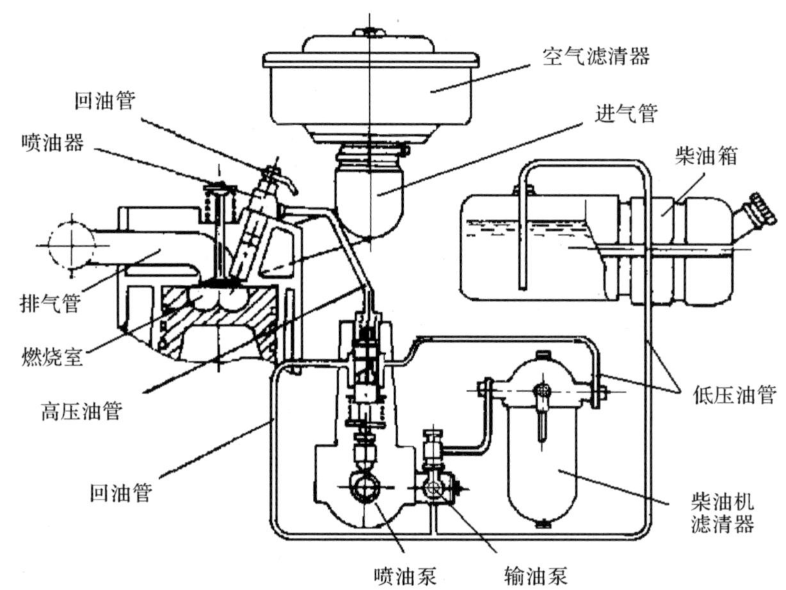

图3-5 柴油机供给系统常见故障部位

3.5.1 柴油机不能发动

柴油机不能发动的故障现象为起动机带不动发动机转动，或者起动机能带动但发动机无发动征兆。

起动机能带动柴油机，但柴油机无任何起动的迹象，其故障实质是燃油未进入燃烧室，或起动转速过低。这是一种常见的故障现象，多为起动电路系统故障、低压油路和高压油路不良所致。诊断时，应首先确定故障出自哪一部分。

通常可先从起动电路系统检查，然后分别排除低压油路和高压油路故障。

1.起动机能带动柴油机，但柴油机无发动征兆

(1)起动系统故障诊断

①故障现象：起动时发动机转动缓慢，并且发动机转速不均匀。

②故障原因。造成起动转速过低的原因有：蓄电池电量不足、蓄电池至起动机连线过长，造成过大的电压降；蓄电池电极连线松动或电极桩接线处氧化物太多使电阻过大、起动机故障、起动继电器断路、机油黏度过大而造成起动机无法带动柴油机；或因发动机机械故障，使起动机无法带动柴油机或转速过低。

③故障诊断与排除。首先检查蓄电池与起动机的连接状况；再检查蓄电池容量，温度过低时也会导致蓄电池容量下降，同时由于低温会使润滑油黏度过大而造成起动转速的不足，导致起动困难；若不是上述原因导致起动困难，则应检查是否存在机械故障。

(2)低压油路故障的诊断

①故障现象：松开喷油泵放气螺塞，按动输油泵上的手动泵，放气螺塞处无油流出，说明燃油没有进入喷油泵；或者放气螺塞处流出泡沫状柴油，说明燃油夹带空气进入喷油泵，而且长时间按动手动泵不能排净空气。

②故障原因：

- 油箱内无油或油量不足；
- 油箱开关未打开或油箱盖空气孔堵塞；
- 油箱内上油管堵塞或从上部折断；
- 油箱至输油泵间油管堵塞；
- 柴油滤清器滤芯堵塞；
- 输油泵滤网堵塞；
- 输油泵油阀黏滞，活塞损坏或胶圈失效；
- 油箱内输油管破裂或松动；
- 油箱至输油泵间油管有破裂处或接头松动。

③故障诊断与排除：

- 检查油箱开关是否打开，柴油机熄火拉钮是否退回，油箱内油面是否过低，油箱盖空气孔是否堵塞，视情予以补充或修理。
- 旋松喷油泵上的放气螺塞，用手油泵泵油。如从放气螺孔流出的燃油中夹有气泡，说明油路中有空气窜入，应查明原因，是否由于油箱油量不足，油管接头松动、柴油滤清器衬垫密封不严或油管破裂而引起。此外，还应注意油箱内的上油管的焊接处是否有裂缝或漏孔，如有则对裂缝处以予焊修，并紧固油管接头。
- 通过手油泵泵油，如觉得来油不畅，说明低压油路中有堵塞或破损，应检查柴油滤清器和管路是否堵塞，视情予以清洗或更换。
- 若用手油泵泵油，发现自放气螺孔流出的柴油中夹有水珠，则说明油中有水，应将滤清器与油箱的放污塞旋开，放出沉淀物和积留的水。必要时清洗油箱。
- 检查输油泵的工作情况。用手油泵泵油时，无正常的泵油阻力，并泵油多次也泵不出油，说明手油泵活塞磨损过甚，输油泵出油阀黏滞或不密封、弹簧折断，应予拆检修理。
- 拉出手油泵手柄，感到有明显吸力，放开手柄会自行回位，说明油箱至输油泵的油路堵塞，应卸下柴油滤清器及输油泵进油管清洗，使之畅通。
- 如果在拉手柄时感到无吸力，但在压下手柄时感到阻力很大，说明输油泵至喷油泵之间的油路堵塞。手油泵盖密封不严，也会引起输油泵泵油不良。
- 在低温地区和季节，柴油标号选用不当或油中有水，容易产生结蜡和结冰而堵塞油管。应选用规定牌号柴油,进行必要的季节维护。

柴油机低压油路故障诊断流程如图 3-6 所示。

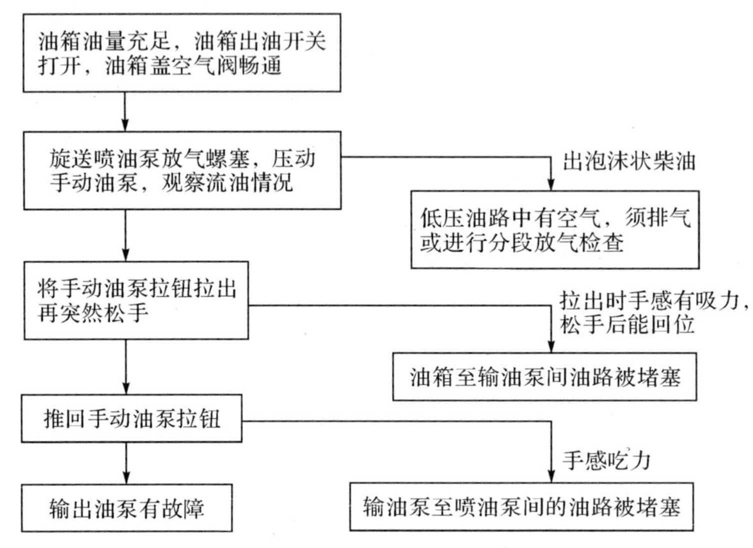

图 3-6　柴油机低压油路故障诊断流程

(3)高压油路故障诊断

①故障现象:低压油路供油正常,各高压油路中无空气,但各缸喷油器无油喷出。

②故障原因:

由喷油泵引发的故障原因如下:

喷油泵凸轮轴挺杆与柱塞的间隙过大;柱塞与套筒偶件间隙过大或二者黏滞;油量调节叉或扇形齿轮固定螺钉松动或脱落,使柱塞滞留在不供油位置上;供油齿条卡滞,使柱塞不能转动或转动量过小;出油阀黏滞或其弹簧折断;出油阀密封不良或其弹簧折断;油门拉杆处于不供油位置;联轴节主动盘或被动盘连接键损坏。

由喷油器引发的故障原因如下:

针阀积炭或烧结而不能开启;针阀喷油孔堵塞;压力弹簧调整不当;高压油管破裂或其接头松动。

③故障诊断与排除:

若柴油供给系统低压部分正常,而发动机仍未能发动,则应检查其高压部分的技术状况。

• 检查油门拉杆是否脱落。再接通起动机,观察喷油泵输入轴是否转动。若喷油泵输入轴不转动或转动太慢,应检查联轴节有无断裂、固定螺钉是否松动、半圆键是否损坏。若不正常会引起供油时间失准,应予修理或更换新配件。

• 检查各高压油管有无破裂或接头松动而漏油,引起供油不足。如有破裂应予焊修。

• 将喷油泵侧盖卸下,检查供油调节拉杆是否移动灵活,柱塞弹簧是否折断而卡住或柱塞卡在上行位置。拨叉式油量调节机构的调节叉或齿条式调节机构的扇形小齿轮的固定螺钉是否松动,调节臂有无脱出。如有,视情调整或修理。

• 将喷油泵的高压油管拆下,用手油泵泵油。若出油阀处有油溢出,说明出油阀瞎损或密封不良、出油阀弹簧折断或密封面有污物,应予清洗、修理或更换磨损件。

• 按上一步所述办法检查，如出油阀无油溢出，应检查高压油路中有无空气。可将调节拉杆放在最大供油量位置上，用起子撬动喷油泵柱塞弹簧座，做泵油动作，使柴油从出油阀中喷出，直到不夹有气泡时为止。旋紧高压油管，再撬动喷油泵柱塞弹簧座几次，使喷油器喷出柴油，听到有清脆的泵油声音为止，故障即可排除。

• 经过以上检查如均正常，仍不能起动，可将喷油器从缸体上拆下，喷油器在缸外接到高压油管上，用起子撬动喷油泵柱塞弹簧座，做泵油动作。若喷雾质量不良，应拆检喷油器，查看弹簧弹力是否正常，喷孔有无堵塞，针阀有无卡滞等。如有，视情调整、修理或更换零件。

柴油机高压油路故障诊断流程如图 3-7 所示。

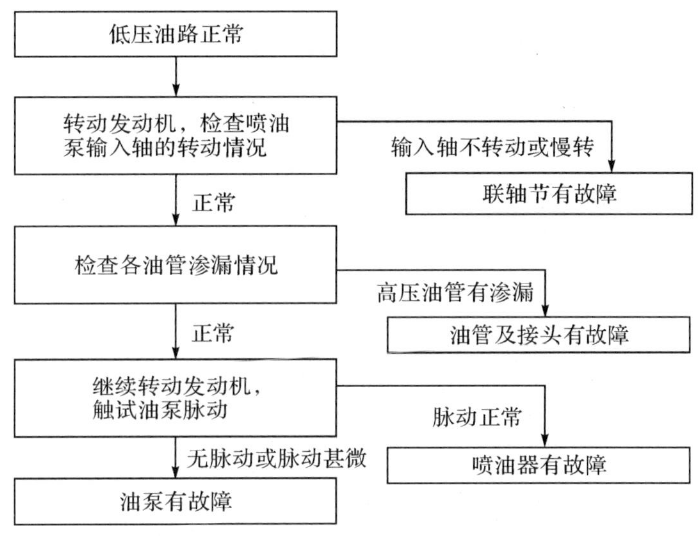

图 3-7　柴油机高压油路故障诊断流程

2.柴油机有发动征兆，但不能发动

(1)柴油机大量冒黑烟，不能发动的故障诊断

①故障现象：接通点火开关，起动发动机后，排气管大量排黑烟，但柴油机无法发动。

②故障原因：

• 喷油泵驱动联轴节上的固定螺栓松动，或喷油正时调整过早。

• 喷油泵引发的故障。喷油泵柱塞磨损过甚；喷油泵挺杆或凸轮磨损过甚；对于设有柱塞挺杆调整螺钉的喷油泵，调整螺钉松动。

• 喷油器引发的故障。喷油器针阀黏滞不能关闭；针阀与阀座接触不良或泄漏；喷油压力弹簧调整螺丝松动使喷油压力过低。

• 调速器调整不当——在喷油泵柱塞副磨损情况下，驾驶员有意将供油量调大。

• 气缸压力过低。

• 空气滤清器及进气通道堵塞。

• 排气制动阀未全打开。

③故障诊断与排除：

• 喷油时间过早。检查喷油泵联轴节主、从动两凸缘盘上正时记号及凸轮轴接盘与壳纠上的记号是否对正，供油提前角自动调节装置工作是否正常。如有问题视情重新调准或修理。

• 喷油器雾化不良、滴油，喷油压力、射程不足，喷雾锥角不准或偏斜。如不正常，应予校正或修理。

• 供油量过大，应调至规定值。

• 空气滤清器或进气道堵塞，排气制动阀未能全打开、卡滞，应予清洗或修理。

故障诊断流程如图 3-8 所示。

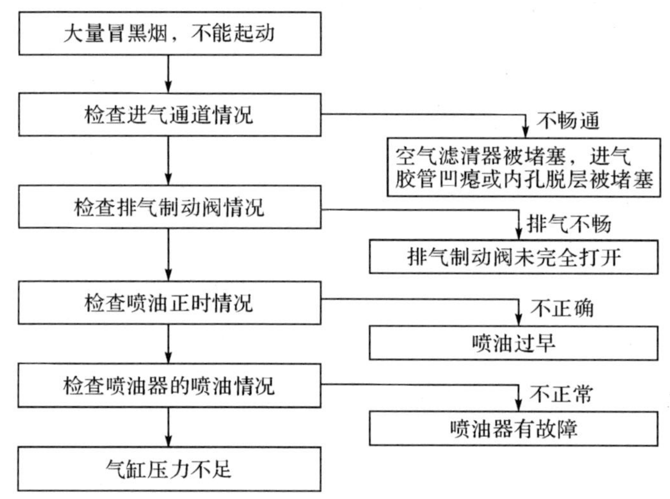

图 3-8　柴油机有发动的征兆但不能发动，排气大量冒黑烟的故障诊断流程

(2)柴油机大量冒灰白烟，不能起动的故障诊断

①故障现象：发动机不易起动并排出灰白色烟雾。

②故障原因：

• 低温起动预热装置失效，发动机温度过低。
• 喷油泵喷油正时不准确，可能是喷油时刻过迟或过早。
• 空气供给量或供油量不足。
• 供油量过多，气缸温度低。
• 喷油器雾化不良，气缸温度低。
• 喷油器针阀被卡住在开启位置。
• 气缸压缩压力不足，使柴油达不到自燃的温度。

③故障诊断与排除：

1)起动时冒白烟

用手挡在排气管口，手心有水珠，即为水分蒸发成白烟排出。抽出曲轴箱上的油尺，若附有水迹，即是冷却水渗漏入燃烧室，并进入曲轴箱机油中；反之，即为柴油中渗入水分。

• 柴油中有水分，应拧松油箱及柴油滤清器壳下的排污螺塞，将积水排净，并排净油路中水分。

• 缸体、缸盖有裂纹，气缸垫冲坏使冷却水漏入燃烧室，可补焊修复或更换损坏的零件。

2)起动时排出灰白色烟

这是由于柴油燃烧不完全所致。

• 低温起动预热装置失效，如电路断路、短路、电热丝烧坏等，视情修理或更换。

• 喷油时间过迟，应检查喷油泵联轴节紧固情况，即有无损坏及错位，视情予以调整或修理。

• 喷油泵的定时调整螺钉如有松动，使喷油量过少，应予调整。

• 喷油泵柱塞、挺杆或凸轮磨损严重或出油阀不密封等引起供油量过小，应予修理。

• 喷油雾化不良，应调整或修理喷油器。

故障诊断流程如图 3-9 所示。

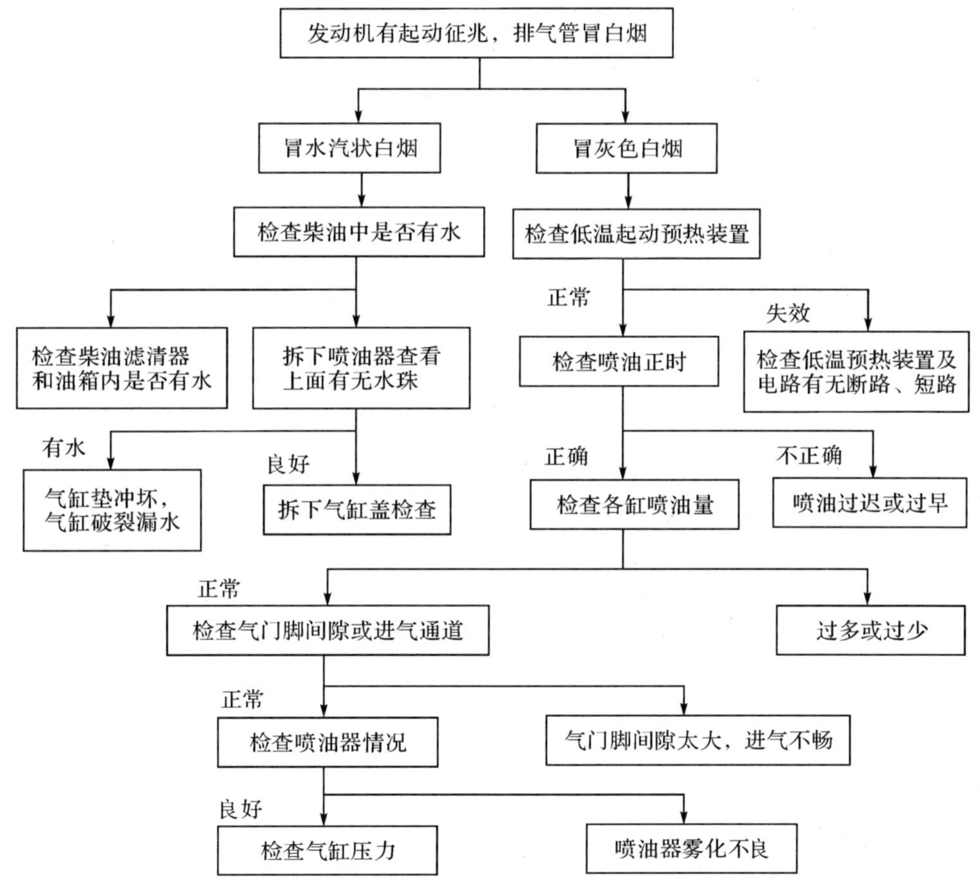

图 3-9　柴油机大量冒灰白烟，不能起动的故障诊断流程

(3)柴油机排气管大量冒水汽，不能起动的故障诊断

①故障现象：接通起动机后发动机不能起动，排气管排出水蒸气般的白色烟雾。

②故障原因：

• 燃油中有水。

- 气缸垫被冲坏或气缸盖上的紧固螺栓未按规定力矩紧固，使少量冷却液进入气缸。
- 气缸体或气缸盖上的冷却水套有裂纹。

③故障诊断与排除：

遇到这种情况，先用手接近排气管出口处，若白色烟雾过后手上留下水珠，即说明有水进入燃烧室。可按以下程序检查。

- 检查柴油质量，查看有无水分掺入。有水时，应从油箱及柴油滤清器放污塞放出水及沉淀物。
- 检查气缸体、气缸盖有无破裂漏水。
- 检查气缸盖螺栓是否拧紧。
- 检查气缸垫有无冲坏漏水。这一故障的外部特征是：气缸垫冲坏处发生在气缸与水道之间时，水箱上部有气泡冒出；气缸垫冲坏处发生在气缸与机油道之间时，油底壳机油面升高。

3.5.2 柴油机动力不足故障诊断

柴油机动力不足是指柴油机转速提不高，且不能输出额定功率。除起动系统之外，几乎每个机构和系统的技术状况不良，造成不能起动的所有原因都会引起柴油机无力，只是在影响程度上有所差异。柴油机动力不足的常见表现为：柴油机运转均匀，但无高速且排烟少；柴油机运转不均匀，排大量白烟；柴油机运转不均匀，排气管大量排黑烟；柴油机运转不均匀，排黑烟并有敲击声等。

1. 柴油机“游车”

(1)故障现象

“游车”是柴油机因技术状况不良，在某些工况中出现的运转不稳定现象，表现为转速做周期性的波动。波动范围大大超过允许范围，柴油机输出扭矩也有很大波动且无力。“游车”常在低速加载过程中发生，喷油泵油量调节拉杆前后移动，喷油器出油量时多时少。此时如挂上挡，汽车将冲撞前进，忽快忽慢，驾驶员感到难于控制；当油门加得很大或转速升高后，“游车”现象又不再发生。

(2)故障原因

“游车”主要原因：喷油泵或某些缸的喷油器技术状况不良，使柴油机的转速发生间隔时间较短(即变化周期较短)、幅度较小的忽高忽低的变化；调速器的工作不正常，使柴油机的转速发生间隔时间较长(即变化周期较长)、幅度较大的忽高忽低的变化，并且还使踏下或松开油门踏板后的反应迟缓(即踏下油门踏板时，要经过较长一段时间才会使转速升高，松开油门踏板要经过较长一段时间才能使转速降低)。具体原因如下：

①喷油泵有故障：

- 油量调节拉杆卡滞。
- 齿圈与齿条或调节叉与调节臂之间运动不灵活。
- 喷油泵凸轮轴轴向间隙过大。
- 油量调节机构机件配合松旷。
- 柱塞套安装不良，使调节齿杆(或拨叉)不能游动自如。
- 柱塞调节臂或扇形小齿轮变形或松动，使齿杆不能游动自如。

上述原因会引起喷油泵供油不均匀，供油间隔角度不一致，使柴油机转速不稳。

②调速器有故障：

- 调速器内部机件配合过紧，运动阻力过大，或内部机件因磨损而配合松旷。
- 调速弹簧变形或断裂。
- 调速器内润滑油太脏、过稠或过少。
- 调速器飞块收张距离不一致。
- 飞球组合件与保持架之间运动不灵活。

上述原因会引起调速器不灵敏，调速器怠速调节不稳定，转速有较大的波动，导致“游车”。可见，“游车”故障的实质是柴油机正常的调速性能被破坏。应设法加以排除。

③故障诊断与排除

故障诊段流程如图 3-10 所示。

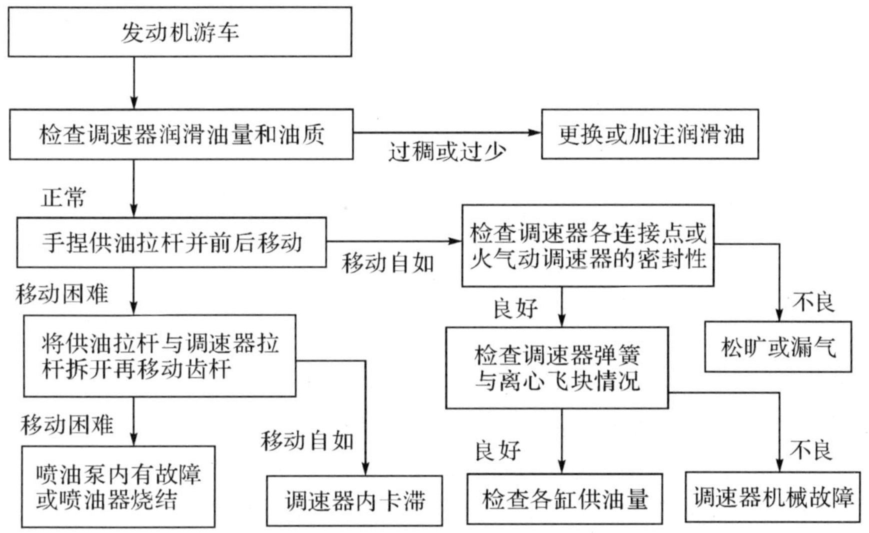

图 3-10　柴油机游车故障诊段流程

①检查调速器机油是否太脏、过稠或过少。机油太脏或过稠都将增大阻力，降低调速器的灵敏度。其中对飞球式的调速器的影响最为明显。

②拆下喷油泵检视窗盖板，用手捏住油量调节拉杆（或齿圈），使齿杆轻轻移动。如油量调节拉杆移动阻力较大，说明故障是由机件移动阻力大引起的，应拆下调速器盖，使油量调节拉杆与调速器脱开。若这时油量调节拉杆能在倾斜 45°时自行滑动，说明阻力在调速器内部，可能是调速器各连接点过紧，如离心飞块收张不灵活、滑套阻力过大等。如果油量调节拉杆与调速器脱开后仍只能在小范围内推动，说明阻力在调速器以外，可能是：某缸喷油泵柱塞套在泵体内安装不垂直，使调节叉（或齿杆）拉动不灵活；柱塞调节臂（或扇形齿轮）弯曲变形或松动，使油量调节拉杆不能灵活拉动；栓塞套的定位螺钉拧紧力过大，造成柱塞套与泵体不垂直，柱塞往复运动时不灵活。

③如果油量调节拉杆运载自如，“游车”原因多系调速器各部位连接点松旷，如飞块销孔和座架磨损过大；供油齿杆齿隙过大；齿条（或调节叉）拉杆销子松动；凸轮轴轴向间隙过大；调速器外壳磨损松旷等。必要时检修调速器，以恢复各活动部位的正常配合间隙。

④检查喷油泵凸轮轴轴向间隙。如果超过规定范围,应进行调整。

⑤检查调速器飞块行程和调速弹簧的预紧度。使两飞块的行程和两组调速弹簧的预紧度基本相同。

⑥若柴油机装用气动式调速器,产生“游车”的原因主要是密封性受到破坏。这时,应当先检查真空管及两端接头是否漏气,调速器左腔是否密封良好,膜片有无破损,右腔是否与大气相通。

2.柴油机运转均匀但无高速且排烟少

(1)故障现象

柴油机运转均匀,排烟较少,但无力。急加速时有少量黑烟排出,柴油机达不到最高车速。

(2)故障原因

上述现象,说明气缸内混合气燃烧较完全,但最大供油量达不到要求,导致柴油机难以输出额定功率。具体原因如下:

①加速踏板销松旷、加速踏板拉杆长度不合适,引起操纵机构不能将喷油泵加速摇臂推到最大供油位置。

②低压油路供油阻力过大,造成供油压力过低。

③输油泵滤网、油管、柴油滤清器堵塞或低压油路溢流阀失效,引起低压油路供油压力过低。

④喷油泵柱塞和出油阀磨损,漏油增多。喷油泵供油量调整不当,全负荷供油量不足。

⑤喷油泵出油阀磨损,使喷油量减少。

⑥调速器高速弹簧变软或因调整不当,引起额定转速下降。

⑦油路中有空气或柴油黏度过大,流动不畅。

(3)故障诊断与排除

①按燃油供给系统排除空气的顺序先排气。松开喷油泵的放气螺钉。用手油泵(或电动燃油泵)泵油,检查低压油路是否畅通。如泵油时来油不畅,或者来油中含有气泡,则应查明进气部位或堵塞部位,并予以排除。若来油正常,则用起动机带动柴油机运转来泵油,检查输油泵的工作情况。如果输油泵供油不足,应对输油泵进行检修。

②检查油量调节拉杆行程。将加速踏板踏到底,若喷油泵操纵臂不能使油量调节拉杆移动到最大供油位置,应检修加速踏板拉杆或加速踏板轴。

③若上述检查无效,则应检查转速和供油量。踏下离合器踏板,并将加速踏板踏到底。如果车上的转速表指示的转速低于柴油机的最高转速,则应检查调整调速器高速限制螺钉和最大供油量限制螺钉。旋出高速限制螺钉,则高速增高;旋进最大供油量螺钉,则供油量增加。通过两调节螺钉的调整,转速表指示的转速达到规定值,说明故障在于两调节螺钉或调整不当。若车上无转速表,通过上述两螺钉的反复调整,直到柴油机急加速时排气管排黑烟,即认为供油量调整较适宜。

④若不属上述情况,即应检查喷油泵、调速器等高压油路部分。拆下喷油泵边盖,检查喷油泵柱塞、挺杆滚轮、凸轮是否磨损严重,出油阀是否密封,调速器弹簧弹力是否不足。若上述检查均正常,则应拆下喷油器,检查喷油器针阀的密封性和喷油压力。

⑤在低温季节,还应检查柴油标号是否合乎要求。

3. 柴油机运转不均匀、无力且排白烟

(1)故障现象

①排灰白色的烟雾。

②排水汽白烟。

③柴油机刚发动时排白烟，温度升高后变成黑烟。

(2)故障原因

①喷油时间过迟。

②气缸垫水道孔冲穿与气缸相通。

③柴油内含有水分。

④气缸破裂漏水。

⑤气缸压力过低。

(3)故障诊断与排除

①若柴油机无力时排灰白色烟雾，一般是喷油时间过迟。其迹象是：柴油机高速运转时工作不均匀，加速不灵敏，温度过高，排灰白烟。喷油过迟的原因，多系驱动轴联轴节固定螺栓松动或柴油机装配不当。

②若柴油机无力冒水汽白烟，可将手靠近消声器管口处。若手上有水珠，说明气缸中进水。此时，可用单缸断油法找出漏水部位，即逐缸旋松喷油泵一端的高压油管接头，使单缸断油。若断油后柴油机转速变化，说明该缸工作良好；反之，说明该缸不工作，应当拆下喷油器，检查有无水迹。若发现有水，即应查明进水原因是气缸破裂还是气缸垫冲坏。

若各缸工作情况一样，柴油机仍然无力并冒水汽白烟，则应检查柴油中是否有水。

③若柴油机刚发动时冒白烟，温度升高后排黑烟，说明气缸压力不足，虽尚能维持柴油机起动，但起动时因温度过低，使许多柴油蒸气未经燃烧便排出。柴油机温度升高后，柴油仍不能完全燃烧，呈黑烟排出。引起气缸压力不足的原因是：气门关闭不严、配气相位失准、气缸垫或喷油器座孔的密封垫漏气、气缸磨损过大、活塞环有卡滞或备环开口重合等。

故障诊断流程如图 3-11 所示。

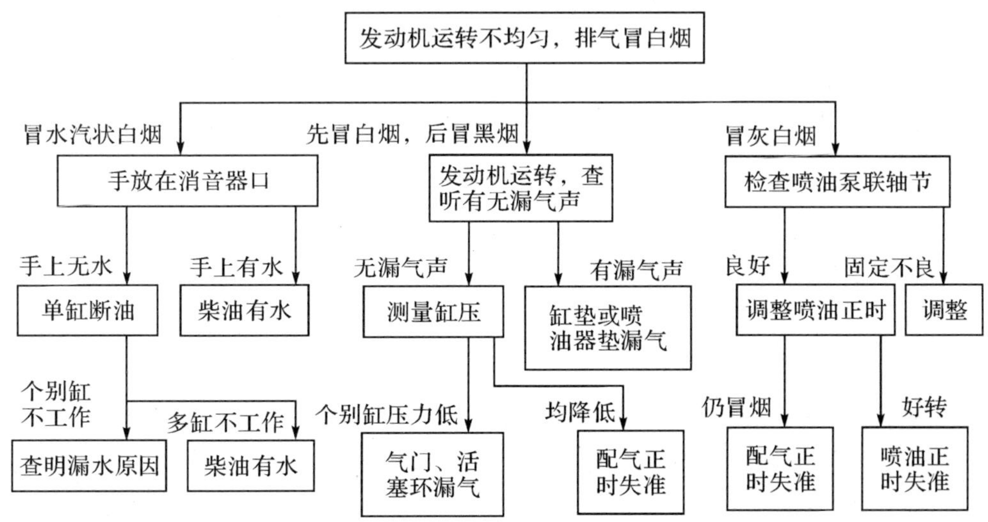

图 3-11　发动机工作无力，运转不均匀并排出大量白烟故障诊断流程

4.柴油机运转不均匀、无力且排黑烟

(1)故障现象

柴油机无力,运转不均匀且排黑烟。加大油门时,出现敲击声。

(2)故障原因

故障实质是个别缸燃烧不完全。诊断时,可踏下油门,若黑烟增多并有敲击声,则说明是个别缸喷油过多或雾化不良所致。具体原因如下:

①个别柱塞黏滞、出油阀磨损或弹簧折断。

②个别缸供油时间过迟。

③个别缸喷油压力过低或喷雾质量差。

④个别缸油量过大。

(3)故障诊断与排除

①在发动机运转时,可逐缸断油试验。当某缸断油时,若发动机转速明显降低,黑烟减少,敲击声减弱或消失,说明该缸供油量过多;若发动机转速变化小而黑烟消失,说明该缸喷油器喷雾质量差。找出有故障缸后,再进一步查明故障原因,如该缸喷油泵柱塞副的磨损情况、扇形齿轮固定螺钉有无松动、柱塞弹簧有无折断等。若均正常,可换装新喷油器进行对比试验。若用新喷油器时故障消失,说明原喷油器有故障。拆下喷油器,检查其喷油压力、喷雾质量。必要时进行清洗和调试。

②拆下喷油泵边盖,比较故障缸与其他各缸的挺杆上升到最高位置时,柱赛顶部的余隙(可用螺丝刀撬动检查)。若余隙的差值较大,则可能是该缸挺杆调整螺钉调整不当或松动,引起个别缸供油时间过迟。旋松锁紧螺母,即可通过转动调整螺钉予以调整,直到黑烟和敲击声均减轻或消失为止。必要时,应拆下喷油泵,在试验台上进行调试。

③若上述检查均正常,但该缸仍燃烧不良,则故障是因气缸压力低引起的。应检查气缸、活塞和活塞环是否磨损漏气或气门密封不良。

3.5.3 柴油机震抖与敲击声

柴油机工作时出现震抖与敲击声较汽油机多见。主要原因有:柴油机在燃烧时所特有的“着火敲击声”,各机构系统机件磨损松动引起的机件敲击声,支承不牢固引起震抖声。工作正常的柴油机,也会有轻微的着火敲击声,这是正常的。但是,柴油机不正常燃烧所引起的敲击声响是严重的,将使功率下降,油耗增加,机件早损。它与机件敲击声是不同的。

1.柴油机运转不稳有着火敲击声和震抖

(1)故障现象

柴油机起动运转不稳,伴随着排气管排烟且产生敲击声。加速时敲击声加剧,转速升高后敲击声减弱或消失,怠速时又出现敲击声。

(2)故障原因

①供油时间过早或过迟。供油时间是影响柴油机着火延迟期长短和着火敲击声的最主要的因素之一。若供油过早,喷油时缸内的温度和压力低,使着火延迟期长;若供油过迟,燃油着火前活塞已开始下行,使空气温度、压力降低,也会使着火延迟期增加,这两种情况都会使压力升高率过大,引起着火敲击声。

②各缸喷油不均或喷油器不密封，出现滴漏，喷油雾化不良。

③各缸供油量不均匀。

④进气不足或气缸不密封，缸内温度和压力过低。

⑤选用的柴油牌号不当。

⑥调速器失常，使柴油机转速忽快忽慢。

(3)故障诊断与排除

①如果敲击声比较均匀，说明各缸的工作情况比较接近。首先取下空气滤清器滤芯，如果柴油机敲击声减弱或消失，说明是因进气不足引起气缸温度和压力降低，使着火延迟期增长，导致柴油机产生敲击声和排黑烟，则应清洗滤芯，检查进气胶管是否凹瘪，其内壁有无脱层堵塞。

若上述检查无效，应检查供油正时是否正确。若供油过早，则响声尖锐、清脆，排气管排黑烟，怠速不良；如供油过迟，则响声沉闷，柴油机过热、无力，排气管排黑烟。检查供油正时的方法是：松开喷油泵联轴节连接盘两固定螺钉，若向减小供油提前角方向旋转连接盘，响声和排烟都减弱或消失，说明原来供油时间过早；若向增大供油提前角方向旋转连接盘，响声、排烟和过热现象消失，则说明原来供油时间过迟。如果改变供油提前角，故障现象无明显改变，应检查柴油牌号选择是否适当。

此外，若调速器怠速弹簧过软，也会使柴油机运转不稳，其检查方法是：用手的压力使弹簧压缩到极限位置，如放开后不能自动回位，则说明弹簧过软或折断。

②如果敲击声不均匀，说明故障是由于各缸工作情况不一致引起的。可用单缸断油法、感温法、观色法找出故障缸。如用感温法查出某缸排气岐管在起动初期较其他缸热得快，说明该缸的供油量大；反之，可能该缸供油量小或喷油器工作不良。若怀疑某缸喷油器不良，可用一标准喷油器或与其他缸调用喷油器，如这时响声消失(或转移其他缸)，则表明故障就在喷油器；拆下该缸喷油器，检查其密封性和喷油雾化质量，必要时进行调整和检修。

如上述检查均正常，则故障是气缸密封性不好造成的，应进一步检查该缸的气门间隙是否过小、曲轴箱是否断续窜气等。

此外，对于没有供油提前角自动调节装置的柴油机，一般都是根据常用功率来选定最佳供油提前角(此时功率最大，有效油耗率最低)。因此，在低转速时，供油提前角就显得过早，有敲缸声是允许的，也无法排除。若柴油机在中高速运转时仍然有明显的敲击声，则为不正常，必须检查排除，以免增加机件的早期磨损或损坏，影响柴油机使用寿命。因此，使用中不应随意改变供油提前角。

3.5.4 柴油机超速故障诊断

柴油机超速战速是指由于某些原因而破坏了柴油机的调速特性，使柴油机的转速急剧增高，失去控制的现象，也称为飞车。

(1)故障现象

柴油机转速失控，急剧上升并超过最高允许转速，同时伴有巨大异常响声的现象，即为“飞车”。柴油机“飞车”是非常危险的，如不及时采取措施予以消除，短时间内就会造成柴油机事故性损坏，甚至发生人员伤亡。

(2)故障原因

“飞车”的主要原因有:喷油泵调速器本身的故障,使其失去了正常的调速功能,使柴油机的转速失去控制;喷油泵供油拉杆被卡在高速位置,不能起调速作用;因有额外的柴油或机油进入气缸燃烧,造成柴油机转速失控。具体原因如下:

喷油泵、调速器自身有故障:

①油量调节拉杆被卡死在某一供油位置。

②某缸的柱塞与柱塞套卡死在供油位置,不能相对转动。

③油量调节拉杆与调速器拉杆脱开。

④调速弹簧折断被卡住,或飞块(飞锤)连接销脱出或折断,使调速器失效。

⑤飞球式调速器的飞球组合件锈死。

⑥调速器滑动销轴与轴套之间被卡住。

⑦调速器总成从凸轮轴上脱落,调速器失去动力而失效。

⑧飞球与锥盘或推力盘之间滑动阻力过大,使飞球无法甩开。

⑨调速器弹簧折断或弹力下降。

⑩柱塞的油量调整齿圈固定螺钉松动,使柱塞失去控制。

⑨调速器的高速调节螺钉或最大油量调整螺钉调整不当。

⑥调速器内的机油数量太多、太稠或过脏,使飞块(或飞球)不能甩开。

以上原因使调速器无法根据负荷的变化,及时加、减循环供油量,以控制转速稳定。由于柱塞式喷油泵的“速度特性”,使循环供油量随转速的升高而增大:转速越高,循环供油量越大。转速和供油量相互促进的这种恶性循环最终导致“飞车”。

额外的柴油或机油进入气缸燃烧:

①低温起动装置的电磁阀漏油,使低压油路的柴油经电磁阀进入进气歧管,再进入气缸燃烧。

②空气滤清器的滤芯清洗后,滤芯上的柴油或机油没有吹干或滴尽而被吸入气缸。

③惯性油浴式空气滤清器的机油过多而被吸入气缸。

④润滑油窜入气缸燃烧。

⑤装增压器的柴油机,由于增压器油封损坏,机油进入气缸燃烧。

(3)故障诊断与排除

“飞车”的故障一般很少见。一旦出现“飞车”,就应迅速沉着采取必要的紧急措施,使柴油机立即熄火,避免危险事故的发生。

制止“飞车”的紧急措施如下:

①抬起加速踏板,有熄火拉钮的柴油机应拉出熄火拉钮,有排气制动阀的柴油机应踩下(或按下)排气制动开关,迫使柴油机熄火。

②挂入高速挡,踏下制动踏板,慢抬离合器,或同时将车驶向路旁砂石堆等障碍物,强制柴油机熄火。

③迅速将起动减压手柄拉到减压位置。在其他紧急熄火措施无效时再采用此措施,防止因曲柄连杆机构运动件配合间隙过大或气门间隙过小时,出现气门头部碰撞活塞顶部,顶断摇臂,活塞顶出现碰击凹坑,连杆弯扭等。

④关闭进气管道,切断进气。如无此阀门的,应拆下空气滤清器,堵死进气管口,切断进

气。此措施简单、安全、常用又有效。

⑤迅速松开各缸高压油管以停止供油。

以上几种紧急熄火措施应根据具体情况,可个别或同时采用,以使柴油机能尽快安全熄火为原则。若在车上发生柴油机“飞车”,应采用前两种紧急熄火措施。如果柴油机还没有装车时发生“飞车”,则应采用后两种措施。第三种措施可在其他措施无效时采用。

柴油机紧急熄火后,诊断及排除故障方法如下:

①若抬起加速踏板后,柴油机转速随之降低或熄火,说明故障是因机油过稠或调速器总成从凸轮轴上脱落(RQ、R 型)引起的。

②抬起加速踏板后,柴油机转速继续升高,故障可能是油量调节拉杆卡住、柱塞与柱塞套卡死、调速器内部机件卡死或油量调节拉杆与调速器连接的某一部位卡住等原因造成的。若因柱塞的调整齿扇或调节臂松动,应将其记号对正拧紧。

如果拉出熄火拉钮后,柴油机转速仍继续升高,说明故障是由于油量调节拉杆被卡在供油位置引起的。拆下喷油泵检视窗盖板,用手拨动齿圈或油量调节拉杆。若扳不动,则可证实油量调节拉杆与泵体座孔或柱塞卡死。

若拉出熄火拉钮后,柴油机能熄火,则说明油量调节拉杆和柱塞均未被卡死,应检查调速器与油量调节拉杆的连接是否可靠,调速器飞块销是否脱出,调速器总成与凸轮轴之间是否松脱(飞球或调速器)。

③分解检查调速器内部零件。

④若燃油供给系良好,应检查气缸有无额外进入的燃油或机油。例如:增压器的机油是否漏入气缸;气缸密封性如何,是否上机油;低温起动预热电磁阀(如依发 w50L 型汽车发动机)是否关闭可靠等。

3.6 常见车用柴油机故障诊断维修实例

【例 3.1】 一台卡特彼勒 CAT3512 型发动机动力不足,表现为:空挡操作时正常;II、III 挡操作时,油门自动回至 1150~1250r/min(工作范围应为 1500~1800r/min),泵压 25Mpa,且冒黑烟;低怠速及停机时,冒白烟;燃油回油管过热、燃油消耗过多。

产生故障的原因可能是,燃油品质差、燃油压力低、气门间隙不对、发动机的某缸不工作、喷油定时有错、燃油量的调定值不对、进气系统漏气、制动器及其操纵杆有毛病和涡轮增压器积炭。

按照由简单到复杂的步骤去排除:先检查油品是否合格,应使用品质合格的燃油;检查发动机各缸是否正常工作,经检查各缸均工作正常;检查燃油压力是否过低,回油量是否过大,回油阀压力是否足够,因此检查回油阀;检查气门间隙,按照 CAT3512 型发动机气门间隙的容许范围调整进、排气门间隙;再按该机喷油定时及燃油量的调定说明,调整喷油定时及燃油量。

完成上述检查后再试机,发现 I—III 挡操作时,排烟正常,而转速和泵压均低。III 挡操作时,制动器不动。采用手操纵油门控制连杆加油后,发动机转速和大泵泵压均有所升高,但有冒黑烟现象,可能是手动操纵油门控制连杆加油时,加油不均引起的冒黑烟。

于是再检查制动器。首先,检查制动器的电路部分,结果正常。拆开制动器,发现内积污垢。检查并清洗各部件,安装已检查过的制动器,再次试机,发现故障现象有所减轻。

再换上新的制动器，试机观察各挡工作状况，发动机转速、泵压及排烟均已正常。

【例 3.2】 F12L513 柴油机工作时严重冒蓝烟，机油消耗严重，每天都需要补充机油。

根据现场检查发现：

①柴油机活塞与活塞环磨损情况正常，个别缸相对严重一些。因此，判断该柴油机严重烧机油的主要原因不是活塞与活塞环磨损造成的。个别缸活塞与活塞环的磨损只是烧机油的次要原因。

②进一步检查分析后，判断出该机严重烧机油的原因是：呼吸器通气管堵塞，曲轴箱内部与大气不平衡造成的。由于通气管堵塞，曲轴箱的废气压力太大，将机油压入柴油机进气管(闭式呼吸器)，导致柴油机严重烧机油。

排除方法如下：

①更换活塞环；

②疏通呼吸器通气管。

【例 3.3】 日前，1 辆配备康明斯 210－20 柴油机的东风载货汽车，在发动机大修后，行驶里程仅 3500km，柴油机便出现了"哨、哨"的敲缸声，车主曾到修理厂采用"断缸法"检查，结果发现响声消除，故怀疑是机械敲缸(因发动机内运动摩擦副的配合间隙大小是影响活塞对气缸套敲击的主要因素，间隙过大必然会导致敲缸)，后对该车发动机进行拆油底壳，卸缸盖，捅活塞，缸筒、活塞测量等一系检查后，未能找出"病根"，异响仍旧存在。

众所周知：柴油机工作时，是由喷油泵产生的高压油通过喷油嘴把柴油以雾状直接喷入燃烧室后，即与气缸内高压高温空气相遇混合自行发火燃烧产生气体推动活塞运动而工作的。柴油从喷油到混合气的形成时间，一般不超过千分之几秒，甚至在更短的时间内完成，在这极短暂的时间里，使柴油完全燃烧，就得必须具备已下条件：

第一，要有正确的喷油开始时刻，该时刻根据转速自动进行调整。

第二，要有一定的供油速率，供油时把一定量的柴油，用足够的压力，在规定的时间内喷入燃烧室。

第三，要有适合燃烧室喷射雾束，喷入燃烧室内的柴油必须成雾化状态，并能适当地分散在燃烧各部位。

第四，要有与柴油机负荷相适应的油量，多缸柴油机应做到各缸供油量相等，供油提前角一致，喷射延续时间相等。

倘若满足不了上述要求，其柴油机工作就会出现异常，并发生"敲缸"响声。当然造成敲缸的原因是多方面的，主要有机械原因和燃烧原因，从这两方面又可以分解成各自的具体原因。我们常说机械敲缸，一般指使用年久的柴油机活塞与缸套的配合间隙过大，活塞受到在连杆摆动内的侧压力，造成活塞对缸套周期性的撞击。燃烧敲缸一般指可燃混合气在发动机燃烧室内非正常燃烧造成的响声。那么这种原因源于何处呢？首先详细询问了用户使用情况后，又进一步观察发动机敲击故障的特征：刚起动着车，发动机发出较均匀的沉闷敲击声，运转不稳，排气管排白色烟雾；发动机升温后，排烟变成灰黑色，急加速声音渐弱但不消失；从该机大修后使用时间来看较短，工作环境又不恶劣，所以造成机械敲缸的概率很小，从拆解检验，活塞连杆组与缸壁配合间隙等技术参数要求，已说明了问题，排除机械敲缸，分析考虑是燃烧敲击声所为：

①发动机起动后，稍运转一会儿，用手抚摸各缸的排气歧管，检查其温度是否有明显异

常。发觉三缸排气温度低，说明三缸的燃烧不良。

②用手触摸高压油管，六根高压油管都感觉有高压油脉动流动，说明喷油器工作，但三缸高压油管脉动感觉压力小。

③着车少许，油、水温度上升后，此声仍旧存在，并随发动机转速升高，声音减弱。

④用断缸法诊断，发现三缸与响声有变化，断缸后声音及排灰黑烟消失。

⑤检查验证喷油提前角，符合设计要求。

⑥怀疑三缸喷油器存在问题，于是对该喷油器进行了检验，在规定正常喷油压力下，喷油细散、锥角正确、射程符合要求，油束的形状正常，雾化质量良好。

⑦为了验证判断喷油泵是否存在问题，对三缸喷油器与邻缸喷油器进行了更换，但三缸异响还存在。诊断为喷油泵有故障，拆下检查喷油泵，发现喷油泵凸轮轴三缸凸桃尖与滚轮体磨损过甚，致使该缸供油过迟，造成了该缸供油间隔角度改变，使供油间隔角度均匀性变差。为此更换了喷油泵凸轮轴调校泵，问题解决。

【例 3.4】 一台南充 6102Q 型柴油发动机，在运行中动力逐渐下降，燃油和机油的耗量都有所增加。加油提速时，低、中速有明显的"突突"声，高速时不太明显。上坡时，"突突"声更为严重，发动机连续冒黑烟。

故障原因检查：对发动机进行断油试验，发现 6 个气缸都工作不良，校正喷油器后试机，情况依旧。检查喷油泵也是正常的，喷油提前角调大调小都无效。检查气缸压力，发现各缸的压力都偏低，但发动机活塞与气缸套之间并未窜气，说明并不是活塞、活塞环与气缸套磨损而影响气缸压力下降的。故认定是发动机的气门密封不良引起的故障。

在拆下气缸盖前检查了气门间隙，进气门间隙正常，排气门间隙略大了一些。拆下气缸盖，对各缸气门进行了浸油试验，6 个排气门全部不密封，进气门却密封良好。拆下排气门，发现排气门全都烧蚀了。气门头部的密封带和气门座圈上的密封带都布满了积炭，两者之间已不能完全密合，根本起不到密封作用。这里可排除因气门间隙过小引起的气门与气门座圈之间不能完全密合的可能性，因为该发动机的排气门间隙不但不小，相反比标准间隙大了少许。

在进一步检查中得知，每个排气门的头部与气门杆部圆弧连接处布满了积炭，排气门的导管上没有装气门油封，气门杆与气门导管间隙过大。

故障分析：由于排气门没装气门油封(原厂规定该型号发动机的排气门不用装气门油封，但在实际使用中，大多对排气门加装了气门油封，以避免发动机工作时，机油从气门杆与气门导管之间的间隙中漏入气缸内)，气门杆与气门导管之间间隙又过大，发动机工作时，机油便从其间隙中渗入进气道和气缸内，与燃油混合燃烧而产生积炭和烟雾。发动机运行的时间越长，气门头部和气缸内产生的积炭就越多，积聚在气门杆上的积炭也越多。当气门杆的积炭超过一定限度时，排气门不能落座。由于排气门关闭不严，发动机工作时不仅排气门被烧蚀，而且气缸压力降低，混合气不能完全燃烧，发动机工作状况变差，所以动力下降并发出"突突"声，排气管冒黑烟。

【例 3.5】 有一台玉柴 6112 发动机，使用了两年，行驶里程 12 万 km。发动机机油颜色变成乳白色，水箱内冷却水过少，汽车行驶时乏力，起动困难，打开机油加注口查看有大量的水蒸气冒出，机油压力过低，发动机水温过高，查看排气管有蓝白色的废气排除。

发动机工作时通过润滑系统将润滑油不断地送往零件的摩擦表面，以减小零件表面的磨损，同时带走零件表面的磨料；带走冷却零件之间的热量；弥补零件间隙及减少气体泄漏。此外，还可以减缓零件冲击、降低工作噪声和减少零件表面受化学侵蚀等作用。在润滑系统工作的同时冷却水通过冷却系统的工作，将经过降温的并具有一定压力的冷却水通过水管送到零件的外部吸收热量，使发动机在高温条件下的工作得到冷却。冷却系统零件出现的裂纹使冷却水渗入机油里，从而造成发动机机油有水的故障。

1. 发动机机油进水原因

(1)由气缸盖与气缸垫坏损引起

①气缸盖内部水道产生裂纹。在严寒的冬季冷却水将气缸盖水道冻裂；在发动机过热时添加冷水使气缸盖的水道所受热应力突变而产生裂纹，或气缸盖在铸造时由于残余应力的影响以及气缸盖在生产中水道壁的厚度过薄、强度不足而产生裂纹。以上原因的出现都会使冷却水经裂纹通过气门和气缸进入到油底壳与机油混合使机油变质，从而加剧零件的磨损。此外，在气缸盖顶部装有的水道加工孔水塞(水淹)受锈蚀产生的水孔或裂纹，会使冷却水通过气门推杆孔直接进入到油底壳。

②气缸垫引起的机油有水。气缸垫由于受到高温、高压燃气和有压力的机油、冷却水的作用下产生烧损、冲坏或变质。同时，气缸垫自身的弹性下降、气缸盖螺纹损坏或气缸盖翘曲变形，使气缸垫不能补偿气缸盖与气缸体接合面的不平度。以上原因出现在气缸盖下端面与气缸体上端面之间所对应的相通的水套附近，该部位的水压较高，同样会导致冷却水冲破气缸垫的密封经过气缸进入到油底壳与机油混合。

(2)由气缸壁引起

气缸壁的工作表面直接与高温、高压燃气相接触，为了提高气缸壁的导热性，防止发动机在高速、大负荷工作时过热，在制造气缸体时，各气缸之间形成几个空腔互相连通而构成的水套，由于一般的冷却水中含有钙、镁和硫酸盐，容易在水套表面上沉积成水垢产生锈蚀。同时，当活塞在作高速往复运动时，气缸壁工作要承受很大的压力，以及活塞环自身的弹力紧贴在气缸壁上，就像刀一样对气缸壁产生刮削的作用，使气缸壁变薄。此外，气缸体在铸造时残余应力的影响以及在生产中水套壁的厚度过薄、强度不足，都会导致气缸壁出现裂纹或水孔使冷却水渗入到油底壳。

(3)由冷却系统引起

冷却系统的分水管、水套由于受到冷却水的锈蚀，令其产生裂纹或水孔，冷却水在水泵的作用下进入油底壳与机油混合，从而使散热器里的冷却水过少，导致发动机水温过高。

(4)由润滑系统引起

在润滑系统里的机油散热器是装在冷却水路中，一旦机油散热器的油管产生裂纹或密封垫损坏，冷却水就会进入机油里与之混合。

(5)加注的机油里有水分

由于机油里含有过多的水分，当发动机运转时，在曲柄连杆机构的绞动及机油泵的作用下机油会产生流动性，使机油与水混合产生乳白色的物质。

2. 故障排除

根据以上的分析，围绕着发动机出现机油有水的故障，本人针对以上得出的可能产生的原因，逐项进行解体检查分析。

首先，检查机油散热器，但未发现有漏水的现象。然后拆下气缸盖检查，发现个别的气缸盖水道加工孔的水塞有漏水的现象。将有问题的水塞进行水塞与水塞孔的过盈间隙的测量，发觉其过盈间隙小于原厂标准 0.05mm 以上，造成个别水塞与水塞孔密封不良产生漏水。

显然这是由于水塞受到冷却水的锈蚀或材料不佳和维修工艺不规范而造成的。而其他的水塞与水塞孔的过盈间隙过小，同样不排除受到锈蚀或材质不佳的因素，于是将气缸盖上所有的水塞更换。

接着，通过试水检测法，封闭全部出水口，留节温器座位置为进水口，装有外接管的法兰板，利用外接管连接手动水压泵使水压保持在 0.3～0.5Mpa，保持时间 5～10min 后，气缸盖未出现漏水的现象。用刀口尺检查气缸盖下平面和气缸体上平面的不平度，纵向不大于 0.20mm，横向不大于 0.05mm，其不平度都符合原厂的标准。

与此同时，又检查了气缸垫，未发现有冲床的现象，但怀疑气缸垫的材质可能有问题，由于气缸垫的工作条件恶劣，受高温高压的影响。高温达到 600K，压力有时达到 5MPa 以上。如果气缸垫的材质跟不上，不能起到密封气缸盖下端面与气缸体上端面之间所对应的相通的水套的作用。于是，就更换了一件原厂生产、认为质量可靠的气缸垫。

此外，更换发动机机油、机油滤清器滤芯及清洗油底壳和油道，重新装好发动机起动试运转。在发动机冷态运转时没有出现机油有水的现象，但发动机的工作温度达到正常并运行一段时间后，在机油加注口有水蒸气冒出，即发动机机油有水的故障还未排除。

又通过试水检测法检查气缸体的水道及气缸壁是否有漏水的现象，均未发现漏水。而气缸体里的水道所处的工作环境比气缸壁的工作环境要好。根据以上的检查结果和判断，估计故障是气缸壁由于冷却水的腐蚀及活塞环的刮削，造成气缸壁出现沙眼孔，形成漏水。该水孔的直径不大，所以在发动机处于冷态时收缩，不会产生漏水的现象，但发动机处于正常温度后该水孔受热膨胀，就会产生漏水使大部分的冷却水进入油底壳与机油混合，而小部分的冷却水通过活塞的压缩进入燃烧室与混合汽一起燃烧，产生蓝白色的废气。

由于玉柴 6112 是没有独立气缸套的，因此，可以通过将气缸壁镗大再镶入气缸套修复。利用镗缸机将气缸壁镗大，使之与气缸套外径的过盈间隙在 0.05～0.07mm。同时，镗削气缸壁的高度要比气缸套短 2～3mm，使气缸套镶入后高于气缸体上平面，高出部位可通过镗削去掉，而最主要的是可以使气缸壁下部留有凸台，用于撑托气缸套受活塞往复运动使之向下移动的拉力，但该凸台的直径应大于气缸套内直径 0.05mm，以防止凸台过高刮伤活塞群部。气缸壁经过镗削后会出现明显的水孔，这时可用环氧树脂填补水孔。但水孔的直径不能大于 10mm，否则会使气缸套散热不平均，如果大于 10mm，就要更换气缸体。

通过以上的分析和操作，将所有的气缸按配合标准镶入气缸套，重新装配好发动机试运行，发动机机油有水的现象消除。经过一系列的调试，发动机呈正常运行状态。

采取以上的修复方法和步骤，利用气缸套与气缸壁的过盈间隙堵塞沙眼孔，排除了这台发动机机油有水的故障。从而得出结论，这台发动机机油有水故障，是由于冷却水的锈蚀和活塞环的刮削使气缸壁产生水孔漏水所致。

相关拓展

发动机制动器是卡车安全护身符

目前，国内卡车制动仍然以摩擦制动为主，尽管有些新车安装了制动防抱死 ABS 及拖动系统 ASR 等先进的电子制动装置，但在长时间或者长距离下坡和频繁刹车情况下，盘式制动器升温后，如果再频繁使用刹车片，很可能造成刹车片过热，甚至燃烧失效；而发动机制动器可以吸收 85%的车辆惯性，降低摩擦生热，提高车辆安全性。

记者调查发现，国内很多卡车用户了解排气制动器、电涡流缓速器，但却少有听说发动机制动器的。其实，发动机制动器已经在欧美等国家大功率柴油机商用车上得到了较好推广，目前北美市场已有大量重卡装有该装置。欧洲 70%的重型卡车装配了液力缓速器和发动机制动器，在近 10 年的时间里，欧洲卡车在运输中因制动问题造成的致命事故减少了 80%。

国内很多人存在这样的误解：发动机制动器与液力缓速器是竞争技术。其实，液力缓速器是在高速大扭矩条件下的辅助制动，而发动机制动器则是在低速情况下效果好。我国西部、西南部山区，地势险要，公路盘山而建，急弯、陡坡、连续下坡和长距离下坡多，这些路段是事故多发区，重型卡车超载现象严重，也为制动失灵埋下隐患。

“国内大部分卡车超载现象严重，仅靠刹车装置效果很差，安装辅助制动器十分必要。据我了解，卡车制动装置分为前置和后置两种，发动机制动器是第一种。目前，中国有很多卡车仅有排气制动(蝶刹)或刹车片冷却制动，整车制动效能远远不够。”

中国机械工业联合会一位负责人称，中国还有很多卡车厂商没有使用发动机制动器，从安全角度考虑，这是卡车非常重要的辅助制动装备。采用了它，即使下坡时不踩刹车，发动机排气系统也能自动给汽车提供制动力，将大量能力吸收后转化为阻力稀释，使得整车刹车制动提高 70%，有效杜绝刹车失灵。

在德国，大量卡车都同时安装了液力缓速器和发动机制动器。在车速低的情况下，发动机制动器发挥作用；在高速条件下，缓速器将发挥效能，这两种方式叠加起来，就可以有效减少事故发生。

近两年，国内发动机制动技术取得了一定进展。潍柴动力从德国 MAN 公司引进了重卡发动机制动技术——EVB，经过消化吸收形成了 WEVB 技术专利。从 2006 年开始，潍柴动力生产的重卡发动机均装配了 WEVB，陕汽、福田、红岩和北方奔驰大多采用了该装置。WEVB 以传统的蝶形阀排气制动装置为基础，在卡车需要减速时增加由柴油机产生的制动力矩，使车辆持续减速或稳定车辆速度，保证车辆在山区下坡路上的行驶安全性，降低刹车系统使用频率，减轻制动系统磨损，延长制动蹄片更换周期。

思考题

1. 叙述电控喷射方面柴油机与汽油机的主要差别。
2. 叙述柴油机不能起动的现象、原因及排除方法。
3. 叙述动力不足的现象、原因及排除方法。
4. 简述柴油机排气冒黑烟的故障排除方法。

第四章 电控发动机的合理使用与维护

学习目标

1. 知识目标

(1)了解电控发动机的合理使用注意事项。

(2)掌握电控发动机维修注意事项。

(3)掌握电控发动机维护。

2. 能力目标

(1)能够独立完成简单的发动机维护项目。

(2)熟悉常见发动机维护项目。

相关知识

电控燃油喷射发动机结构复杂,使用、维护不当,易出现故障,甚至导致系统损坏。因此,在使用和维护电控燃油喷射发动机时应掌握一些常识性知识。

4.1 电控发动机的合理使用注意事项

电控汽油喷射式发动机出现故障多数是由于使用不当所造成的。为了保证发动机具有良好的动力性、经济性和排放性,使用过程中应注意以下几点:

①驾驶员应了解电控系统各主要元件所在位置,以便对其实行保护。

②掌握仪表盘上各开关、显示灯、仪表等的作用和功能,弄清仪表盘上英文缩写含义。

③熟练掌握操作要领,避免误操作。

④加装电器设备应远离 ECU，防止干扰或加装防干扰屏蔽设施。

⑤检查线束是否有油污、潮湿、松动，保持清洁连接器清洁、连接可靠。

⑥蓄电池的极性不许接反，禁用外接电源起动发动机，以免电压过高损坏电控系统元件。

⑦必须使用无铅汽油，定期更换燃油滤清器。

⑧需知道“故障指示灯”工作情况。

4.2 电控发动机维修注意事项

4.2.1 电控系统检修注意事项

发动机电子控制系统是一个比较复杂的微机控制系统，在对该系统进行维修时，有如下注意事项：

①除在测试过程中特殊指明外，不能用指针式万用表测试电脑及传感器；应用高阻抗数字式万用表进行测试。禁止用“试火法”检查晶体管电路的通、断。不要用试灯去测试任何和电脑相连接的电气装置，以防止晶体管损坏，脉冲电路应用 LED 灯或示波器检查。

②在拆卸或安装电感性传感器前应将点火开关断开(OFF)，以防止其自感电动势损伤 ECU 和产生新的故障代码。

③当出现故障时不要轻易地更换电子器件，而应首先检查连接器的状况。

④出现氧传感器故障代码的原因较多，通常有：电动燃油泵油压异常，喷油器、燃油滤清器和空气滤清器脏堵，燃油品质差，碳化物和铅化物覆盖了氧传感器表面，排气管漏气，点火异常(缺火、断火、交叉点火)等。

⑤ECU 有学习功能，但 ECU 的电源电路一旦被切断(如拆下蓄电池)后，它在发动机运行过程中储存的数据会消失，因此，将蓄电池断开后装回，如果出现发动机工作状况不如以前时，先不要随便更换零部件，因为这种情况可能是由于蓄电池断开后，将 ECU 中的学习修正记忆消除的缘故。计算机根据厂家储存在只读存储器(ROM)中的数据进行控制，ECD 根据系统目前的实际情况进行了学习修正控制，发动机工作状况会有差异，如果是此种原因，待发动机运行一段时间后，ECU 自动建立修正记忆，让 ECU“恢复记忆”，即需通过在不同工况下的路试让 ECU 重新学习，恢复学习控制，发动机工作不良状况会自动消失。

⑥蓄电池搭铁极性切不可接错，必须负极搭铁。严禁在发动机高速运转时将蓄电池从电路中断开，以防产生瞬变过电压将微机和传感器损坏。

⑦当诊断出故障原因，对电控系统进行检修时，应先将点火开关关掉，并将蓄电池搭铁线拆下。如果只检查电控系统，则只需关闭点火开关即可。跨接起动其他车辆或用其他车辆跨接本车时，须先断开点火开关，才能拆装跨接线。

⑧电脑、传感器必须防止受潮，不允许将电脑或传感器的密封装置损坏；更不允许用水冲洗电脑和传感器。电脑必须防止受剧烈震动。

⑨在车身上进行电弧焊时，应先断开电脑电源。在靠近电脑或传感器的地方进行车身修理作业时，更应特别注意。

⑩电控汽油喷射系统的电动燃油泵的工作除受点火开关控制外，还受空气流量计或

电脑控制。在点火开关接通后，只有在发动机处于正常工作或起动状态，且空气流量计检测到空气流量信号或电脑检测到转速和点火信号时油泵电路才能接通，检修时应注意上述特点。

⑪某些故障报警灯的功率不得随意改变，否则会出现异常情况。

⑫带有安全气囊系统的车，对安全气囊进行检修时，如果操作不当将会使气囊意外张开，因此必须严格按操作程序进行。

⑬在点火开关接通的情况下，不要进行断开任何电器设备的操作，以免电路中产生的感应电动势损坏电子元件。当断开蓄电池时须注意，一是必须关闭点火开关，如果在点火开关接通的状态下断开蓄电池连接，电路中的自感电动势会对电子元器件有击穿的危险；二是检查自诊断故障代码是否存在，若有故障代码，应记下代码后再断开蓄电池；三是断开蓄电池前，应牢记带防盗码的音响设备的编码，否则在下次使用中，音响系统自锁接触困难，影响使用。

⑭水温传感器长期使用后，性能会发生变化，使水温信号发生错误，这会对燃油喷射、点火时间及燃油泵的工作等造成不良影响，而水温传感器的这种性能参数的改变(并非短路或断路)往往不被自诊断系统所识别。因此，当发动机工作不正常(例如不能起动、怠速不稳、油耗增加等)，而故障自诊断系统又未指示水温传感器故障代码时，不要忽略对水温传感器的检查。

⑮检修氧传感器时，要注意不要让氧传感器跌落碰撞其他物体，不要用水冷却。更换氧传感器时，一定要用专用的防粘胶液刷涂螺纹，以免下次拆卸困难。

4.2.2　进气系统检修注意事项

①发动机量油尺、机油加油口盖、连接软管等的脱落均会引起发动机工作失常。

②当空气流量计以后的进气系统零件、管件松脱、裂开均将吸入空气，导致发动机工作失调。检修时应对上述部位是否漏气进行认真检查。

③空气流量传感器为精密部件，对发动机工作性能的影响很大。在拆下空气流量计时要稳拿轻放，不要解体空气流量计，以免损坏或影响其检测精度。清洁空气流量计时，切勿用水或清洗液冲洗。空气流量计上的调整螺钉是用于调整怠速时的CO含量，一般情况下不应去动它，调整不当将会引起发动机的动力下降，油耗增加。

4.2.3　燃油系统检修注意事项

①拆卸油管前，为防止在拆卸油管时大量汽油漏出，可先拔下电动燃油泵的导线插头，再起动发动机直至发动机自然熄火为止，再松开油管接头；或将油盆接在油管接头下面，用毛巾将油引入油盆中去。

②在安装油管接头时应注意按正确的安装程序要求安装。

③拆装喷油器时，O形密封圈切勿重复使用。安装前，用汽油润滑O形圈，切勿采用润滑油、齿轮油或制动油。

④在检查喷油器喷油性能时，一定要清楚喷油器是高电阻型还是低电阻型。高电阻型的电阻一般为12～16Ω，可以直接接蓄电池来进行喷油器喷油性能试验。但低电阻型的喷油器其电磁线圈的电阻一般只有2～5Ω，直接接蓄电池会因电流过大而烧坏喷油器，须采用

专用连接器与蓄电池连接。若采用普通导线，则需串联一个 80～100Ω 的电阻。

⑤喷油器安装到输油总管和进气歧管上后应检查整个管系有无漏油，其方法是：

- 在发动机停机的情况下，将点火开关旋至“ON”。
- 强制油泵进入工作状态。丰田系列发动机可将检查连接器中的 FP 和＋B 连接，燃油泵即进行强制工作运转。
- 用钳子将回油软管夹住，供油管路的油压将升到 392kPa 左右。此时，燃油管路各处不得漏油。注意只能夹住软管，但不可弯折软管。

4.2.4 电子点火系统维修注意事项

①在发动机起动和运转时，不要用手触摸点火线圈以及高压导线、分电器等，以免被高压电所击。

②在高压试火时，最好用绝缘橡胶夹夹住高压线，直接用手接触高压导线，易造成电击。而电击产生时，试火者必将把高压导线甩脱，这往往会造成高压回路处于开路状态。点火系统次级在开路时可达到最高次级电压，最高电压可比点火电压高 3～4 倍，在这种高压下，点火系统高压回路容易烧蚀。

高压试火避免电击的另一种方法是，将高压导线插入一备用火花塞，再将火花塞搭铁，从火花塞电极间隙观察跳火情况。

③用逐缸断火法来检验各缸工作情况时，应将断火缸高压线端搭铁，即用断路法而不是用开路法断火，否则，会产生最高次级电压而烧坏线路。

④点火正时对发动机工作正常与否影响很大，因此，发动机工作不良，或发动机拆修后，不要忽视对点火正时的检查。

⑤在检查点火信号发生器(曲轴位置传感器)时应注意，一是对于磁感应式点火信号发生器在打开分电器盖时，注意不要让垫片、螺钉之类的金属掉入其内；检查导磁转子与定子之间气隙时，要用无磁性塞规，并注意不要硬塞强拉；二是对于光电式点火信号发生器，不要轻易打开分电器盖，在确实需要打开检查时，要防止尘土进入其内；三是在更换分电器总成时，要保证其原来的安装位置，否则将影响点火时刻控制精度。

⑥当采用电池模拟点火信号检查电子点火器时，测量动作要快，干电池连接的持续时间一般不要超过 5s。

4.3 电控发动机维护

现代电子控制汽油喷射式发动机由于零部件结构可靠、质量高，在正常使用情况下很少出现故障，基本上无须进行日常维护。只要按照该车型的《使用说明书》中有关维护间隔里程和维护项目的规定，在行驶一定的里程后，将汽车送到修理厂进行指定的检查和维护作业即可。表 4-1 为凌志 LS400 型轿车发动机的维护项目表。

表 4-1　凌志 LS400 型轿车发动机的维护项目

保养周期(按先达到的里程或月份计算)	里程/1000km	1	5	10	15	20	25	30	35	40	45	50	55	60	65	70	75	80
	月份		3	6	9	12	15	18	21	24	27	30	33	36	39	42	45	48
正时传动带		R:每 150000km																
气门间隙						A				A				A				A
空气过滤器	正常行驶					I				R				I				R
	恶劣工况	I:每 2500km 或(1.5 个月)　R:每 40000km(或 24 个月)																
发动机润滑油	正常行驶			R		R		R		R		R		R		R		R
	恶劣工况		R	R	R	R	R	R	R	R	R	R	R	R	R	R	R	R
机油过滤器	正常行驶			R		R		R		R		R		R		R		R
	恶劣工况		R	R	R	R	R	R	R	R	R	R	R	R	R	R	R	R
排气管和连接件	正常行驶					I				I				I				I
	恶劣工况			I		I		I		I		I		I		I		I
怠速混合气	带 TWC	A				A				A				A				A
	无 TWC	不可调																
冷却液						R				R				R				R
燃油过滤器										R								R
燃油臬盖、燃油管和接头										I								I
火花塞		R:每 10 万 km																
蓄电池				I		I		I		I		I		I		I		I
PCV 阀、通风软管和接头					I				I				I					R
活性炭罐										I								I

注:1. 恶劣工况指长期处于多尘、怠速、低速或大负荷的运转

2. A——必要时检查和调整;

R——更换或替换;

I——检查、清洁、调整,必要时更换

电控汽车行驶一定里程后,部分零部件和传感器已接近其使用寿命,为保证车辆的安全性、动力性、经济性和舒适性,在汽车行驶至规定的里程时,保养灯会点亮以提醒驾驶员对车辆进行保养维护。

不同车系或同一车系不同车型的保养灯所表示的意义各不相同,需仔细阅读使用说明书,弄清保养灯所代表的意思,以便正确地进行保养维护。有的保养指示灯直接显示其英文名称或符号,如“EGR”表示要维护 EGR 系统,“OIL”表示要维护和更换机油,“O2”表示要

更换氧传感器等。

但大多数电控车保养灯一般只简单地用“SERVICE”或“CHECK”来表示，当保养灯点亮时，需要进行保养的项目主要有以下几类：

①更换机油及滤清器；

②更换氧传感器；

③清洗燃油油路及喷油器，更换汽油滤清器；

④检查或更换活性炭罐；

⑤更换正时皮带；

⑥清洗或更换火花塞；

⑦重新设定车速及电脑诊断。

在进行上述保养工作后，有些保养灯会自动熄灭，有些则应及时对保养灯进行归零，否则保养灯将一直点亮。不同车型保养灯归零方法各异。

思考题

1. 简述电控发动机的合理使用注意事项。
2. 简述电控系统检修注意事项。
3. 简述保养灯归零的意义。

第五章 汽车底盘故障诊断

学习目标

1. 知识目标

(1)了解汽车底盘检测常用设备。

(2)掌握传动系统、行驶系统、转向系统和制动系统的常见故障及排除方法。

(3)了解四轮定位仪和车轮动平衡机。

(4)了解自动变速器常见故障及排除方法。

(5)了解自动变速器常见检测方法。

2. 能力目标

(1)能运用汽车故障诊断的方法来判断汽车底盘常见的故障。

(2)熟悉故障流程。

(3)能够检测出自用变速器的常见故障。

任务导入

故障现象:一辆凌志 LS400 轿车,车速不能加速到 150km/h 以上,当节气门全开时,最高车速只能达到 120km/h。

故障诊断:使发动机和自动变速器达到正常温度,检查油面和油质。油尺上油液痕迹在热态(HOT)标记的范围以下,油面偏低;同时发现油液的颜色已呈暗褐色,并且伴有烧焦气味,在油液中还有黑色固体碎粒。故障指示灯不亮,也无故障码,因而初步判断故障在自动变速器内部。拆卸并分解、清洗自动变速器,发现固定超速 O/D 挡中心轮的制动器摩擦片以及传递超速 O/D 挡输出动力的直接离合器摩擦片和个别压盘已有不同程度的烧蚀和损坏。更换制动器和离合器摩擦片和压盘，将自动变速器装车，并按要求加注新自动变速器油液，起动发动机进行路试。在开始行驶的90km内，选挡杆在D挡位时，可以自动从D3挡换入超速挡，并且车速能随着节气门开度的增大加速到140km/h左右。但继续试下去，随着节气门开度增大，车速反而逐渐降低了。当行驶到200km左右时，自动变速器不仅不能从D3挡换入超速O/D挡，而且还从D3挡降到D2挡。此后，即使将加速踏板踩到底，最高车速也只能达到120km。

随后进行油压试验，发现自动变速器仅在D挡位时，油压为标准值的1/4～1/3，油压过低。根据工作原理分析D3挡和超速挡各控制件工作情况，判定可能是直接离合器油路漏油。通过拆检，发现直接离合器内活塞上的密封环磨损严重造成漏油，使活塞作用在离合器摩擦片上的压紧力降低，从而导致直接离合器摩擦片在传递动力时打滑，造成车速在超速挡和D3挡时降低。更换新的活塞密封环以及将轻度烧蚀摩擦片修理并装复，再次试车，故障消失。

注意：制动器、离合器有烧片现象，重要的是查找出烧片的原因。如果只是简单更换烧损的摩擦片和压盘，装车后行驶不久，故障还会再次出现。必须查找根源，彻底排除故障。

相关知识

汽车底盘包括传动系统、行驶系统、转向系统和制动系统。汽车底盘的技术状况，直接关系到整车行驶的操纵稳定性和安全性，同时还影响发动机的动力传递和燃油消耗。因此，汽车底盘的故障诊断与排除也是至关重要的。

常用的汽车底盘检测设备有：离合器打滑频闪测定仪、传动系统游动角度检测仪、车轮定位仪、四轮定位仪、车轮动平衡仪、悬架和转向系统检测仪、悬架装置检测台等。随着科学技术的发展，这些检测设备已大量采用光、机、电一体化技术，并采用微机控制，有些还具有智能化功能或专家诊断系统。正确地使用这些检测设备，可以保证在汽车底盘的维修中获得可靠的技术数据，从而保证汽车底盘有效地工作。

5.1 传动系统故障诊断

1.传动系统的组成和功用

(1)功用

传动系统的首要任务是与发动机协同工作，以保证汽车能在不同使用条件下正常行驶，并具有良好的动力性和经济性。因此，任何形式的传动系都必须具有如下功能：

①实现汽车变速变矩；

②实现汽车倒车；

③必要时中断传动系统的动力传递；

④应使车轮具有差速功能。

(2)组成

现代汽车普遍采用的是活塞式内燃机，与之相配用的传动系统多为机械式。普通单轴货车机械传动系统的组成包括：离合器、变速器、万向传动装置、驱动桥(主减速器、差速器、半轴)。如图 5-1 所示。

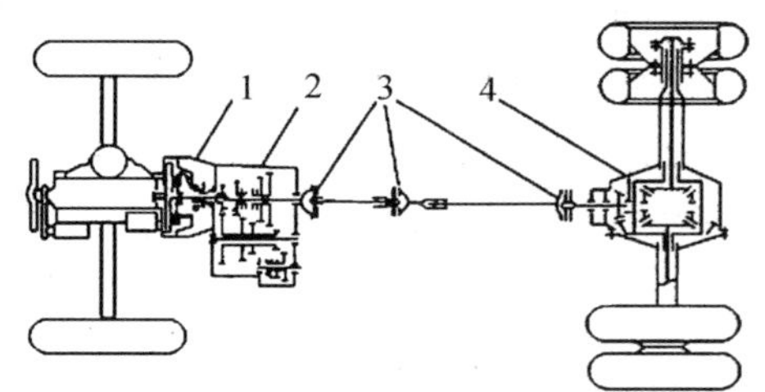

1—离合器　2—变速器　3—万向节　4—驱动桥
5—差速器　6—半轴　7—主减速器　8—传动轴

图 5-1　普通单轴货车机械传动系统

在汽车运行过程中,传动系统功能会逐渐下降,出现异响、过热、漏油及乱挡等故障。为确保汽车能正常运行和安全行驶,对传动系统应及时进行检测、诊断和维修。

5.1.1　离合器的故障诊断

离合器位于发动机与变速器之间,在汽车起步和变速器换挡时,暂时切断发动机与变速器的连接,以切断动力传递,变挡后逐渐结合,传递发动机动力,从而保证汽车平稳起步以及平顺换挡,并且能防止传动系过载。目前以膜片弹簧离合器的应用最为广泛。

如图 5-2 所示为膜片弹簧离合器的组成,其主要由主动部分(飞轮、压盘、离合器盖)、从动部分(从动盘、从动轴)、压紧机构(膜片弹簧)、分离机构(分离轴承与套筒、分离叉等)、操纵部分(图中未显示)等组成。

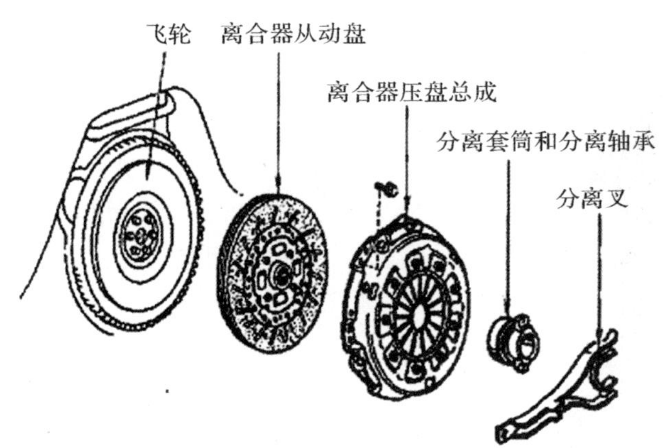

图 5-2　膜片弹簧离合器的组成

离合器常见故障有打滑、分离不彻底、接合不平顺、异响等。

1. 离合器打滑故障的诊断与排除

(1)故障现象

①汽车用低速挡起步时,放松离合器踏板后,汽车不能顺利起步。

②汽车加速行驶时,车速不能随发动机转速的提高而提高,感到行驶无力,严重时产生焦臭味或冒烟等现象。

(2)故障原因

离合器打滑主要可以从从动盘压不紧、从动盘摩擦悉数下降等方面加以考虑。

①离合器踏板自由行程过小或没有自由行程,使分离轴承一直压在分离杠杆上。

②从动盘摩擦片、压盘或飞轮工作面磨损严重,离合器盖与飞轮的连接松动,使压紧力减弱。

③从动盘摩擦片油污、烧蚀、表面硬化,铆钉外露或表面不平,使摩擦力下降。压力弹簧疲软或折断,膜片弹簧疲软或开裂,使压紧力下降。

④分离轴承套筒与导管间油污严重,使分离轴承不能回位。

⑤压力弹簧疲劳或折断,膜片弹簧疲劳或开裂,使压紧力下降。

⑥离合器操纵杆系卡滞,分离轴承套筒与导管间油污、尘腻严重,甚至造成卡滞,使分离轴承不能回位。

⑦分离杠杆弯曲变形,出现运动干涉,不能回位。

(3)故障诊断与排除操作步骤及维修要点

①起动发动机,拉紧驻车制动,挂上低速挡,慢慢抬起离合器踏板,逐渐加大油门起步,如果汽车不动,发动机也不熄火,这就说明离合器打滑。

②检查离合器踏板自由行程,若过小,则应将其调整至规定值,同时应检查离合器踏板能否正常回位。规定值:自由行程为 15～20mm,总行程为 130～140mm。

• 检查离合器踏板自由行程。踏板自由行程的检查如图 5-3 所示,用一个直尺抵在驾驶室地板上,先测量踏板完全放松时的高度,再用手轻按踏板,当感到阻力增大时再测量踏板高度,两次测量的高度差即为踏板的自由行程。

踏板自由行程的调整如图 5-3 所示,液压式操纵机构一般是调整主缸推杆的长度,先将主缸推杆锁紧螺母旋松,然后转动主缸推杆,从而调整踏板自由行程,调整后应将锁紧螺母旋紧。

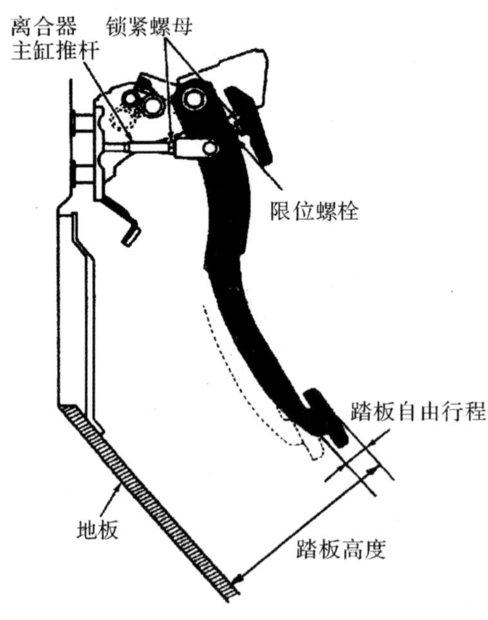

图 5-3 离合器踏板、踏板自由行程及其调整

有些车辆的操纵机构具有自调装置,如捷达轿车,可以免除离合器踏板自由行程的调整。

• 检查离合器踏板高度。离合器踏板高度的检查如图 5-3 所示,掀起地毯或地板革,用直尺测量地面到离合器踏板上表面的距离。如果超出标准,应调整踏板高度。

③如果自由行程正常,应拆下变速器壳,检查离合器与飞轮连接螺栓是否松动,如松动则予以拧紧。

④检查膜片弹簧是否失效。

• 检查膜片弹簧是否断裂、磨损过量或烧蚀,若出现上述现象应予以更换。

• 检查膜片弹簧弹力:拆下离合器压盘总成,用卡尺测量膜片弹簧小端距平板的距离,若其值过小，则表明其弹力减弱，应更换膜片弹簧。

⑤检查从动盘：

• 检查从动盘表面状况：若有油污，先用干净汽油彻底清洁，再用细砂布进行砂磨；若烧蚀、损坏应更换；

• 检查从动盘厚度：用卡尺测量其厚度，若小于规定值，则说明磨损过度，应更换从动盘（铆钉头距从动盘表面的深度不得小于0.3mm）。如图5-4所示。

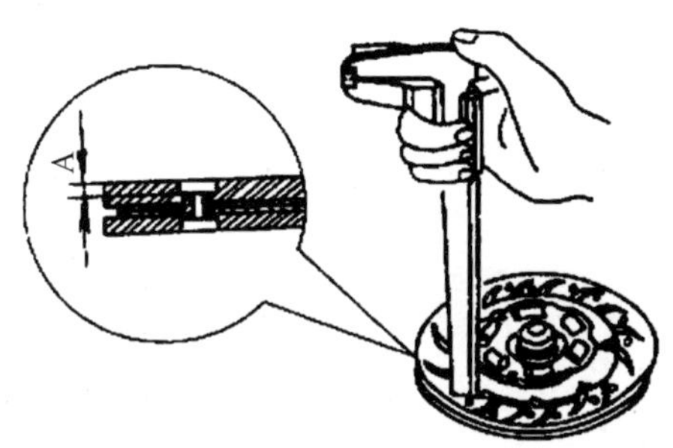

图5-4　从动盘磨损检查

• 检查摩擦片表面状况：是否粘有油污、硬化、铆钉头外露或严重烧蚀。若摩擦片有轻微油污，可用喷灯火焰烧去或用汽油清洁，表面的轻微烧焦可用砂纸打磨。如摩擦片磨损超过使用限度、有裂纹、脱落烧焦面积大而深或有严重油污时，则需更换。

⑥检查压盘和离合器盖。压盘损伤主要是翘曲、破裂或过度磨损等。

• 先检查压盘表面光洁度。压盘表面不应有明显的沟槽，沟槽深度应小于0.3mm。轻微的磨损可用油石修平。

• 再检查压盘平面度。检查方法如图5-5所示，用钢直尺压在压盘上，然后用塞尺测量。离合器压盘平面度不应超过0.2mm。压盘平面度或表面光洁度超过要求可用平面磨床磨平或车床车平，但磨、车的厚度应小于2mm，否则应更换压盘。

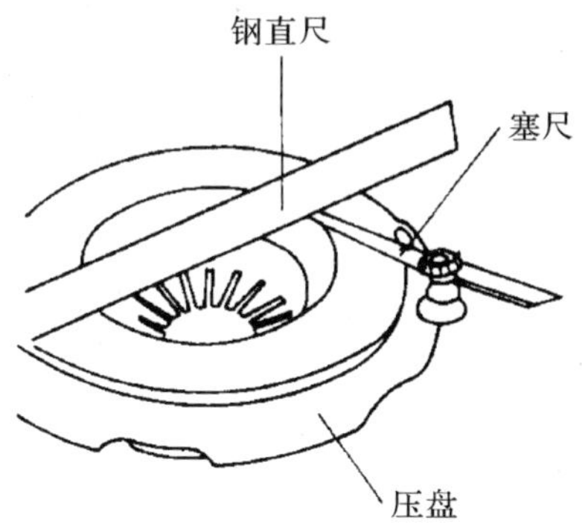

图5-5　压盘平面度的检查

• 离合器盖与飞轮的接合面的平面度应小于0.5mm，如有翘曲、裂纹、螺纹磨损等应更换离合器盖。

⑦排除故障后装合，进行着车试验，以验证故障排除后的效果。其诊断流程如图 5-6 所示。

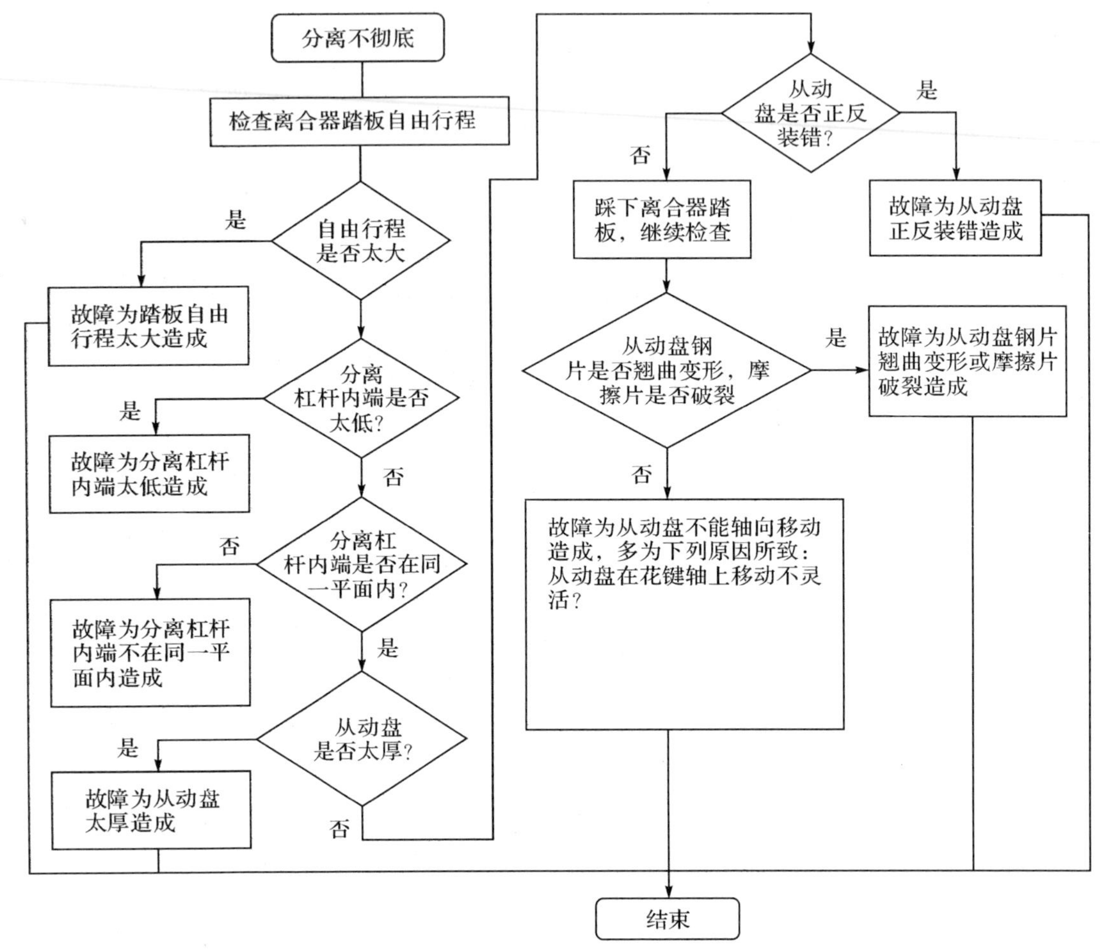

图 5-6　离合器分离不彻底诊断程序

2. 离合器分离不彻底的故障诊断与排除

(1)故障现象

①发动机怠速运转时，踩下离合器踏板，挂挡时有齿轮撞击声，且难以挂入。

②如果勉强挂上挡，则在离合器踏板尚未完全放松时发动机熄火。

(2)故障原因

离合器分离不彻底主要可以从离合器踏板自由行程、分离杠杆高度、从动盘等几个方面考虑。

①离合器踏板自由行程过大。

②分离杠杆弯曲变形、支座松动、支座轴销脱出，使分离杠杆内端高度难以调整。

③分离杠杆调整不当，其内端不在同一平面内或内端高度太低。

④双片离合器中间压盘限位螺钉调整不当，个别分离弹簧疲劳、高度不足或折断，中间压盘在传动销上或在离合器驱动窗口内轴向移动不灵活。

⑤从动盘钢片翘曲、摩擦片破裂或铆钉松动。

⑥新换的摩擦片太厚或从动盘正反装错。

⑦从动盘花键孔与变速器第一轴花键轴卡滞。

⑧离合器液压操纵机构漏油、有空气或油量不足。

⑨膜片弹簧弹力减弱。

⑩发动机支承磨损或损坏，发动机与变速器不同心。

(3)故障诊断与排除操作步骤及维修要点

①故障确诊：

• 使发动机怠速运转，将离合器踏板踩到底，挂挡困难，行驶中换挡亦困难，甚至导致发动机熄火，即使勉强挂上挡后，尚未完全放松离合器踏板时，汽车就已开始行驶或发动机熄火，则表明离合器分离不彻底。

• 在检视孔处用起子沿轴向拨动离合器从动盘，若拨动困难或拨不动，则表明离合器分离不彻底。

• 将变速器挂入空挡，踩下离合器踏板，一人在下面用螺丝刀拨动从动盘。如果能轻轻拨动，说明离合器能分离；如果拨不动，则说明离合器分离不彻底。

②检查和调整离合器踏板自由行程。

③检查膜片弹簧小端的平面度及小端磨损量。

若踏板自由行程符合规定，其他部位亦无异常，则可能为膜片弹簧小端不在一个平面内或小端磨损过量：

• 膜片弹簧高度的检查。膜片弹簧高度 4 若发生变化，表示膜片弹簧 2 弹力不足，必须更换。可用卡尺 1 检查膜片弹簧 2 的高度 4，其与标准高度相差不应大于 0.5mm。如图 5-7所示。

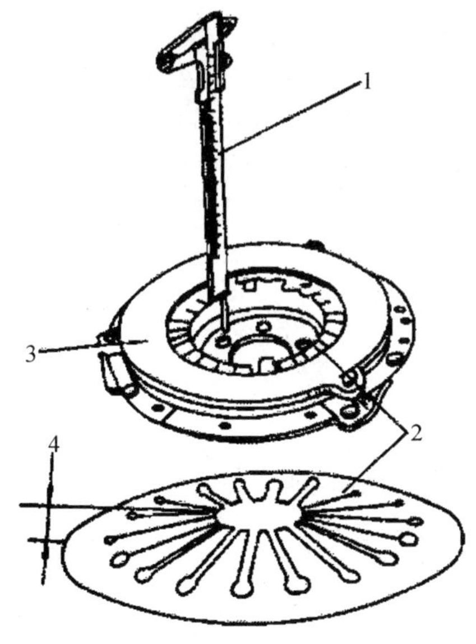

1—卡尺　2—膜片弹簧　3—压盘　4—膜片弹簧高度

图 5-7　膜片弹簧高度的检查

• 膜片弹簧小端磨损的检查。如图 5-8 所示，用卡尺 1 检查离合器压盘上膜片弹簧 2 的小端与分离轴承接触磨损的痕迹，深度不得大于 0.6mm。

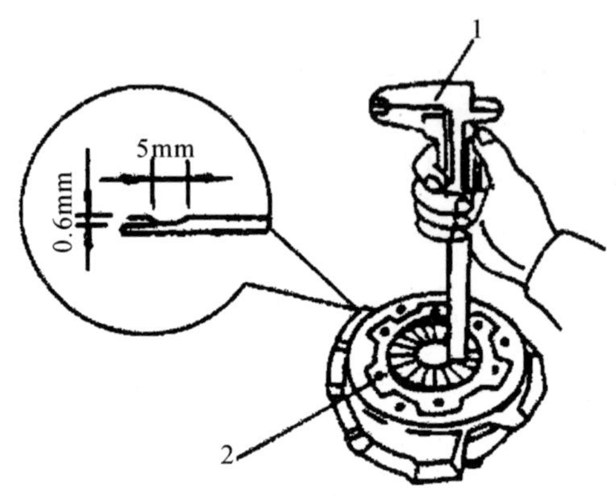

1—卡尺　2—膜片弹簧

图 5-8　膜片弹簧内端磨损的检查

④检查从动盘是否翘曲变形及从动盘键槽与变速器输入轴键槽的锈蚀情况。若上述检查均正常，则应进一步检查从动盘。

• 从动盘轴向摆差的检查：将从动盘装在定位轴上，用百分表检验其端面圆跳动，在距边缘 2.5mm 处测量，标准值为 0.2mm，使用极限为 0.4mm。若超限，则表明从动盘翘曲变形，应用专用工具进行修正或更换。如图 5-9 所示。

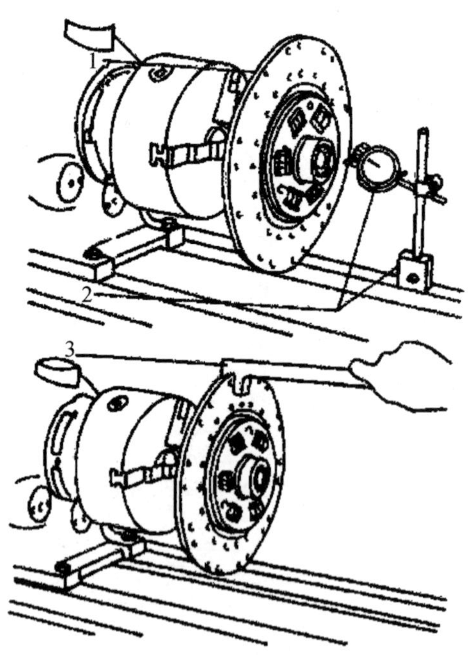

1—从动盘　2—百分表　3—修正工具

图 5-9　离合器从动盘轴向摆差的检查

• 从动盘与变速器输入轴花键配合部位锈蚀的检查：若从动盘及变速器输入轴键槽锈蚀、积垢，可用汽油清洗，并用钢丝刷或相应砂条(砂纸)砂磨干净。

⑤检查新摩擦片是否过厚。

⑥排除故障后装合，进行着车试验，以验证故障排除后的效果。

3. 离合器接合不平顺故障诊断与排除

(1)故障现象

①汽车起步时，离合器踏板慢慢抬起，轻踏油门，汽车不是平稳加速，而是突然加速，向前窜动。

②汽车起步时，离合器接合不平稳，使车身发生轻微的抖动。

(2)故障原因

离合器发抖的实质是其主、从动盘之间接触不平顺，在同一平面内接触时间不同；发闯则为主、从动盘突然接合的结果。

①压紧弹簧的弹力不均、疲劳或个别折断，膜片弹簧变形或弹力不均。

②从动盘或压盘翘曲变形，飞轮工作端面的端面圆跳动严重。

③从动盘摩擦片厚度不均匀、油污、烧焦、表面不平整、表面硬化、铆钉头露出、铆钉松动或切断、波形弹簧片损坏。

④从动盘上的缓冲片破裂或减振弹簧疲劳、折断。

⑤发动机支架、变速器、飞轮、飞轮壳等的固定螺栓松动。

⑥离合器总成和踏板之间的液压操纵或机械操纵部件松动，从动盘花键毂严重磨损，变速器输入轴弯曲。

(3)故障诊断与排除操作步骤及维修要点

①使发动机怠速运转，变速器挂低速挡，慢慢松开离合器踏板起步，如车身抖动，即为离合器发抖，接合不平顺。

②检查离合器踏板、分离轴承等回位是否正常，如果正常则继续检查。

③用扳手检查和紧固变速器、发动机及飞轮的固定螺栓。

④拆下离合器总成，检查各部件。例如，摩擦片上是否有油污，铆钉是否外露；从动盘是否变形；压紧弹簧的弹力是否不在允许范围内，如果是则更换或修理。

4. 离合器异响的故障诊断与排除

(1)故障现象

离合器分离或接合时发出不正常的响声。

(2)故障原因

离合器异响根本原因是：经长期使用后，由于零件严重磨损或损坏而造成金属零件之间不正常摩擦或撞击的响声。

①分离轴承缺少润滑剂，造成干磨或轴承损坏。

②分离轴承与分离杠杆内端之间无间隙。

③分离轴承套筒与导管之间油污、尘腻严重或分离轴承回位弹簧与踏板回位弹簧疲劳、折断、脱落，使分离轴承回位不佳。

④从动盘花键孔与其花键轴配合松旷。

⑤从动盘减振弹簧退火、疲劳或折断。

⑥从动盘摩擦片铆钉松动或铆钉头外露。

⑦双片离合器传动销与中间压盘和压盘的销孔磨损松旷。

(3)故障诊断与排除操作步骤及维修要点

①发动机怠速运转,变速器置于空挡,拉紧手制动闸,若在踩下踏板或踩到底放松时无不正常音,离合器无异常。反之,离合器异响。

②使发动机怠速运转,踏下离合器踏板,听、查异响。

③检查离合器分离轴承:踏下离合器踏板,可听到"沙、沙"或"哗、哗"的响声,抬起离合器踏板则响声消失;再踏下少许(使分离轴承与分离杠杆接触),又出现"沙、沙"的摩擦响声,则说明离合器分离轴承缺油或磨损。

离合器分离轴承的检查:如图 5-10 所示,用手固定分离轴承内圈,转动外圈,同时在轴向施加压力,如有阻滞或有明显间隙感时,应更换分离轴承。分离轴承为封闭式,不能拆卸清洗或充加润滑剂,若损坏时必须更换。

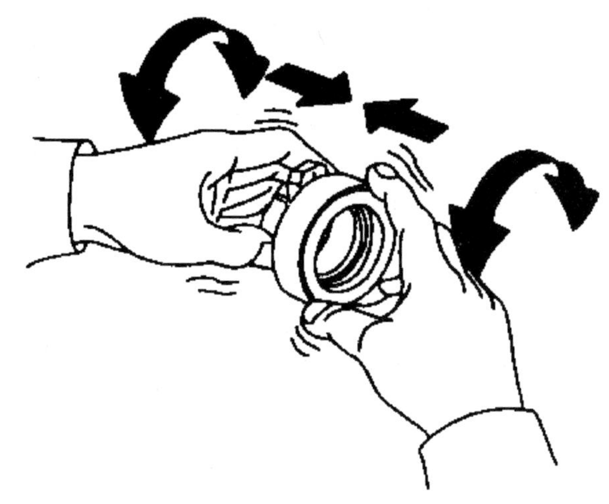

图 5-10 分离轴承的检查

④检查离合器踏板回位弹簧:发动机怠速运转时,出现"沙、沙"的摩擦声,用脚勾住离合器踏板,使其抬起少许,若"沙、沙"声消失,则表明踏板回位弹簧过软、折断或丢失,应拆下并更换回位弹簧。

⑤检查离合器分离轴承回位弹簧:若踏板自由行程正常,放松离合器踏板,当提高发动机转速时,如果分离轴承处有间断撞击声,则表明其回位弹簧过软、折断或脱落,致使分离轴承前后滑动产生异响。

⑥检查从动盘减震弹簧及从动盘花键与变速器输入轴配合情况:每当接合离合器时即发出一次撞击声,可判断为从动盘花键与变速器输入轴配合松旷或从动盘减震弹簧折断。

5.1.2 变速器的故障诊断

变速器在工作负荷的作用下,随着汽车行驶里程的增加,内部各零件的磨损、变形也随之加大,引起各零件间的配合关系变坏,从而引起一系列的故障。常见的故障有跳挡、乱挡、异响、换挡困难和漏油。

1. 变速器跳挡的故障诊断与排除

(1)故障现象

汽车在行驶过程中，变速杆自动跳回空挡位置，换挡啮合副自动脱离啮合状态。此现象多发生在汽车重载加速或爬坡时。

(2)故障原因

变速器跳挡的根本原因是换挡啮合副在动力传递时，产生较大的轴向作用力，使其啮合副脱离啮合位置；变速器挂挡时，啮合副未能全齿长啮合，当汽车震动或变负荷行驶时，导致跳挡。具体原因如下：

①操纵杆系磨损松旷或变速器内拨叉弯曲变形、止推垫片磨损，使齿轮不能完全啮合。

②相啮合的齿轮或齿圈磨损严重。

③自锁装置的凹槽、钢球磨损严重，自锁弹簧疲劳或折断。

④轴或轴承磨损严重，使相啮合的齿轮或齿圈不同心。

⑤齿轮与轴的花键严重磨损，使配合间隙过大。

(3)故障诊断与排除操作步骤及维修要点

①在汽车行驶中分别挂入各个挡位，当在某一挡位行驶时，变速器自动跳回空挡，则表明该挡存在跳挡故障。

②首先检查变速杆的操纵性能，并进行必要的调整：将变速杆向左挂上一挡，再回到空挡位置，在变速杆手柄处测量，变速杆的行程应达 5～10mm，若不符合要求，应调整变速杆壳体的位置。

③检查变速器与发动机连接螺栓是否松动或松紧度不一，若出现上述情况，则应按规定扭矩拧紧，拧紧力矩为 55N·m。

④拆下并分解变速器，检查下列项目：

• 检查齿轮与接合套齿的磨损情况，若磨成锥形或阶梯形，则应更换新件；

• 检查齿轮轴、轴承及齿轮的配合情况，若不符合技术要求，则应予调整或更换。

其中变速器齿轮的检修：

a. 在齿高 2/3 处测量，滑动齿轮或常啮合齿轮的齿长磨损不得大于原齿长的 15%；

b. 齿轮工作面不得有疲劳性剥落，工作面上的打击伤痕和缺口不得大于 20%；

c. 齿轮不得有裂纹；

d. 齿厚磨损不得超过 0.4mm；

e. 齿轮啮合间隙不得超过 0.5mm。

⑤检查同步器：

• 同步器锁环锥面磨损的检查。将同步器锁环压装在与之配合的齿轮锥面上，测量两者之间的端面间隙，以确定其锥面磨损程度，如图 5-11 所示。若超过使用极限或出现裂损，则应更换新件。

• 同步器接合套与拨叉轴向间隙的检查。用厚薄规测量二者之间的间隙，标准值为 0.45～0.65mm，使用极限为 1mm，超限应更换拨叉。

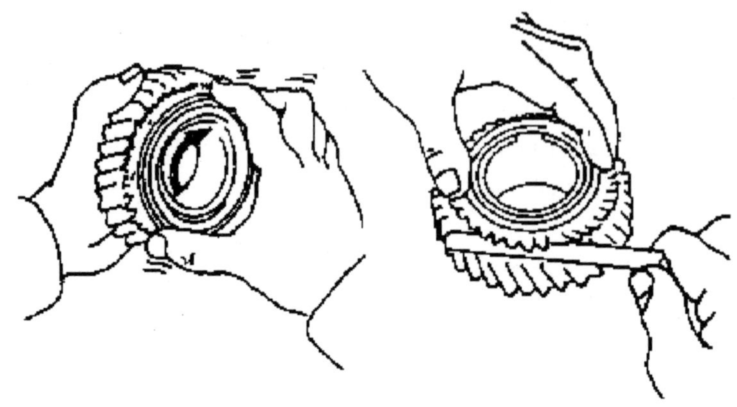

图 5-11 检查同步器锁环的磨损

⑥检查拨叉轴的定位凹槽、定位球的磨损及定位弹簧，若定位凹槽、定位球磨损严重，定位弹簧弹力不足或折断，则应更换新件。

2. 变速器乱挡的故障诊断与排除

(1)故障现象

汽车在起步挂挡或行驶中换挡时，挂不上所需挡位；挂挡后不能退回空挡；车辆静止时可能同时挂上两个挡。

(2)故障原因

乱挡的主要原因是变速器操纵机构失效。

①互锁装置失效：如拨叉轴、互锁销或互锁钢球磨损过甚等。

②变速杆下端长度不足、下端工作面磨损过大或拨叉导致凹槽磨损过大。

③变速杆球头定位销磨损松旷、折断或球头、球孔磨损过大。

(3)故障诊断与排除操作步骤及维修要点

①使车辆行驶，操纵变速杆进行换挡试验，检查是否有同时挂上两个挡或挂上的挡位不是所需要的挡位。

②挂需要挡位时，结果挂入了别的挡位：摇动变速杆，检查其摆转角度，若超出正常范围，则故障由变速杆下端球头定位销与定位槽配合松旷或球头、球孔磨损过大引起。变速杆摆转 360°，则为定位销折断。

③如摆转角度正常，仍挂不上或摘不下挡，则故障由变速杆下端从凹槽中脱出引起(脱出的原因是下端弧形工作面磨损或导槽磨损)。

④同时挂入两个挡：则故障由互锁装置失效引起。

3. 变速器挂挡困难的故障诊断与排除

(1)故障现象

在进行正常变速操作时，变速杆不能挂入挡位，或者勉强挂上挡后又很难摘下来。

(2)故障原因

①同步器故障。

②拨叉轴弯曲、锁紧弹簧过硬、钢球损伤等。

③变速器轴弯曲变形或花键损伤。

④齿轮油不足或过量、齿轮油不符合规格。

⑤自锁或互锁弹簧过硬、钢球损伤。

⑥控制连杆机构动作不良。

(3)故障诊断与排除操作步骤及维修要点

①首先应确认离合器分离状态正常,然后使发动机怠速运转,踏下离合器踏板,试进行各挡位变速动作,检查变速杆是否卡滞、沉重等。当用这种方法不易判断时,可进行实车行驶试验。

②检查拨叉是否弯曲,如果弯曲应校正或更换。如果拨叉轴与导向孔锈蚀,可用较细的砂纸光磨。

③检查自锁和互锁装置是否良好。

④检查拨叉的固定螺栓松动。

⑤检查变速器轴花键损伤情况或轴弯曲情况。

轴的检修应注意:

①弯曲变形可用百分表检查,超标应校正或更换,如图 5-12 所示。

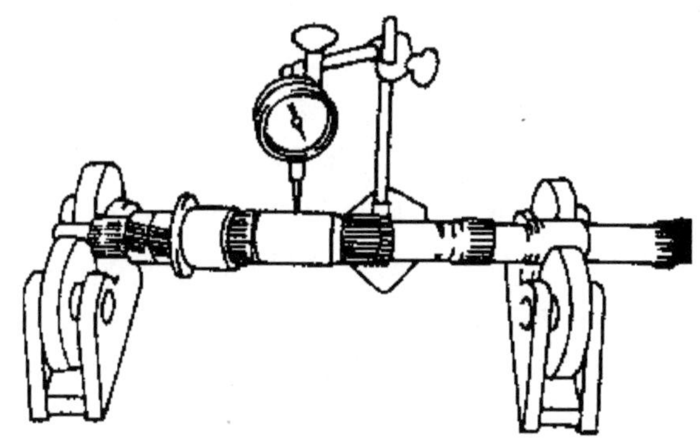

图 5-12　轴弯曲变形的检查

②用千分尺检查轴径磨损程度,磨损超过规定值,可堆焊后修磨、镀铬修复或更换。

③键齿磨损检修。键齿磨损在受力的一侧较为严重,可用与其相配合的新花键槽套入后,检查其配合间隙和松旷程度是否符合要求。用顶针顶住轴两端的顶针孔,用百分表检查轴的径向跳动,其值的 1/2 即为直线度,应不超过 0.1mm。如超过限度,可通过压力法校正。

4. 变速器异响的故障诊断与排除

(1)故障现象

变速器工作时,发出不正常声响,如金属的干摩擦声、不均匀的碰撞声等。

(2)故障原因

①变速器第一轴、第二轴或拨叉弯曲变形,轴承、同步器毂磨损、失效。

②齿轮加工精度或热处理工艺不当等造成齿轮偏磨或齿形发生变化,齿轮啮合间隙或花键配合间隙过大。

③自锁装置的凹槽、钢球磨损过甚或自锁弹簧疲劳、折断。

④齿轮油不足、变质、规格不符合要求或油中有杂物。

⑤变速器内缺油，润滑油过稀、过稠或质量变坏。

⑥变速器内掉入异物；某些紧固螺栓松动；里程表软轴或里程表齿轮发响。

⑦变速器与发动机安装时曲轴与变速器第一轴轴线不同心，或变速器壳体变形。

(3)故障诊断与排除操作步骤及维修要点

①当发动机怠速运转时，使变速杆处于空挡位，检查接合和分离离合器过程中有无异响，如离合器接合时发生异响，离合器分离时异响消失，说明异响发生在变速器。也可进行实车行驶，检查在变速挡位有无异响。此时，应区别驱动时与怠速的异响。

②变速器发出金属干摩擦声，即为缺油和油的质量不好。应加油和检查油的质量，必要时更换。

③行驶时换入某挡若响声明显，即为该挡齿轮轮齿磨损；若发生周期性的响声，则为个别齿损坏。

④空挡时响，而踏下离合器踏板后响声消失，一般为一轴前、后轴承或常啮合齿轮响；如换入任何挡都响，多为二轴后轴承响。

⑤变速器工作时发生突然撞击声，多为轮齿断裂，应及时拆下变速器盖检查，以防机件损坏。

⑥行驶时，变速器只有在换入某挡时齿轮发响，在上述完好的前提下，应检查啮合齿轮是否搭配不当，必要时应重新装配一对新齿轮。此外，也可能是同步器齿轮磨损或损坏，应视情况修复或更换。

⑦换挡时齿轮相撞击而发响，则可能是离合器不能分离或离合器踏板行程不正确、同步器损坏、怠速过大、变速杆调整不当或导向衬套紧等。遇到这种情况，先检查离合器能否分离，再分别调整怠速或变速杆位置，检查导向衬套与分离轴承配合的松紧度。

如经上述检查排除后，变速器仍发响，应检查各轴轴承与轴孔配合情况、轴承本身的技术状态等；如完好，再查看里程表软轴及齿轮是否发响，必要时予以修理或更换。

5.变速器漏油的故障诊断与排除

(1)故障现象

变速器壳体外围有油泄露，变速器箱的齿轮油减少。

(2)故障原因

①油封磨损、变形或损伤。

②变速器壳龟裂或损伤或延伸壳破裂。

③通气口堵塞、放油螺塞松动。

④变速器的盖与壳体之间安装松动或者密封垫损坏。

⑤齿轮油过多或齿轮油选用不当，产生过多泡沫。

⑥车速里程表街头锁紧装置松动或破损。

(3)故障诊断与排除操作步骤及维修要点

①按油迹部位检查油液泄漏原因。

②检查调整变速器油量。

③疏通堵塞的通气口。

④更换损坏的密封垫和油封。

⑤紧固松动的变速器盖、壳螺栓及放油螺塞。

⑥检查变速器壳体。

变速器壳体裂纹的检修应注意：

①变速器壳体和盖应无裂纹，否则应修复或更换。

②壳体裂纹超过100mm或超过两处，裂纹与轴承座孔相通时，壳体应予报废。

③裂纹较小且未延伸到轴承座孔，可用环氧树脂胶黏结或螺钉填补修复；如裂纹在轴承座孔附近等重要部位，可用焊接修复。

5.1.3 万向传动装置故障诊断

万向传动装置的作用是在轴间夹角及相互位置经常变化的变速器与驱动桥之间传递动力。由于经常受汽车在复杂道路上行驶的影响，使传动轴在其角度和长度不断变化情况下传递转矩，因此常出现传动轴动不平衡、万向节与中间支承松旷、发响等故障。

1. 传动轴动不平衡的故障诊断与排除

(1)故障现象

在万向节和伸缩叉技术状况良好时，汽车行驶中发出周期性的响声；速度越高，响声越大，甚至伴随有车身震动，握转向盘的手感觉麻木。

(2)故障原因

①传动轴上的平衡块脱落。

②传动轴弯曲或传动轴管凹陷。

③传动轴管与万向节叉焊接不正或传动轴未进行过动平衡试验和校准。

④伸缩叉安装错位，造成传动轴两端的万向节叉不在同一平面内，不满足等速传动条件。

(3)故障诊断与排除操作步骤及维修要点

①目视检查传动轴管是否有凹陷：有凹陷，则故障由此引起；无凹陷，则继续检查。

②检查传动轴管上的平衡片是否脱落：如脱落，则故障由此引起；否则继续检查。

③检查伸缩叉安装是否正确：不正确，则故障由此引起；否则继续检查。检查传动轴花键与滑动叉花键、凸缘叉与所配合花键的侧隙：轿车应不大于0.15mm，其他类型的汽车应不大于0.3mm，装配后应能滑动自如。

④拆下传动轴进行动平衡试验，动不平衡，则应校准以消除故障。弯曲应校直。

检查传动轴轴管全长上的径向圆跳动，如图5-13所示，应符合规定。

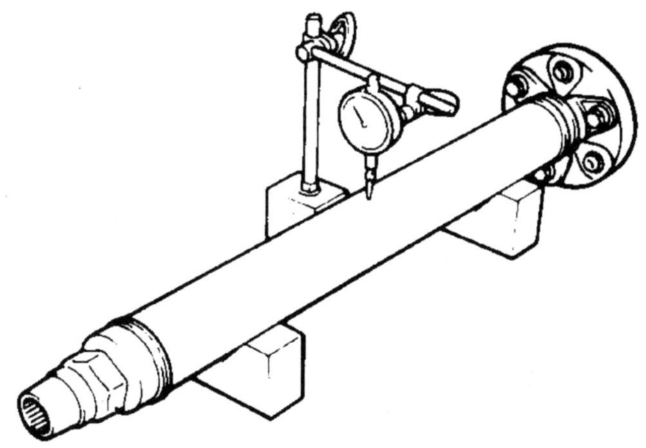

图5-13 检查传动轴径向圆跳动

2. 万向节松旷的故障诊断与排除

(1)故障现象

在汽车起步或突然改变车速时,传动轴发出“抗”的响声;在汽车缓行时,发出“咣当、咣当”的响声。

(2)故障原因

①凸缘盘连接螺栓松动。

②万向节主、从动部分游动角度太大。

③万向节十字轴磨损严重。

(3)故障诊断与排除操作步骤及维修要点

①用榔头轻轻敲击各万向节凸缘盘连接处,检查其松紧度。太松旷则故障由连接螺栓松动引起,否则继续检查。

②用双手分别握住万向节主、从动部分转动,检查游动角度。游动角度太大,则故障由此引起。

万向节的检修应注意:

(1)检查滚针轴承,如果滚针断裂、油封失效,应更换新件。

(2)检查十字轴轴颈磨损、压痕剥落等情况。十字轴轴颈轻微磨损、轻微压痕或剥落,仍可继续使用,如果轴颈磨损过甚、严重压痕(深度超过 0.1mm)或严重剥落时,应予以更换。

(3)检查万向节叉不得有裂纹或其他严重损伤,否则更换新件。

(4)万向节装配完毕后,可用手扳动十字轴进行检验,以转动自如、没有松旷感觉为合适。若装配过紧或过松,应查明原因,必要时应拆检及重新装配。

3. 中间支承松旷的故障诊断与排除

(1)故障现象

汽车运行中出现一种连续的“呜呜”响声,车速越高,响声越大。

(2)故障原因

①滚动轴承缺油烧蚀或磨损严重。

②中间支承安装方法不当,造成附加载荷而产生异常磨损。

③橡胶圆环损坏。

④车架变形,造成前后连接部分的轴线在水平面内的投影不同线而产生异常磨损。

(3)故障诊断与排除操作步骤及维修要点

①给中间支承轴承加注润滑脂,响声消失,则故障由缺油引起;否则继续检查。

②松开夹紧橡胶圆环的所有螺钉,待传动轴转动数圈后再拧紧,若响声消失,则故障由中间支承安装方法不当引起。否则故障可能是:橡胶圆环损坏;或滚动轴承技术状况不佳;或车架变形等引起。

中间支承的检修应注意:

①检查中间支承的橡胶垫环是否开裂、油封磨损是否过甚而失效、轴承松旷或内孔磨损是否严重,如图 5-14 所示,如果是,均应更换新的中间支承。

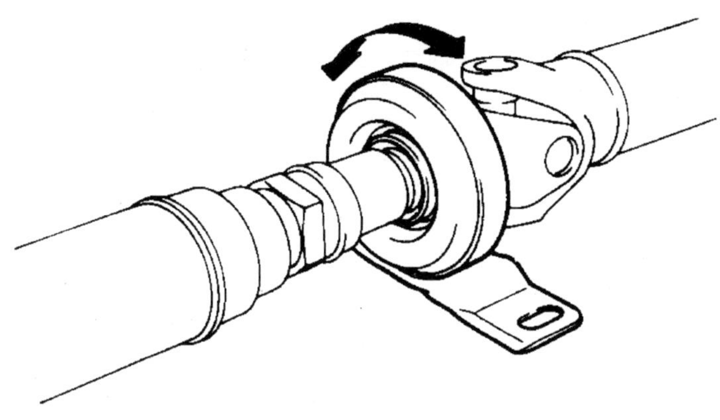

图 5-14　检查中间支承

②中间支承轴承经使用磨损后，需及时检查和调整，以恢复其良好的技术状况。以解放 CA1092 型汽车为例，其传动系中间支承为双列圆锥滚子轴承，有两个内圈和一个外圈，两内圈中间有一个隔套，供调整轴向间隙用。如图 5-15 所示。

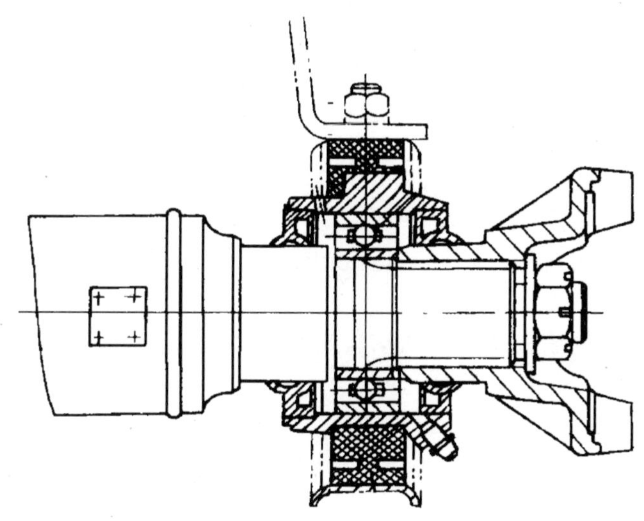

图 5-15　解放 CA1092 汽车的中间支承

磨损使中间支承轴向间隙超过 0.3mm 时，将引起中间支承发响和传动轴严重振动，导致各传力部件早期损坏。

调整方法：拆下凸缘和中间轴承，将调整隔板适当磨薄，传动轴承在不受轴向力的自由状态下，轴向间隙在 0.15～0.25mm，装配好后用 195～245N・m 的扭矩拧紧凸缘螺母，保证轴承轴向间隙在 0.05mm 左右，即转动轴承外圈而无明显的轴向游隙为宜，最后从油嘴注入足够的润滑脂，以减小磨损。

4. 传动轴异响的故障诊断与排除

(1)故障现象

汽车行驶中传动装置发出周期性的响声；车速越高，响声越大，严重时伴随有车身震抖。

(2)故障原因

主要原因是传动轴动不平衡、传动轴变形或平衡块脱落等,其次是中间支承吊架固定螺栓松动或万向节凸缘盘连接螺栓松动,使传动轴偏斜。

(3)故障诊断与排除操作步骤及维修要点

除"传动轴动不平衡"诊断方法外,再检查中间支承吊架固定螺栓和万向节凸缘盘连接螺栓是否松动,若有松动,则异响由此引起。

5.1.4 驱动桥故障诊断

驱动桥的主减速器、差速器、半轴、轴承和油封等长期承受冲击载荷,使其各配合副磨损严重,各零部件损坏,导致驱动桥过热、异响和漏油等故障发生。

1.驱动桥异响的故障诊断与排除

(1)故障现象

汽车起步、转弯或突然改变车速行驶时驱动桥异响。驱动桥的异响可分为驱动时发出的异响、滑行时发出的异响和转弯时发出的异响。当汽车起步、转弯或突然改变车速行驶时,驱动桥发出较大响声,而当直行、滑行或低速行驶时响声减弱或消失。

(2)故障原因

①后桥壳内润滑不良。

②圆锥滚子轴承预紧度调整不当。

③圆锥或圆柱主、从动齿轮、行星齿轮和半轴齿轮等啮合间隙过大或过小,齿面磨损严重、轮齿折断、变形或啮合印痕不符合要求。

④半轴齿轮与半轴的花键配合松旷,差速器壳与十字轴配合松旷或行星齿轮孔与十字轴配合松旷。

⑤主减速器主动齿轮紧固螺母或从动齿轮连接螺钉松动,或驱动桥壳体、主减速器壳体变形。

(3)故障诊断与排除操作步骤及维修要点

①首先检查后桥壳内润滑情况,若漏油应更换垫圈,油量不足应及时补充。

②停车检查:

• 将驱动桥架起,起动发动机并挂上挡,然后急剧改变车速,查听驱动桥响声来源,以判断故障所在部位。

• 将发动机熄火,并将变速器放入空挡,在传动轴停止转动后,用手转动主动齿轮凸缘,若齿轮啮合间隙过大,则会有松旷的感觉。若感到一点活动量都没有或很小,则说明啮合间隙过小,应分别进行调整;若感到活动量很大或没有,且有不正常的响声,应拆下主减速器进行修理。

③行车挡检查:

• 当汽车加速前进或放松油门踏板降速时,听到"嗞、嗞"的噪声,这可能是齿轮啮合间隙过小或啮合不良,应按规定重新调整。

• 当汽车在行驶中连续发响,车速愈高,噪声愈大,而在滑行时,噪声减小或消失,则轮毂轴承、主减速器轴承或差速器轴承磨损松旷,应更换轴承。

• 当汽车下坡或速度急剧变化时,发出"咯啦、咯啦"的碰撞声,而正常行驶中消失或减小，则为齿轮啮合间隙过大，应予以调整，如调整后还不能消除，则应更换齿轮。

• 当汽车转弯时发响严重，而在直行时响声不明显，则可能是差速器两侧轴承端隙过大、差速器齿轮或止推垫片磨损严重、半轴齿轮及键磨损严重，应分别调整轴承的预紧度，或更换垫片及齿轮等。

2. 驱动桥过热的故障诊断与排除

(1)故障现象

汽车在行驶一段路程后，用手触摸后桥，有烫手感觉。

(2)故障原因

①齿轮油型号不对或油量不足。

②轴承预紧度过大。

③齿轮磨损严重。

④主、从动锥齿轮啮合间隙过小。

(3)故障诊断与排除操作步骤及维修要点

①首先检查齿轮油的量是否充足，若不足，应按规定将齿轮油加至规定高度。

②检查齿轮油型号是否正确。若不正确，应将原油放净，并冲洗桥壳内部，换上规定型号的齿轮油。

③检查驱动桥轴承的预紧度是否过大，若过大，应重新调整。

④检查齿轮的磨损严重，若磨损严重，应更换齿轮。

⑤检查主、从动锥齿轮啮合间隙是否过小，若过小，应重新调整。

3. 驱动桥漏油的故障诊断与排除

(1)故障现象

驱动桥减速器衬垫或放油螺塞周围漏油。

(2)故障原因

①油面过高。

②通气塞堵塞。

③油型号不对。

④油封磨损或损坏，放油螺塞松动或垫片损坏。

⑤桥壳有裂纹。

(3)故障诊断与排除操作步骤及维修要点

①首先检查齿轮油的油面高度，若油面过高，应放掉多余的齿轮油，调整至合适位置。

②检查通气塞是否堵塞，若堵塞，应予以检修。

③检查放油螺塞是否松动，垫片是否损坏，若损坏，应更换垫片，并拧紧放油螺塞。

④检查油封是否磨损或损坏，若磨损或损坏，应更换油封。

⑤检查齿轮油型号是否正确，若不正确，应放出所有齿轮油，并加注规定型号的齿轮油。

⑥检查桥壳有无裂纹，若有裂纹，应修理或更换。

5.1.5 传动系统异响综合诊断

汽车传动系统是由离合器、变速器、万向传动装置和驱动桥等主要部件组成。若其中某个部件调整不当或严重磨损，都会造成传动系的异响。

(1)故障现象

汽车起步或车速突然提高时，传动系发出"吭"的一声；汽车静止，发动机熄火，将变速器挂在某一挡位上，抬起离合器踏板，松开驻车制动器，在车下反复转动传动轴时，感到松旷量很大。

(2)故障原因

①传动系统游动角度过大。

②离合器从动盘与变速器第一轴花键配合松旷。

③变速器中传动齿轮的啮合间隙太大，或滑动齿轮与花键轴配合松旷。

④万向传动装置的万向节松旷，或传动轴伸缩节松旷。

⑤驱动桥内齿轮的啮合间隙太大、轴承松旷，或半轴齿轮与半轴配合松旷。

(3)故障诊断与排除操作步骤及维修要点

首先起动发动机，待热车后熄火，根据经验检查传动系统游动角度，分段检查传动系统各部分的游动角度是否过大，若过大，应进行调整。

①离合器与变速器游动角度的检查。变速器挂在要检查的某一挡位上，松开驻车制动器，离合器处于接合状态，在车下将变速器的输出轴或其上的驻车制动盘(鼓)从一个极端位置转到另一个极端位置，两极端位置之间的转角即为在该挡位下离合器与变速器的游动角度。依次挂入每一挡，可获得不同挡位的游动角度。

②万向传动装置游动角度的检测。支起驱动桥，拉紧驻车制动器，然后在车下将驱动桥凸缘盘从一个极端位置转到另一个极端位置，两极端位置之间的转角即为万向传动装置的游动角度。

③驱动桥游动角度的检查。松开驻车制动，变速器置于空挡位置，驱动桥着地或处于制动状态，然后在车下用手将驱动桥凸缘盘从一个极端位置转到另一个极端位置，两极端位置之间的转角即为驱动桥的游动角度。

5.1.6 故障实例分析

【例题 5.1】 一辆皇冠 2.8 轿车在急踩离合器踏板时，离合器可以分离，但踩住离合器踏板一段时间后，离合器会慢慢结合上；若慢慢踩下离合器踏板，离合器无法分离。

(1)故障诊断：首先试车，踩住离合器踏板，感觉踏板缓缓上升。从故障现象及试车情况分析，离合器踏板高度会自由变化，说明故障部位在液压操作机构。对液压系统进行排气，但故障仍然存在。拆检离合器液压工作缸，其活塞、皮碗、缸筒内壁均正常。拆检液压主缸，发现皮碗老化、内壁磨损并有纵向沟槽。故障部位在此，更换液压主缸，故障排除。

(2)故障分析：液压主缸皮碗老化、内壁磨损严重，急踩离合器时，由于液体的黏性和流动惯性，泄漏量少，离合器能够分离。当慢慢踩下离合器时，皮碗前面的压力油沿皮碗及沟槽被挤回低压腔，油压无法建立，造成离合器不能分离。

【例题 5.2】 一辆第六代伏尔加新车，行驶 800km 后产生异响。开始只有轻微的"隆隆"声，且时有时无，响时车辆轻微震动，车速在 30～40km/h 时尤重，低于或高于此速度，响声消失。经多次检查，未发现故障原因。后来发展到只能在车速 20km/h 以下行驶，而且隆隆之声很大，发响以后，只有停车熄火响声才能停止。重新着车起步没有响声，车速超过 20km/h 开始发响。

(1)为排除此故障，做了如下检查。

①因在行驶 140km 时检修过离合器，所以首先反复检查离合器、变速器、传动轴和后桥安装有无错位、松动或调整不当之处，均无异常。

②架起后轮进行空转检查，在各挡位、各速度段下试车都正常，无异响。

③鉴于停车后响声才能消失，怀疑刹车系统有问题。经检查，刹车系统无发咬和蹄片脱落现象。最后检查变速器和后桥油量，发现润滑油未加足，缺 1/2～2/3。补加润滑油以后再试车，故障排除。

(2)故障分析：此故障可初步断定为变速器、后桥润滑不良引起。由于缺乏润滑，各轴承套、座之间摩擦加大，加之运行中的震动形成共振松动，导致“隆隆”异响。熄火停车后共振消失，再起步，在低速下运转摩擦和震动小，因而不发响，加速后又会重复出现润滑不良和共振，如此循环形成故障症状。补加润滑油以后，润滑状况改善，非正常摩擦减小，响声消失。此故障对传动系影响极大，如不及时排除，有可能造成变速器和后桥各齿轮系统的严重损坏。产生和排除此故障所应吸取的教训是：再新的车也要进行全面检查，千万不能盲目认为新车不会有大问题，特别是对一些质量没有把握又没有售后服务的车。重点应检查那些从外在看不到、摸不着的部位，以便发现故障隐患，及时排除，保证行车安全。

5.2　自动变速器故障诊断

5.2.1　自动变速器的组成及工作原理

自动变速器按控制原理分为液控液动式、电控液动式和电控机械式自动变速器。汽车上普遍使用的是电控液动式行星齿轮型自动变速器。

自动变速器一般由变矩器、行星齿轮机构、液压控制系统、电子控制系统等组成。液控自动变速器的基本工作原理如图 5-16 所示。

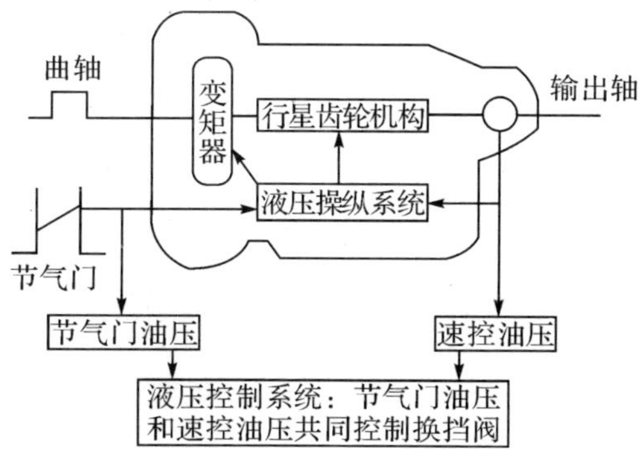

图 5-16　液控自动变速器的基本工作原理

电子控制式自动变速器的基本工作原理如图 5-17 所示。电子控制式自动变速器的液力变矩器、行星齿轮系统的构造原理同液控自动变速器。其液压控制系统由液压调节装置(油泵、调压阀)和液压控制装置(手动阀、换挡阀及换挡电磁阀、锁止离合器控制阀等)等组成。

电控自动变速器通过节气门位置传感器和车速传感器将节气门开度信号和车速信号转变为电信号,输入到电脑,电脑根据这两个信号和其他有关的信号确定换挡时机,输出换挡电信号,控制电磁阀动作,再根据换挡阀和换挡执行机构实现自动换挡。

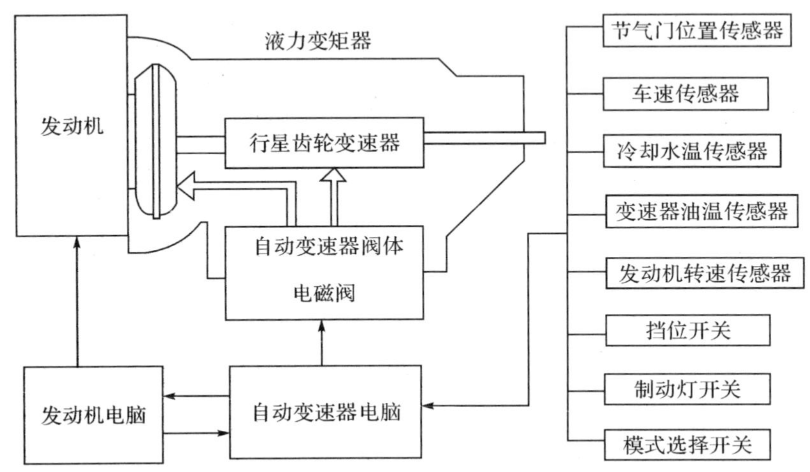

图 5-17　电子控制式自动变速器的基本工作原理

1. 变矩器

变矩器主要由外壳、泵轮、导轮、涡轮组成。变矩器的外壳固定在发动机的飞轮上,把发动机的动力传给变矩器。泵轮由变矩器外壳驱动,涡轮以花键与自动变速器的输入轴相连,泵轮把油液抛射到涡轮里,涡轮带动变速器。导轮引导从泵轮抛向涡轮的油液,这样可使导轮在最大扭矩输出时保持固定。

(1)泵轮

泵轮是液力变矩器的主动元件,与变矩器的壳体制成(或焊接)一体,变矩器壳体与发动机的曲轴连接并一起转动。泵轮内部有一系列径向向后弯曲的叶片,给工作液一个额外的加速度和附加能量,在叶片的内缘上安装有导环,使变矩器油流动畅通,如图 5-18 所示。

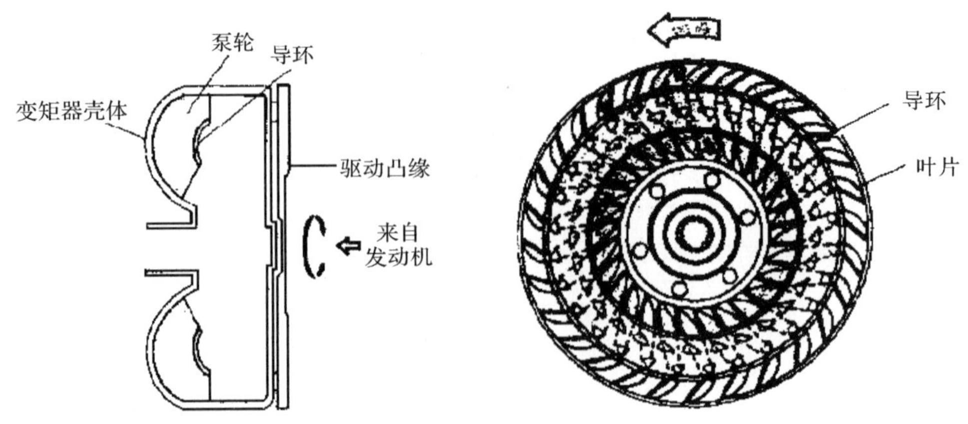

图 5-18　涡轮

当液流由涡轮重新进入泵轮时，导轮改变了液流从涡轮返回泵轮的油流方向，使其冲击泵轮的叶片背部，给泵轮一个额外的"助推力"，使变矩器在传递发动机扭矩的同时起到放大扭矩的作用，如图 5-19 所示。

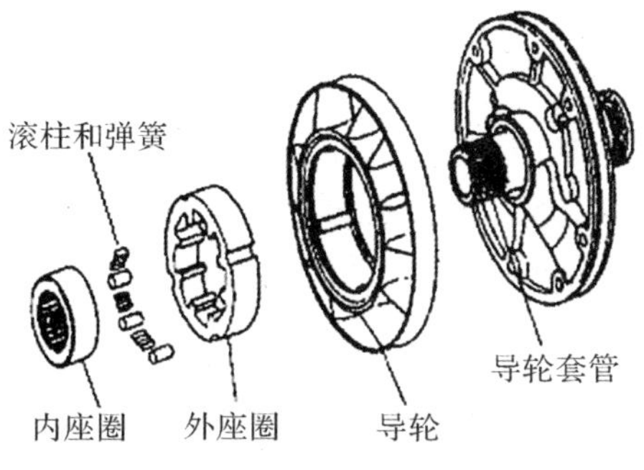

图 5-19　导轮

2. 行星齿轮机构

行星齿轮机构在自动变速器中的作用是提供不同的传动比，主要由行星齿轮机构和换挡执行机构(离合器、制功器、单向离合器)等组成。

单排行星齿轮机构主要由太阳轮、齿圈和装有行星齿轮的行星架等组成，如图 5-20 所示。行星齿轮固定在行星架上，它既能绕自身轴线自转，又能绕太阳轮公转。

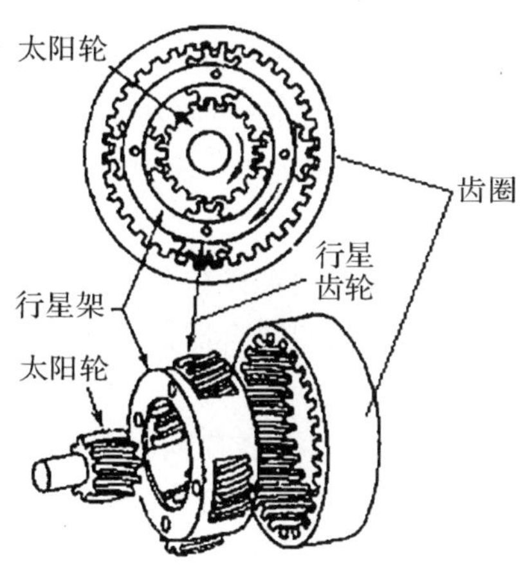

图 5-20　单排行星齿轮机构

单排行星齿轮机构可以产生三个正向传动比(降速、超速和直接传动)和一个反向传动比(倒转)。传动比可以由驾驶员手动选择，也可以由电控系统或液压控制系统通过接合和释放换挡离合器和制动器自动选择。因为行星齿轮总是处于常啮合状态，因此这种结构使换挡迅速、平稳、准确而不会产生手动变速器齿轮那种齿轮碰撞和不完全啮合的现象。

3. 液压控制系统

液压控制系统是由各种滑阀组成。它是自动变速器的重要组成部分，可根据驾驶员和汽车行驶工况的要求，利用油液的压力使离合器和制动器在一定的条件下控制行星齿轮变速器的任一部件，从而达到行星齿轮机构自动换挡的目的，如图 5-16 所示。

4. 电子控制系统

许多自动变速器是由计算机控制的，即电子控制的自动变速器。它是由电子控制单元、各种电磁阀、各种传感器及指示装置等组成，如图 5-17 所示。

5.2.2 双离合器变速器技术发展历史及应用现状

汽车变速系统技术整体上是由手动换挡向自动换挡发展，尤其是现阶段高速发展的计算机技术应用于换挡变速系统，使汽车自动变速技术得到了快速的发展。

近年来，汽车自动变速器主要有三种形式：电控机械自动变速器（AMT）、无级自动变速器（CVT）和液力机械自动变速器（AT）。

在电控机械式自动变速器领域，近年来又出现了一种新的变速传动方式，即双离合器式自动变速传动（DCT）。由于它既继承了 AMT 和手动变速器的结构简单、安装空间紧凑、重量轻、传动效率高、制造成本低等许多优点，又融合了 AT 不间断动力、迅速平稳换挡的良好特点，很快便成了业界研究开发的新热点。DCT 将会在一定程度上改变现有的变速器市场格局。未来几年，全球轻型车变速器市场的竞争将在 AT、CVT 和 DCT 之间展开。

双离合器变速器（DCT）的概念到目前已经有七十几年的历史。早在 1939 年，德国的 Kegresse. A 第一个申请了双离合器变速器的专利，提出了将手动变速器分为两部分的设计概念，一部分传递奇数挡，另一部分传递偶数挡，且其动力传递通过两个离合器联结两根输入轴，相邻各档的被动齿轮交错与两输入轴齿轮啮合，配合两离合器的控制，能够实现在不切断动力的情况下转换传动比，从而缩短换挡时间，有效提高换挡品质；该变速器曾经在载货车上进行过试验，限于当时的控制技术，这种变速器并没有投入批量生产。随后在 20 世纪 80 年代，保时捷也发明了专用于赛车的双离合器变速器（PDK），但也未能将 DCT 技术投入批量生产。

1985 年，大众公司在奥迪 Sport Quattro S1 赛车上采用了双离合器变速器技术，但直到 20 世纪 90 年代，末随着电子技术的迅速发展，双离合器控制技术才逐渐得以成熟，大众汽车公司和博格华纳首先携手合作将它放置在量产主流车型——奥迪车上，并给它命名为直接换挡变速器 Direct-Shift Gearbox（DSG）。并于 2002 年首次向世界展示了这一技术创新。2003 年，推出了 6 挡 DSG 变速器，成为首个提供双离合器系统的整车厂。2006 年，大众又率先在奥迪 TT3. 2 车型上应用了 DSG 变速器，随后 DSG 产品陆续配套到了大众捷达、大众途安、大众第五代高尔夫、大众宝来、奥迪 A3、奥迪 TT、Seat、Skoda 等众多车型。目前已创下超过 100 万件的销售记录。大众公司代号为 DQ200 的变速器使用了一对干离合器片代替了原来的 6 挡 DSG 变速器的液体调节双离合器片，其换挡效率和动力传递有了明显的提升。

在大众 DSG 变速器问世后，沃尔沃和宝马也相继投入双离合器变速器阵营，以相似的概念推出各自的变速器产品。宝马新近发布了 DKG 7 挡双离合器变速器的研发成果，并决定将该技术最先在宝马 M3 车系中使用，称之为“M-DCT”宝马挡自动变速器。它和大众最新的 7 挡自动变速器最大的区别就是：“M-DCT”双离合器采用湿式离合器，而大众的双离合器采用干式离合器。

总之，虽然大众等厂家各自推出了双离合器变速器，但是核心的双离合控制模块均来自美国博格华纳公司。

5.2.3　双离合器变速器的结构特点及工作过程

1. 结构特点

双离合器变速器是由两个离合器集合而成的双离合装置、基于手动变速器的三轴式齿轮变速系统、自动换挡机构、电子控制液压控制系统组成。输入轴总成是由一个实心轴及其外部套筒轴组合而成的双传动输入系统，奇数挡位和偶数挡位的传动齿轮分别布置在这两个输入轴上(见图 5-21)。离合器 1 与实心输入轴相连，控制奇数挡，离合器 2 与套筒(空心)输入轴相连，控制偶数挡。两个离合器轮流向双传动系统传递动力。

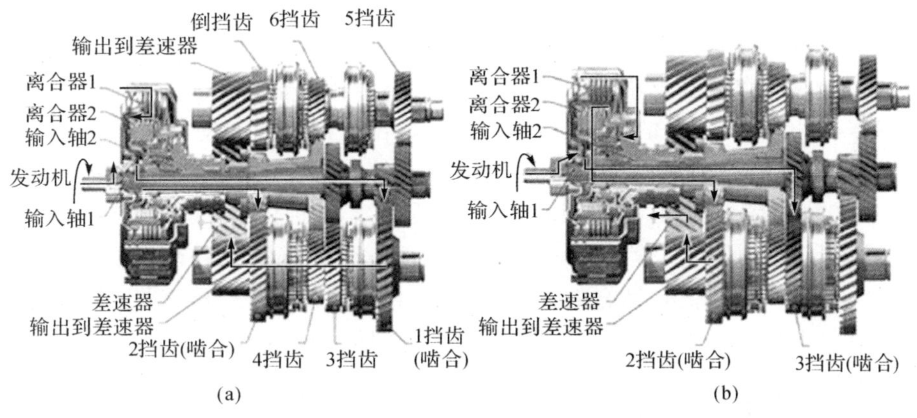

图 5-21　DCT 工作原理分析

而动力的输出轴也是有分别的，一根输出轴实现低速挡时的动力输出，另一根轴实现高速和倒车挡的动力输出，两根输出轴的动力都要和变速器的最终输出轴联动在一起，将动力输送到车轮上，此外在变速齿轮组的布置上也没有采用传统的布置方式，变速齿轮的放置并不是按照挡位的顺序排列的，这样相邻两个挡位的变速齿轮就不会再共用一个同步器，这更是为实现动力的无缝传递提供了技术保证。结构布置如图 5-22 所示。

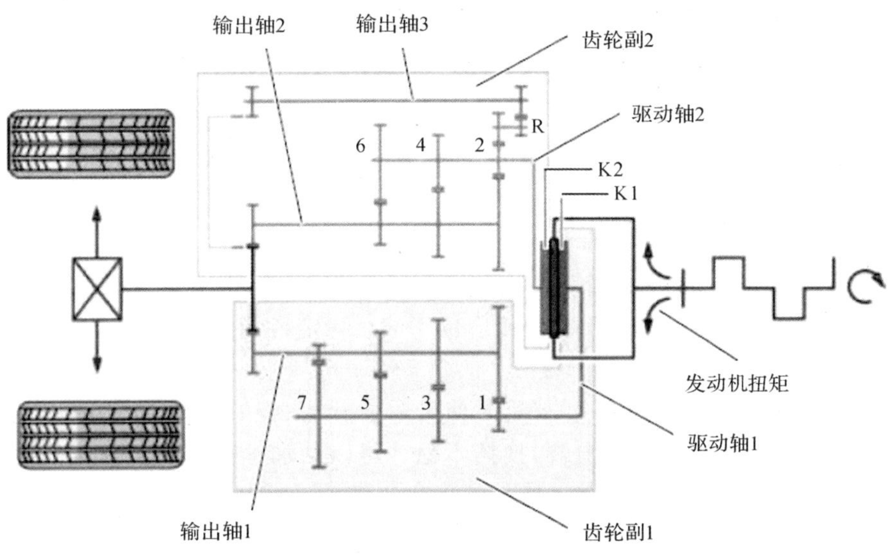

图 5-22　DSG 变速器结构

2. 工作过程

当汽车挂上1挡起步行驶时，控制奇数挡输入的离合器1接通，使连接奇数挡的实心输入轴转动，1挡同步器自动与低速挡输出轴上的1挡齿轮啮合，实现与低速挡输出轴联动。动力传递路线如图5-21(a)中实线和箭头所示，在低速输出轴的末端有一斜齿轮，依靠这个斜齿轮将动力输出到差速器，再传递给最终输出轴。在1挡同步器和1挡齿轮相啮合的同时，2挡同步器也在电控组件的控制下和2挡齿轮相啮合，处于工作待命状态。再看2挡的动力传输路线，当变速器挂入1挡后，控制偶数挡位输入轴的离合器2是分离的，因而此时处于与发动机动力完全断开的状态，如图5-21(a)中虚线和箭头所示的路线，此时连接偶数挡的套筒(空心)输入轴虽然在2挡齿轮的带动下也会转动，但其完全是在跟随着其他奇数挡的齿轮转动，并没有任何动力的输出，仅是为接下来的升挡做预先准备。因此偶数挡位的输入轴也就不会对奇数挡输入轴的动力造成干涉，高速挡的输出轴也会跟随转动，但同样是处于空转状态，没有任何动力的输出，所以在动力输出上没有任何动力发生相互干涉。

变速器进入2挡时，当踩下1挡离合器退出1挡的同时，离合器2连接，挂上2挡，如图5-21(b)中实线和箭头所示，与此同时，3挡又预先结合如图5-21(b)中实线和箭头所示，如此连续的进行工作，使得变速器在入挡和摘挡时完全没有间隙。所以在DCT变速器的工作过程中总是有2个挡位是结合的，一个正在工作，另一个则为下一步做好准备。控制偶数挡的离合器在电控单元的控制下，与发动机的动力输出端结合，控制奇数挡输入轴的离合器与发动机的输出端断开，就完成了输入轴的动力切换，这一过程中，两个离合器完全是同步进行的，而不再会像传统的单离合器变速器那样，在离合器与发动机的动力输出端断开时，会出现动力中断的现象。在完成了二挡动力切换的同时，控制三挡的同步器也会在电控部件的控制下，与三挡变速齿轮箱啮合，使三挡的传动齿轮处于待命状态。

除了升挡时，DSG会使更高挡位处于待命状态以外，在超速挡时，同样可以为降挡实现待命状态，加快降挡时间。

5.2.4 自动变速器的性能检测

自动变速器是一个比较复杂的系统，由液力变矩器、齿轮变速系统、电子控制系统、液力控制系统和换挡执行器等组成。为了确定自动变速器的技术状况，并保证自动变速器能处于良好的工作状态，通常要进行自动变速器的性能检测。自动变速器的性能检测分为基础检测、失速检测、挡位检测、液压检测和道路试验等。

1. 自动变速器的基础检查

(1)油质和油面高度的检查

①油面高度的检查。发动机怠转，实施驻车和行车制动，选挡杆分别在“P、R、N、D、2、L”等挡位停留几秒钟，最后回到“P”位，油面应位于油尺标定范围之内。

油平面过高：

可能使油从加油管或通风管喷出，严重时使机罩内起火；控制阀体上的排油孔被阻塞，排油不畅，影响离合器、制动器平顺分离，换挡不稳。可以从加油管吸出或从油底螺塞处放出多余部分的油，故障即可排除。

油平面过低：

由于自动变速器油过少会使离合器和制动器打滑，加速性能变坏，行星齿轮系统润滑不良。必要时要加油，但首先需检查自动变速器油的质量，如果油有焦味或发黑，应予更换。

②油质的检查。将油滴在干净的白纸上，检查其颜色和气味，正常应为粉红色且无异味。油变质的现象特征及原因见表 5-1。

③换油。每正常行驶 10 万～20 万 km 必须换一次油，若放置一年以上，也必须全部更换。可用循环换油机换油，也可采用人工换油。注意：人工换油时，不能只放掉油底盘中的油，必须将散热器中的油也放掉。变矩器内的油无法放出，应让汽车行驶 5min 后再次换油。

表 5-1　自动变速器油变质的现象和原因

现象	变质原因
极深的暗红色或褐色	重负荷或未按期换油，引起变矩器过热
颜色清淡，充满气泡	油面过高，油被搅动产生气泡；内部密封不严，油液中混入空气或被水污染
油液中有黑色固体残渣，且有烧焦味	制动器或离合器烧损；轴承缺损；金属磨蚀的粉末等
似油膏覆盖在油尺上	自动变速器油过热、自动变速器油超期使用，油面过低等

(2)怠速与节气门拉线的检查与调整

本检查用于检查选挡杆处于 N 或 P 挡位时，发动机转速是否在规定值范围内。选挡杆位于 N 挡位时，发动机应在怠速工况下工作，空调未打开时，怠速转速在 600～800r/min。

若怠速过低，挡位转换时，由于动力不足，轻则引起车身震动，重则发动机熄火。

若怠速过高，选挡杆位于 D、R 挡位，不踩油门即“爬行”，换挡时发动机出现冲击和震动。

若车速过高，可能是怠速失调或空调系统未关。对功率大的发动机或空车来说，有点轻微的“爬行”是正常的。

节气门拉线调整不当，对液控自动变速器会导致换挡时刻的改变，造成换挡过早或过迟，使汽车加速性能变差或产生换挡冲击；对电控自动变速器将导致主油路压力异常，使换挡执行元件打滑或产生换挡冲击。节气门拉线防尘套与限位块的距离应为 0～1mm，见图 5-23。

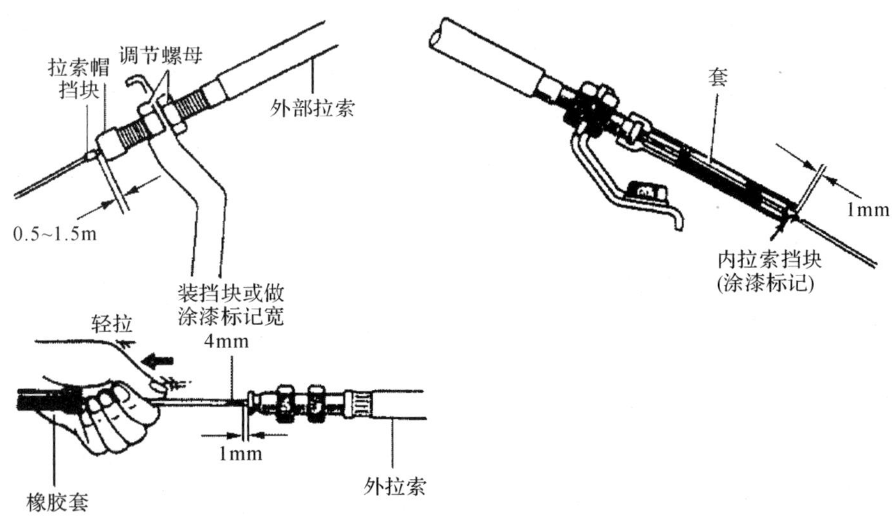

图 5-23　节气门拉锁

调制方法如下：将加速踏板踩到底，检查节气门，此时应该完全打开。如果节气门不完全打开，应该调制加速踏板拉杆；继续踩着加速踏板，松开调制螺母；调整外拉索，使橡皮套末端与拉索挡块距离符合标准。

限位标记进入套管：说明节气门阀的拉索过紧，节气门阀过早地打开，致使车速异常高时才能换入高速挡，使换挡点滞后。

限位标记距套管过远：说明节气门阀拉索过松，节气门阀过晚工作，致使车速在异常低速时才能换上高速挡，使换挡点提前。

(3)选挡杆和空挡起动开关的检查与调整

选挡杆及空挡起动开关调整不当，易造成选挡错乱，并造成选挡杆位置与仪表盘上挡位指示灯的显示不符，甚至无法起动发动机。调整时，先将手控阀摇臂朝前端方向拨至极限位置，然后再退回至空挡；将选挡杆置 N 挡位，轻轻将手控阀摇臂靠向 R 挡位方向，同时固定连接杆。

(4)电控系统元件的检测

检测电控系统线束导线及各接插件是否有短路、断路、搭铁和接触不良等问题，以及各电控元件是否损坏或失效等。电控元件的检测内容和方法根据车型不同而异，这里主要介绍一些通用的元件损坏可能引发的故障和检查方法。

①车速传感器检测。车速传感器损坏可能使自动变速器只能以一个挡位行驶，不能升挡或不能降挡，严重时出现频繁跳挡。

首先目测传感器有无损伤变形等，然后用万用表测量传感器线圈电阻是否正常。其阻值因车型不同，一般在几百欧姆到几千欧姆之间。

②控制开关检测。自动变速器的控制开关较多，有超速开关、模式开关、挡位开关、制动开关和强制降挡开关等。一般用万用表测量两端子的通、断情况。挡位开关有多组触点，应分别测量。

③换挡电磁阀检测。换挡电磁阀有故障会造成不能换挡。应检测线圈是否短路、断路或接触不良。

④油压控制电磁阀检测。测量电磁阀两端的电阻值，一般为 $3\sim5\Omega$。在电磁阀线圈的两端接上可调电源，改变电压，电磁阀阀芯应移动。

⑤油温传感器检测。检测油温传感器是否短路或断路，以及传感器的电阻、温度值与标准是否相符。

(5)液压系统检测

关闭发动机，将变速器置于 P 挡位，拆下需要测试油压的接点堵头，再接上油压测试管接头，然后接上油压软管及油压表(量程为 0～3MPa)。起动发动机，使变速器处于油压被测状态，检查管接头和油管的连接是否可靠，有无漏油。待变速器的油温达到正常工作温度后，在各种工况下测试并记录油压标定数值，通过比较测量值与标准值的差异，判断系统的工作情况。

2. 自动变速器的失速试验

失速试验是检查发动机、液力变矩器及自动变速器中有关的换挡执行元件的工作是否正常的一种常用方法。因试验时发动机和变速器均为满负荷，所以应严格遵守以下规定：试验时间每次绝不能超过 5s，若进行重复试验，须间隔 3min 左右，以防止变速器油压过高。

试验中如发现发动机转速超过失速转速太多时，应立即停止试验。这是变速器中离合器打滑的显示，如再试验将造成变速器损坏。

(1)失速试验方法

①选择一块宽敞平整的场地，停放车辆。

②用手制动器或脚制动器将车轮抱死。

③选挡杆分别处在D挡位或R挡位。

④起动发动机，使变速器油温在70～80℃。

⑤用三角木将4只车轮前后均堵住，防止车辆窜动。

⑥发动机怠速运转，猛踩一脚加速踏板，使节气门全开，转速上升至稳定时，迅速读取转速数据，这个转速就是失速转速，然后分别在D挡位和R挡位各读取一个失速转速数据。自动变速器失速试验过程如图5-24所示。

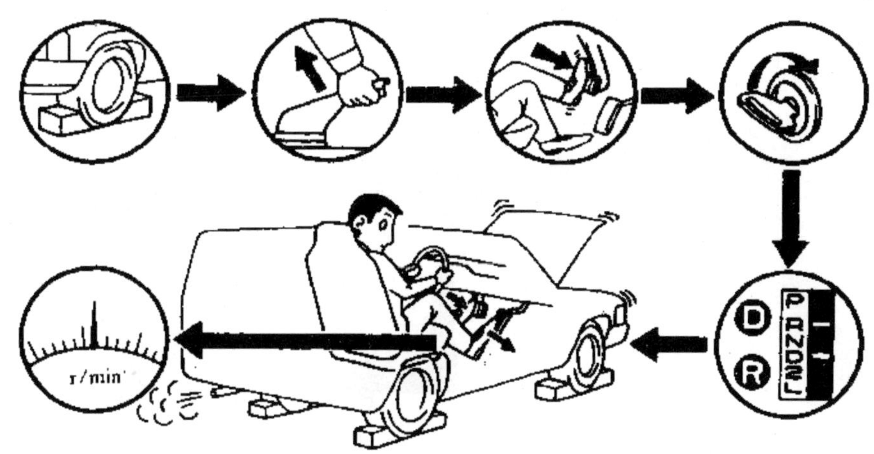

图5-24　自动变速器失速试验过程

(2)试验结果分析

如表5-2所示。

表5-2　失速转速不正常的原因

选挡杆位置	失速转速	故障原因
所有位置	过高	主油路油压过低、前进离合器打滑、倒挡执行元件打滑
	过低	发动机动力不足、变矩器导轮单向离合器打滑
仅在D挡位	过高	前进挡油路油压过低、前进离合器打滑
仅在R挡位	过高	倒挡油路油压过低、倒挡执行元件打滑

3. 自动变速器的时滞试验

自动变速器时滞试验步骤如下：在发动机怠速运转时，将选挡杆从空挡拨至前进挡或倒挡后，需要有一段短暂时间的迟滞或延时才能使自动变速器完成挡位的变换(此时汽车会产生一个轻微的震动)，这一短暂的时间称为自动变速器换挡的迟滞时间。时滞试验就是测出自动变速器换挡的迟滞时间，根据迟滞时间的长短来判断主油路油压及换挡执行元件的工作是否正常。如图 5-25 所示。

(1)时滞试验方法

①行驶汽车，使发动机和自动变速器达到正常工作温度(70～80℃)，调整怠速，拉紧手制动。

②保持发动机怠速运转，将挡位由 N 位换到 D 位，开始计时，当感觉到上挡的轻微震动时，计时终止，这个时间即 D 位上挡滞后的时间。

③仍保持发动机怠速运转，将挡位由 N 位换至 R 位，开始计时，当感觉到上挡的轻微震动时，计时终止，这个时间即 R 位上挡滞后的时间。

(2)试验结果分析

N→D 标准值为 1.2s；N→R 标准值为 1.6s。时滞过长是由于控制油压太低，前进离合器活塞漏油，离合器片磨损，超速挡单向离合器可能打滑或磨损等。时滞过短是由于控制油压过高，片间和带鼓间隙调整不当。试验一般进行 3 次，取平均值，每次间隔约 1min。

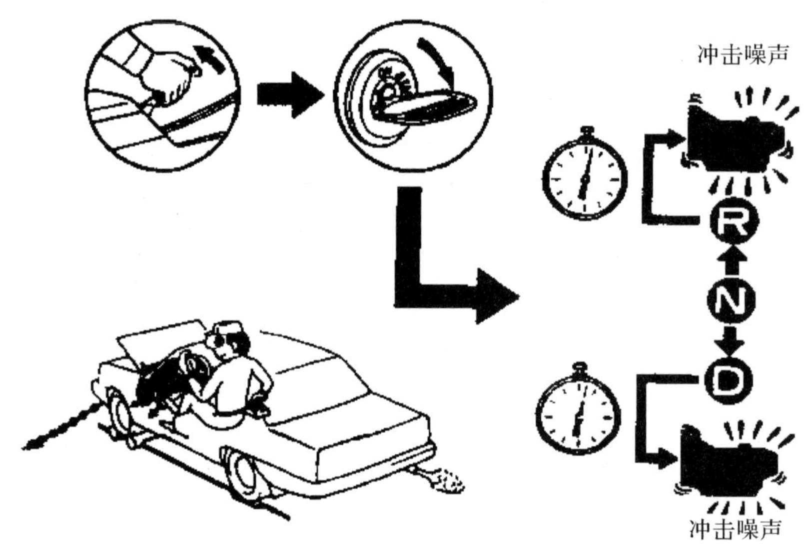

图 5-25　自动变速器的时滞试验

4. 自动变速器的油压试验

自动变速器油压试验是测量自动变速器的油路压力。即在自动变速器工作时，测量其控制系统各个油路中的油压，为分析自动变速器的故障提供依据，以便有针对性地进行检修。控制系统的油压正常是自动变速器正常工作的先决条件，如果油压过低，会造成换挡执行元件打滑，加剧其摩擦片的磨损，甚至使换挡执行元件烧毁；如果油压过高，会使自动变速器出现严重的换挡冲击，甚至损坏控制系统。因此，在分解修理自动变速器之前和自动变速器修复之后，都要对自动变速器做油压试验，以保证自动变速器的修复质量。

为安全起见，测量油路压力时，一定要有两人配合，即一人进行测量，另一人站在车外观察车轮或车轮垫木的情况。

(1)油压试验方法

①拔去变速器壳体上的检查接头塞，接上压力表。

②起动发动机，拉紧手制动，在油温正常（70～80℃）时进行试验，并用三角木将4只车轮前后均堵住。

③踩下制动踏板，换入D挡位，先测怠速下的主油路管道的压力。

④将油门踩到底，测发动机达到失速转速时油路的最高压力。

⑤在R挡位重复试验，将测得的数值与规定值进行比较。

不同车型的主油路油压见表5-3，主油路油压不正常的可能原因见表5-4。

表5-3　几种常见车型自动变速器主油路油压标准

车型	变速器型号	发动机型号	选挡杆位置	主油路油压（kPa）	
				怠速工况	失速工况
丰田 CROWN	A340E	2JZ－GE	D	363～422	902～1147
			R	500～598	1236～1589
凌志 LS400	A341E A342E	1UZ－FE	D	382～441	1206～1363
			R	579～657	1638～1863
尼桑	L4N71B	VG30E VG30S	D	314～373	1157～1275
			R	549～686	2187～2373

表5-4　主油路油压不正常的原因

工况	测试结果	故障原因
怠速	所有挡位的主油路油压均过低	油泵故障、主调压阀卡死或弹簧过软、节气门拉线或节气门位置传感器调整不当、节气门阀卡滞、主油路泄漏、油压电磁阀损坏或线路故障
	前进挡和前进低挡的主油路油压均过低	前进挡离合器活塞漏油、前进挡油路泄漏
	前进挡主油路油压正常，前进低挡主油路油压过低	前进低挡制动器或离合器活塞漏油、前进低挡油路泄漏
	前进挡主油路油压正常，倒挡主油路油压过低	倒挡制动器或离合器活塞漏油、倒挡油路泄漏
	所有挡位的主油路油压均过高	节气门拉线或节气门位置传感器调整不当、主调压阀卡死或弹簧过硬、节气门阀卡滞、油压电磁阀损坏或线路故障
失速	稍低于标准油压	节气门拉线或节气门位置传感器调整不当、油压电磁阀损坏或线路故障、主调压阀弹簧过软或卡死
	明显低于标准油压	油泵故障、主油路泄漏、油压电磁阀损坏或线路故障

5.自动变速器的道路试验

自动变速器的道路试验是分析、诊断自动变速器故障及检验修复后自动变速器工作性能和修理质量的最有效手段之一。道路试验是对汽车自动变速器性能的最终检验，检验内容侧重于换挡点、换挡冲击、震动、噪声和打滑等现象等方面。

在道路试验之前，汽车发动机、底盘等系统的技术状态应完好，自动变速器应已经过了各种检查和试验，让汽车以中低速行驶 5～10min，使发动机和自动变速器都达到正常工作温度 70～80℃。

图 5-26 表示自动变速器的换挡规律。其纵坐标表示节气门的开度，关闭为 0，全开为 100%；横坐标一般有两条，上一条表示变速器输出轴的转速(r/min)，下一条表示汽车行驶的速度(km/h)。图中的实线表示由低速挡换入高速挡，如：2→3、3→OD；而虚线表示高速挡换入低速挡，如：2→1、3→2。

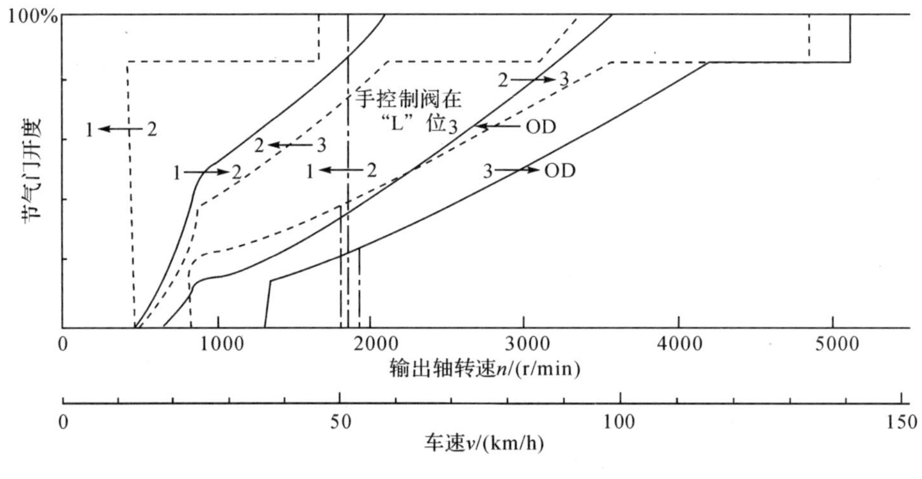

图 5-26 换挡规律

(1)D 挡位试验

在正常和加力模式下进行，挡位按顺序自动变速，属正常情况。按自动变速程序，检查 1→2 和 2→3 挡升速到位情况。如果不能从 1 挡换至 2 挡，可能是 N02 电磁阀故障、换挡阀故障等。如果不能从 2 挡换至 3 挡，可能是 N01 电磁阀故障、换挡阀故障等。如果不能从 3 挡换至超速挡，可能是换挡阀故障。如图 5-27 所示。

检查锁止机构，以 OD 挡行驶至锁止离合器接合(约 75km/h)，轻轻加一下油，发动机转速表如有跳动，则没有锁止。

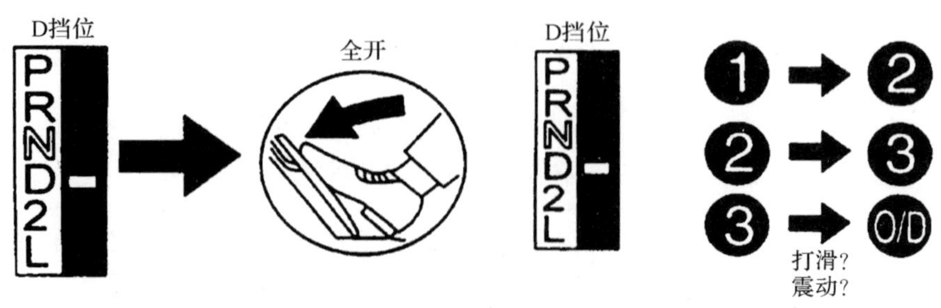

图 5-27 D 挡位试验示意

(2)2 挡位试验

在 2 挡位运转时,2 挡齿轮啮合,放开加速板,检查发动机制动的效能。如果没有,则 2 挡位减速制动有故障。反复踩加速踏板,检查升速(1 挡→2 挡)和降速(2 挡→1 挡)时有无异响,有无出现震响。如图 5-28 所示。

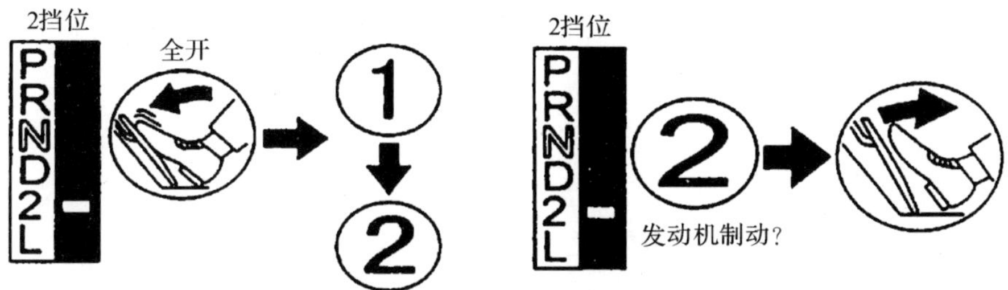

图 5-28　2 挡位试验示意

(3)L 挡位试验

在 L 挡位运转时,放开加速踏板,检查发动机制动效能。如果没有,则 1 挡位与倒挡制动有故障。反复踩加速踏板,检查变速器有无不正常的响声。如图 5-29 所示。

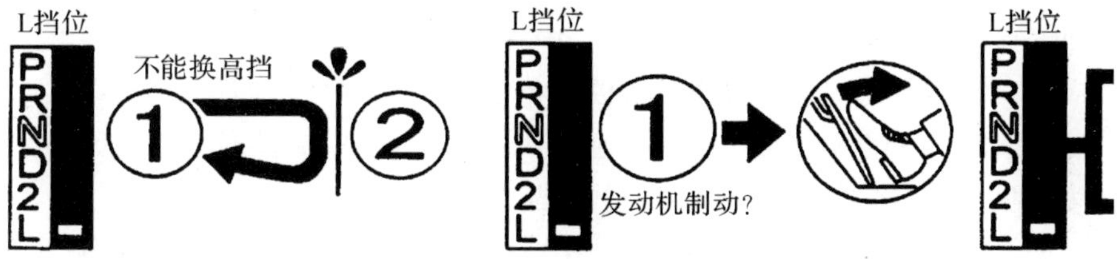

图 5-29　L 挡位试验示意

(4)R 挡位试验

停车后换入 R 挡位,以能迅速倒车、不打滑为好。如图 5-30 所示。

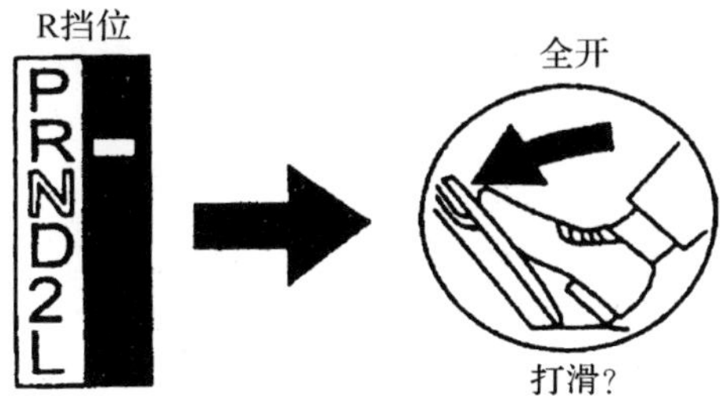

图 5-30　R 挡位试验示意

(5)P 挡位试验

车辆在倾斜坡道(斜率 9%)上停车,同时换入 P 挡位,逐渐地放开驻车制动器操纵杆,检查制动效果,为了安全需要预防车辆滑移及溜车。如图 5-31 所示。

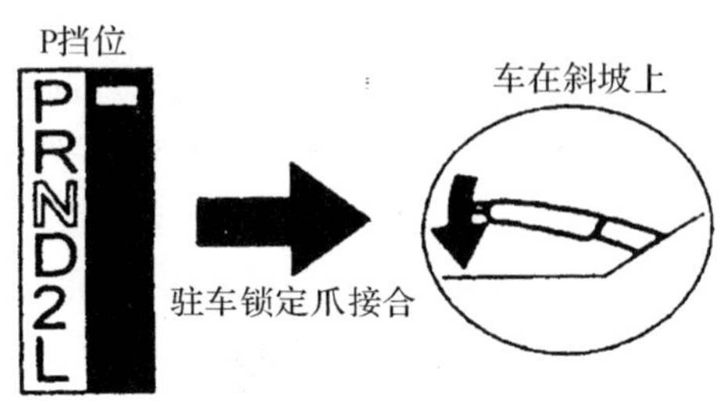

图 5-31 P 挡位试验

(6)结果分析

路试是查找和再现故障的重要方法之一。依据具体情况,变换操作方法,找出一些较为复杂的故障。

①在没有驻车的前提下,发动机的转速超过 1000r/min,在哪个挡位上没有蠕动,就说明负责该挡的离合器、制动器或单向离合器中至少有一种没有出现打滑故障。

②汽车在某些特定的挡位行驶时,踩着加速踏板没有任何异响,猛地放松加速踏板时(发动机制动)能听到"嗡、嗡"的响声,再踩下加速踏板异响立即停止。在哪个挡位上出现了这种现象,则说明负责该挡的单向离合器发生卡滞。单向离合器只要不完全卡滞,就不会影响传动路线工作,但卡滞会造成异响和烧灼,所以应及时更换。

③汽车低速或冷车行驶中没有任何异响,中速、热车后在变速器前部出现"嗡、嗡"的异响声。异响声出现时,轻踩制动踏板,让踏板臂与制动灯开关分离即可。若踩下制动踏板时异响立即终止,抬起时又重新出现,说明变速器锁止力矩不足,应及时修理,否则会引起发动机冷却液沸腾和自动变速器油过早氧化,而引起一系列故障。

④在 D 挡位上中高速行驶时,将变速杆分别移动至手动挡的各个前进挡位,如在哪个挡有发动机制动感觉,说明负责该手动挡的制动器工作良好(绝大部分变速器手动挡的专用执行机构都是制动器,只有本田前驱车例外,因为它们没有制动器)。相反,如没有发动机制动感觉,说明负责该手动挡的制动器打滑。

⑤汽车行驶中如到了升挡的车速,汽车却没有任何升挡的感觉,相反发动机出现失速,车速不再上升,说明变速器已失去了该挡的升挡功能。需继续做台架实验,以便查出故障是在控制系统,还是在执行机构。

⑥冷车时所有的挡都有,热车后部分甚至所有的挡都没有,说明负责这些挡位的离合器活塞因过热发生变形。铝制的活塞较钢制的液压缸膨胀系数大,热车时易发生卡滞。冷车时所有的挡都有,热车时没有 4 挡,通常因装有自动变速器油温度传感器的变速器油温过高,而进入失效保护程序。

⑦冷车没有挡,热车后有挡。通常是由于空挡开关受潮引起的。

⑧冷车时没有换挡冲击,或虽然有但不明显。热车后在某些挡位出现严重的换挡冲击,这通常是由于蓄压器活塞密封圈密封不良所致,冷车时油液黏度比较大,所以致使发生泄漏也不明显;而热车后油液黏度明显变小,泄漏加重,故障也就明显了。

⑨在某些挡位上冷车时能勉强行驶,热车后却不能行驶,这说明负责该挡执行机构的液压密封系统出现了故障,例如离合器活塞上单向球阀,或离合器支承及活塞上的密封圈密封不良。

⑩所有挡位上冷车能够勉强行驶,热车后却不能行驶。最常见的是由于自动变速器油

滤清器破裂造成油泵发生严重磨损，打开油泵时会发现里面很脏。

⑪装有主油压电磁阀的变速器，在温和踩加速踏板时车速通常达不到100km/h，使劲踩加速踏板车速也只能达到120km/h多一些，按下超速挡开关，降为3挡时车速反而比4挡时略有提高。这时应检查主油压电磁阀的密封情况。

⑫汽车在D挡位上直接从3挡起步，行驶中只有高速挡没有低速挡。通常是由于超速挡离合器烧蚀后没有及时更换，致使摩擦片剥落，产生摩擦焊接，造成该离合器在D挡位上无法退出。

⑬超速挡行星排装在变速器前端的汽车，如前进挡都不能行驶，而倒挡踩加速踏板时可以行驶，最常见的是超速挡离合器打滑。这一位置的超速挡离合器负责除超速挡以外全部的挡。前进挡驱动力小于行驶阻力无法行驶时，因倒挡工作油压明显高于前进挡，所以倒挡时仍可以在踩加速踏板（失速油压高于怠速油压）时继续行驶。

⑭在高速公路上必须保持大节气门开度才能维持住较高车速，检查自动变速器油，既未变成黑色也没有臭味，最大的可能是变矩器支承导轮的单向离合器卡滞。

⑮热车后，加速踏板保持在踩下1/2的位置，车速稳定在80km/h，猛的将加速踏板踩到2/3处，如发动机转速急剧上升，说明变矩器没有进入锁止工况；相反发动机此时转速上升较缓慢，则说明变矩器已进入锁止工况。

⑯每一次紧急制动后，汽车不能马上起步，需缓0.5～1min后才能起步，起步后行驶基本正常；严重时，汽车转弯时略加制动也会突然停驶，需缓0.5～1min后才能起步，起步后行驶基本正常。这类故障通常是由于变速器缺1L左右的自动变速器油所造成的。

⑰汽车在停车的瞬间车身有明显的震抖，通常是负责该挡位的执行机构烧蚀、输出转矩不够造成的，发生在挡D位，应检查与挡D位1挡有关的离合器是否烧蚀。

5.2.5　自动变速器故障自诊断及举例

电子控制自动变速器的电脑内部有一个自诊断电路，它能在汽车行驶过程中不断监测自动变速器控制系统的故障，并将故障以代码的形式记录在电脑内。维修人员可以按照特定的方法将故障代码从电脑内读出，为自动变速器控制系统的检修提供依据。读故障代码的方法有检测仪读码和人工读码两种。

1. 利用汽车电脑检测仪进行故障诊断

汽车电脑检测仪有专用型和通用型两种形式。专用型电脑检测仪是汽车制造厂家为自己生产的带有电脑的汽车专门设计和生产的，如图5-32所示。只要把该检测仪与汽车上的电脑故障检测插座相连接，打开点火开关，就可以很方便地对汽车发动机、自动变速器及其他部分的电脑和控制系统进行检测。这种电脑检测仪只用于指定车型。汽车电脑检测仪与故障检测插座的连接示意如图5-33所示。

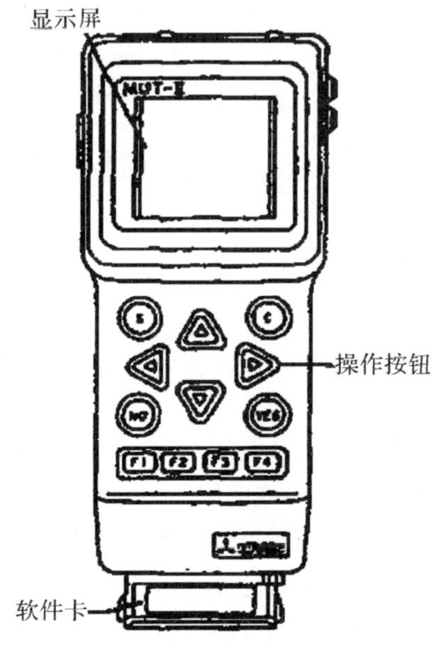

图5-32　汽车电脑检测仪

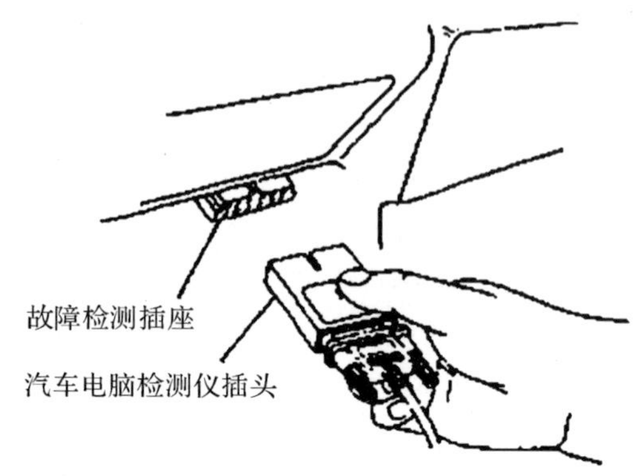

图 5-33　汽车电脑检测仪与故障检测插座的连接示意

通用型电脑检测仪也称为汽车电脑解码器。它可以检测不同车型的电脑。图 5-34 所示为美国 Snap-on 公司生产 Scanner 汽车电脑解码器和美国 LAE 公司生的 OTC 汽车电脑解码器，这种汽车电脑解码器本身也是一个小型电脑，它的软件中储存有各种不同车型的电脑及控制系统的检测程序和数据资料，并配有各种检测插头。使用时，只需将被测汽车的生产厂家名称和车辆识别码输入汽车电脑解码器，就能从软件中调出相应的检测程序，然后按照解码器屏幕显示的检测步骤，将相应的故障检测插头和汽车上的电脑故障检测插头连接，就可以对汽车发动机、自动变速器、制动防抱死装置等各个部分的电脑及控制系统进行有选择的检测。

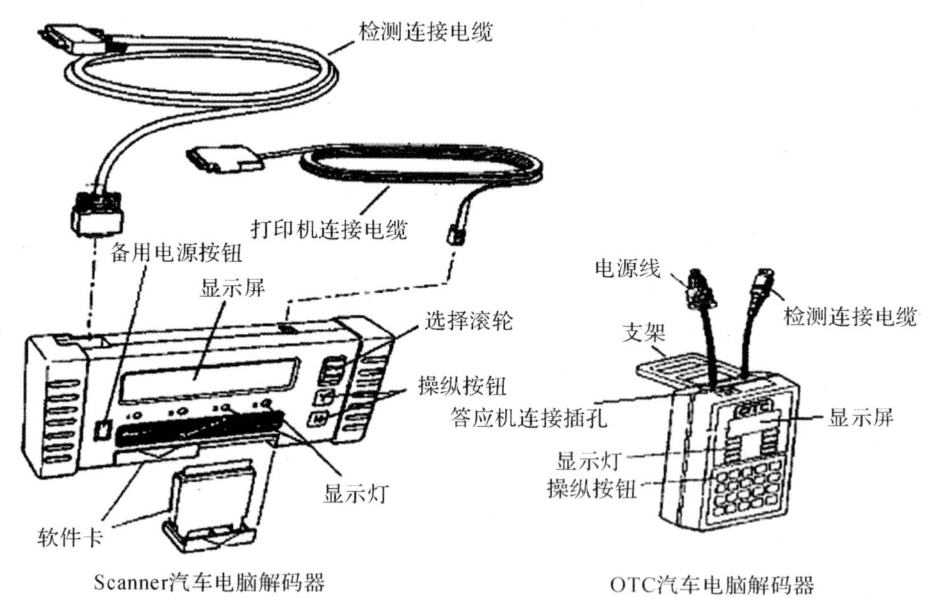

图 5-34　汽车电脑解码器

随着车型的不断更新，汽车电脑及控制系统也在不断改进，因此专用或通用的汽车电脑检测仪在使用几年后，应向制造厂家更换新的软件卡，以提高该检测仪的检测能力，使其能检测各种最新车型的电脑及控制系统。专用或通用的汽车电脑检测仪和汽车电脑解码器具有以下功能：

(1)读取故障代码

汽车电脑检测仪和汽车电脑解码器都能很方便地读出储存在汽车自动变速器电脑内的

故障代码，并显示故障代码的含义，为检修自动变速器的控制系统提供可靠依据。

(2)进行数据传送

许多车型的电脑在运行中会将各种输入、输出信号的瞬时数值(如：各传感器信号、电脑的计算结果、控制模式、电脑向各执行器发出的控制信号等)，以串行输送的方式，经故障检测插座内的某个插孔向外传送。电脑检测仪可以将这些数值以数据表的方式在检测仪的屏幕上显示出来，使整个控制系统的故障一目了然。检修人员可以根据自动变速器工作过程中控制系统各种数据的变化情况来判断控制系统的工作是否正常，或将电脑的指令与自动变速器的实际反应进行比较，以准确地分辨出故障是在控制系统还是在自动变速器其他部位。

(3)清除电脑内储存的故障代码

被汽车电脑的故障自诊断电路所检测出的故障将一直以故障代码的方式记录在电脑内，直至汽车蓄电池电缆被拆除为止。电脑检测仪可以向汽车电脑发出指令来清除其储存的故障代码。

2. 自动变速器故障代码的读取

汽车电脑检测仪价格昂贵，如果不具备这种汽车电脑检测仪，可以采用人工读码。不同车型的电控自动变速器故障代码的人工读取方法各不相同。目前大部分车型的人工读码方法是：用一根导线将汽车电脑故障检测插座内特定的两个插孔(故障自诊断插孔和搭铁插孔)短接。然后通过观察仪表盘上自动变速器故障警告灯的闪亮规律读取故障代码，日本丰田轿车、美国通用轿车和福特轿车等都是采用这种方法。

在读取故障代码之前，应保持汽车蓄电池电压正常。不同车型的汽车电脑故障检测插座形状及插孔位置分布各不相同，但故障代码的人工读取方法基本相同，下面分别以通用和尼桑(NISSAN)汽车自动变速器故障代码的读取为例，介绍常见车型人工读码的操作方法。

(1)通用汽车自动变速器故障代码的读取

美国通用(GM)公司生产的各种轿车(如凯迪拉克、雪佛莱等)的故障检测插座一般都位于驾驶室仪表盘下方，如图 5-35 所示。读取故障代码时，用导线将故障检测插座内的 A、B 插孔短接，然后打开点火开关，就可以通过观察仪表盘上的故障警告灯的闪烁规律读取故障代码，或用电压表测量故障检测插座内的插孔 D 的电压脉冲信号。如表 5-5 所示。

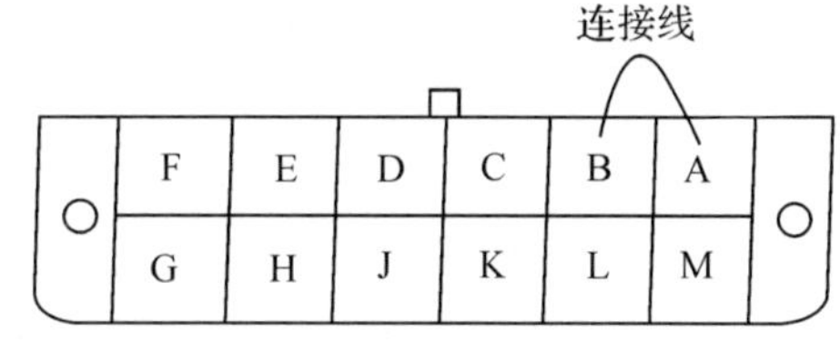

图 5-35　通用汽车故障检测插座

表 5-5　通用汽车 12pin(OBD-Ⅰ)自诊接头各端子功能

端子	功　用	端子	功　用
A	搭铁	G	汽油泵控制
B	发动机故障码	H	ABS 系统诊断
C	空气喷射控制悬架诊断	J	CD 音响、A/C
D	故障灯(CHECK ENGINE)	K	SRS
E	序列诊断资料输出	L	车身电脑和仪表板电路测试
F	自动变速器(TCC)控制	M	资料输出(8192 速率)

(2)尼桑汽车自动变速器故障代码的读取

尼桑汽车没有用于检测自动变速器故障代码的检测插座,读取故障代码时,可按以下步骤进行操作:

①起动发动机,运转至正常工作温度。

②关闭点火开关,使发动机熄火。

③按下超速挡开关,使之置于“ON”位,选挡杆置于“P”位。

④打开点火开关,使之置于“ON”位,此时超速挡指示灯“OD/OFF”或模式指示灯“power”会亮 2s 后熄灭。

⑤关闭点火开关。

⑥将选挡杆拨至“D”位,然后将超速挡开关置于“OFF”位置。

⑦打开点火开关,将它置于“ON”位,2s 后将选挡杆拨至“2”位。

⑧将超速挡开关置于“ON”位,然后将选挡杆拨至“1”位。

⑨将超速挡开关置于“ON”位置。

⑩将加速踏板快速踩到底后放松。

此时,进入故障自诊断状态,根据仪表盘上超速挡指示灯的闪烁规律即可读出故障码。故障代码及含义见表 5-6。

表 5-6 尼桑汽车故障代码及含义

故障代码	故障原因	故障代码	故障原因
42	1 号车速(车速表)传感器无信号	63	2 号换挡电磁阀不工作
46	4 号(油压)电磁阀不工作	64	3 号(锁止)电磁阀不工作
61	2 号车速传感器无信号	67	O/D 直接挡转速传感器无信号
62	1 号换挡电磁阀不工作	68	自动跳合开关一直闭合

注意:目前,电子控制自动变速器的自诊断系统还不能检测出电控系统中所有类型的故障,特别是部分执行器的故障以及传感器精度误差引起的故障。

5.2.6 电控液力自动变速器的检修

1. 故障诊断的总原则

①分清故障引起的部位。

②坚持先简后难,逐步深化的原则。

③区分故障的性质。

④不要盲目拆卸,充分进行各种试验、检查。

⑤必须在拆检之后才能确定的故障,应是故障诊断的最后程序。

2. 检修的基本原则及注意事项

①发动机、ECU、底盘或变速箱本身都会影响变速器性能,检修自动变速箱前,必须先确定故障到底发生在哪一部分。

②拆卸和分解变速器时,保持零件的原来顺序,以便装复。

③对于组件进行分解，检查和装配时，应依次分组进行，以免混淆。

④分解变速箱前应对外部进行彻底清洗，以免污染内部。

⑤所有零件必须用煤油彻底清洗干净，并用高压空气吹干，且吹通各油道小孔。

⑥分解阀体总成时，注意钢球的位置，以防丢失。

⑦分解、检查、清洗阀门时，需分别进行，注意阀芯及弹簧的方向。

⑧凡开口销、密封垫、O形圈、油封等零件都属一次性使用的零件，每次修理均需换新。

⑨磨损了的衬套要更换，必须同带有衬套的那个零件总成一起更换。

⑩推力轴承和座圈滚道若已磨损或损坏，必须更换。

⑪更换新离合器片、制动器片和制动带时，在装配前必须放在ATF中浸泡至少15min。

⑫所有密封环、离合器片、旋转元件的滑动表面，在装配时都应用ATF涂抹。

⑬为了组装方便，小零件需用凡士林粘贴在它们的位置上，不可用黄油。

⑭在密封垫或类似零件上不能用密封胶。

5.2.7　电控液力自动变速器的故障诊断及排除

自动变速器的常见故障主要为汽车不能行驶、换挡冲击过大、不能升挡、无超速挡、挂挡后发动机易熄火、锁止离合器无锁止作用及自动变速器油易变质等，故障的原因比较复杂。

1. 汽车不能行驶

(1)故障现象

无论选挡杆位于任何前进挡或倒挡时，汽车都不能行驶；汽车起动后行驶很短路程后，但稍微热车就不能行驶。

(2)故障原因

①油面过低、滤网堵塞、油泵损坏或主油路、冷却系统严重漏油。

②油压电磁阀、换挡电磁阀、ECU或线路有故障。

③超速直接离合器及超速单向离合器打滑，D1挡位、R挡位离合器、制动器打滑。

④选挡杆和手控阀摇臂间的连接杆或拉线松脱、变矩器故障等。

(3)故障诊断与排除操作步骤及维修要点

①拔出自动变速器的油尺，检查自动变速器油的油面高度。若油尺上没有自动变速器油，则说明自动变速器内的油液已全部漏光。对此，应检查油底壳、自动变速器油散热器、油管等处有无破损而导致漏油。如有严重漏油处，则应修复后重新加油。

②检查自动变速器的换挡操纵手柄与手动阀摇臂之间的连杆或拉索有无松脱。如有松脱，应予以修复，并重新调整好换挡操纵手柄的位置。

③拆下主油路测压孔上的螺塞，起动发动机，将换挡操纵手柄拨至前进挡或倒挡位置，检查测压孔内有无自动变速器油漏出。

④若主油路测压孔内没有油液流出，应打开油底壳，检查手动阀摇臂轴与摇臂有无松脱，手动阀阀芯有无拆断或脱钩。若手动阀工作正常，则说明油泵损坏。对此，应拆卸分解自动变速器，更换油泵。

⑤若主油路测压孔内只有少量油液流出，油压很低或基本上没有油压，应打开油底壳，检查油泵进油滤网有无堵塞。如无堵塞，说明油泵损坏或主油路严重泄漏。对此，应拆卸分解自动变速器，予以修理。

⑥若冷车起动时主油路有一定的油压，但热车后油压即明显下降，则说明油泵磨损过甚，对此，应更换油泵。

⑦若压孔内有大量油液喷出，说明主油路油压正常，故障出在自动变速器的输入轴、行星齿轮机构或输出轴。对此，应拆检自动变速器。

汽车不能行驶的故障诊断与排除流程如图 5-36 所示。

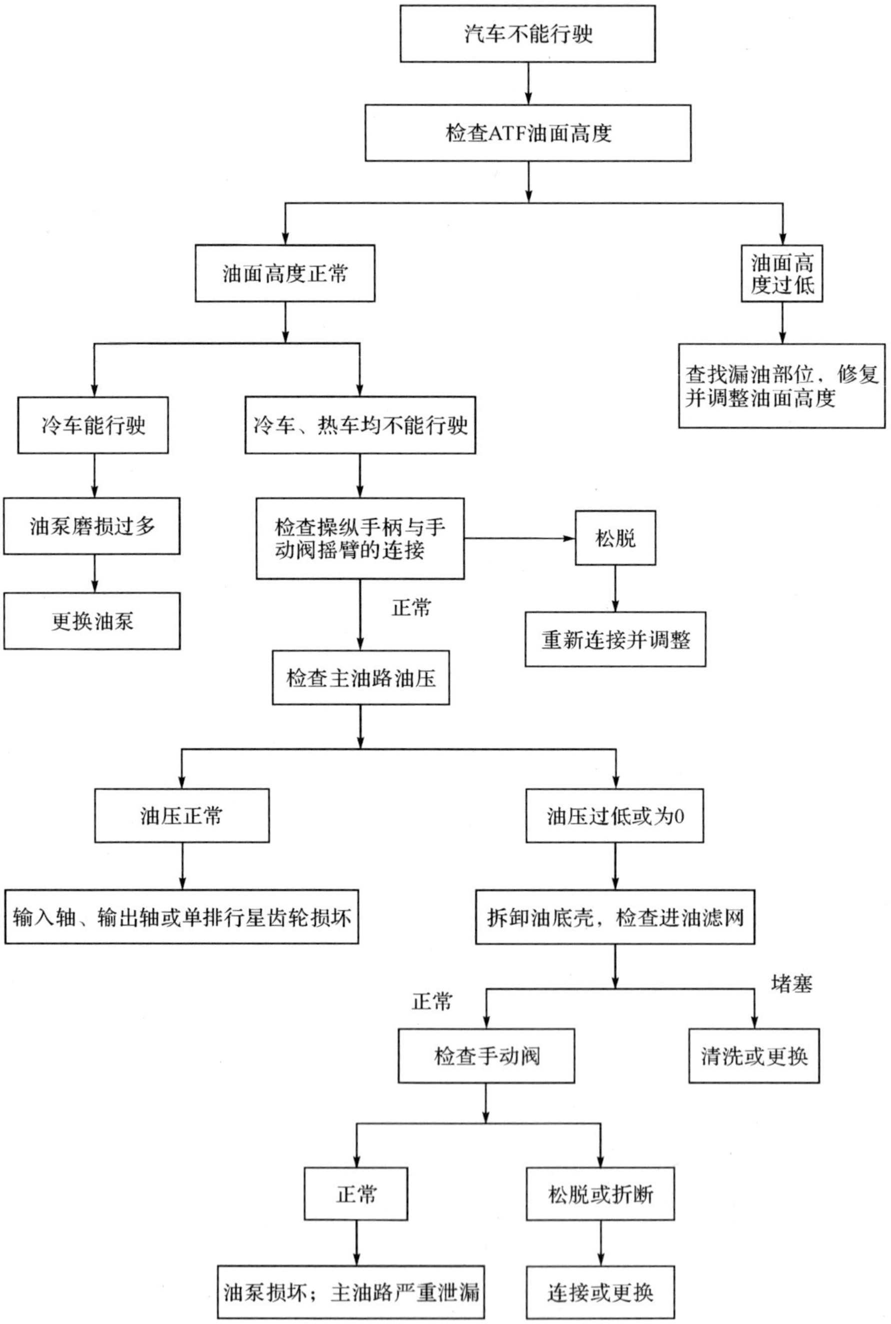

汽车不能行驶
检查ATF油面高度
油面高度正常
油面高度过低
查找漏油部位，修复并调整油面高度
冷车能行驶
油泵磨损过多
更换油泵
冷车、热车均不能行驶
检查操纵手柄与手动阀摇臂的连接
松脱
重新连接并调整
正常
检查主油路油压
油压正常
输入轴、输出轴或单排行星齿轮损坏
油压过低或为0
拆卸油底壳，检查进油滤网
正常
检查手动阀
堵塞
清洗或更换
正常
油泵损坏；主油路严重泄漏
松脱或折断
连接或更换

图 5-36　汽车不能行驶的故障诊断与排除流程

2. 自动变速器打滑

(1)故障现象

当汽车起步时踩下加速踏板，发动机的转速很快升高，但车速升高缓慢；行驶中踩油门加速时，车速不能随发动机转速上升而迅速提高；汽车在平坦道路上行驶时基本正常，但上坡时驱动无力，且发动机转速异常高。

(2)故障原因

①自动变速器漏油使液面太低。

②自动变速器油面太高，运转中被行星齿轮机构剧烈搅动，产生大量气泡。

③油泵磨损过甚或主油路泄漏，造成供油压力过低。

④离合器、制动器摩擦片、制动带磨损过甚或烧焦。

⑤单向离合器打滑。

⑥离合器或制动器活塞密封圈损坏，导致漏油。

(3)故障诊断与排除操作步骤及维修要点

自动变速器打滑是自动变速器最常见的故障之一。虽然自动变速器打滑往往都伴有离合器或制动器摩擦片严重磨损甚至烧焦等现象，但如果只有简单地更换磨损的摩擦片而没有找出打滑的真正原因，则会使修理后的自动变速器使用一段时间后又出现打滑现象。因此，对于出现打滑的自动变速器，不要急于拆卸分解，应先做各种检查测试，以找出造成打滑的真正原因。

①对于出现打滑现象的自动变速器，应先检查自动变速器油的油面高度。若油面过高或过低，应先调整至正常后再做检查。若油面调整至正常后自动变速器不再打滑，可不必拆修自动变速器。

②检查自动变速器油的品质。若自动变速器油呈棕黑色或有烧焦味，说明离合器或制动器的摩擦片或制动带有烧焦，应拆修自动变速器。

③进行路试，以确定自动变速器是否打滑，并检查出现打滑的挡位和打滑的程度。将换挡操纵手柄拨入不同的位置，让汽车行驶。若自动变速器升至某一挡位时发动机转速突然升高，但车速没有相应地提高，即说明该挡位有打滑。打滑时发动机的转速愈升高，说明打滑愈严重。

根据出现打滑的规律，还可以判断产生打滑的是哪一个换挡执行元件，以行星齿轮机构的辛普森式 4 挡行星齿轮变速器为例说明如下：

①若自动变速器在所有前进挡都有打滑现象，则为前进挡离合器打滑。

②若自动变速器在换挡操纵手柄位于 D 挡位时的 1 挡有打滑现象，而在换挡操纵手柄位于 L 位或 1 位时的 1 挡不打滑，则为前进单向超越离合器打滑。若不论换挡操纵手柄位于 D 挡位或 L 位或 1 位时，1 挡都有打滑现象，则为低挡及倒挡制动器打滑。

③若自动变速器只在换挡操纵手柄位于 D 挡位时的 2 挡有打滑现象，而在换挡手柄位于 S 挡位或 2 挡位时的 2 挡不打滑，则为 2 挡单向超越离合器打滑。若不论换挡操纵手柄位于 D 挡位或 S 挡位或 2 挡位时，2 挡都有打滑现象，则为 2 挡制动器打滑。

④若自动变速器只在 3 挡有打滑现象，则为倒挡及高挡离合器打滑。

⑤若自动变速器只在超速挡时有打滑现象，则为超速挡制动器打滑。

⑥若自动变速器在倒挡和高挡时都有打滑现象，则为倒挡及高挡离合器打滑。

⑦若自动变速器在倒挡和1挡时都有打滑现象，则为低挡及倒挡制动器打滑。

对于有打滑故障的自动变速器，在拆卸分解之前，应先检查自动变速器的主油路油压，以找出造成自动变速器打滑的原因。

自动变速器不论前进挡或倒挡均打滑，其原因往往是主油路油压过低。若主油路油压正常，则只要更换磨损或烧焦的摩擦元件即可。若主油路油压不正常，则在拆卸自动变速器的过程中，应根据主油路油压，相应地对油泵及阀板进行检修，并更换自动变速器的所有密封圈及密封环。

自动变速器打滑的故障诊断与排除流程如图5-37所示。

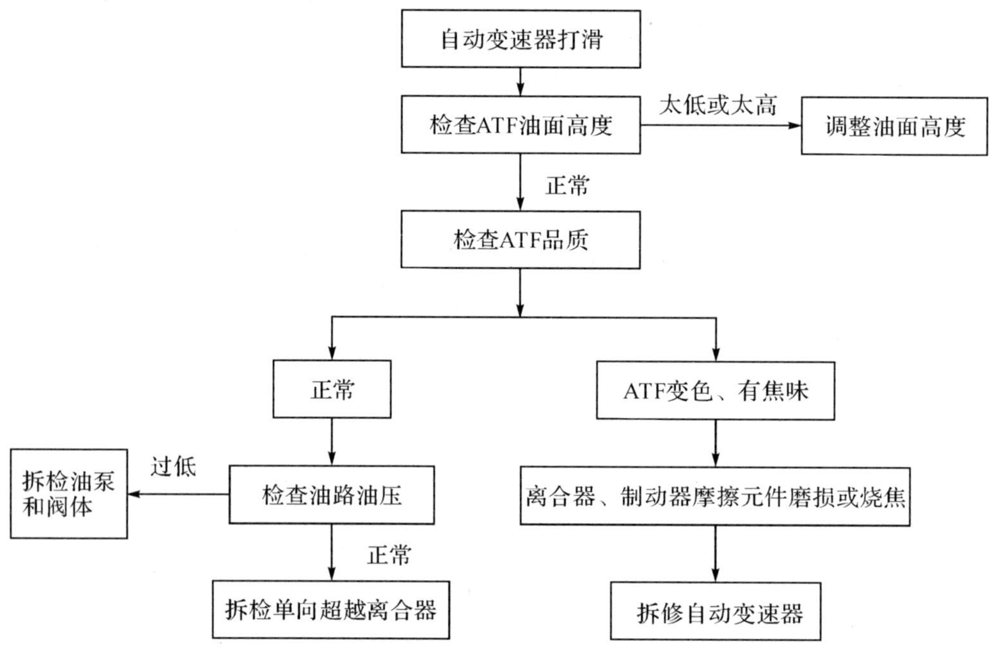

图5-37　自动变速器打滑的故障诊断与排除流程

3. 自动变速器换挡冲击过大

(1)故障现象

在汽车起步时，由停车挡或空挡挂入前进挡或倒挡时，汽车自动变速器的动作不良，并产生很大的冲击震动；在汽车行驶过程时，自动变速器换挡过程中出现较大的冲击现象。

(2)故障原因

①发动机怠速过高。

②自动变速器的换挡点不正确。

③油压电磁阀不工作。

④ECU及电控系统故障。

⑤换挡执行元件如制动器或离合器的摩擦元件的工作间隙不正常；单向离合器打滑或锁止不良而出现运动干涉；换挡前的离合器或制动器的分离时间过长或分离不彻底等。

⑥节气门拉索或节气门位置传感器调整不当，或主油路调压电磁阀有故障，使主油路压力过大，液压系统工作不良。

⑦变速器与发动机的支承胶垫磨损，连接螺栓松动，传动系统的间隙过大或松旷。

⑧蓄压器故障及作用在蓄压器背部的减震缓冲油压不正常。

(3)故障诊断与排除操作步骤及维修要点

自动变速器换挡冲击大的原因可能是调整不当，为此，只要重新调整即可排除；也可能是自动变速器内部的控制阀、减震器或换挡执行元件有故障，此时，必须分解自动变速器，进行检查修理；另外，也有可能是自动变速器电子控制系统有故障，此时必须对电子控制系统进行检测，才能找出具体原因。

因此，必须按下列步骤按部位进行检查，并有针对性地进行分解修理。

①检查发动机怠速。装用自动变速器的汽车发动机的怠速一般为600～800r/min。如果怠速过高，应按标准重新调整。

②检查节气门拉索或节气门位置传感器的工作情况。如果工作不正常，应该重新调整。

③检查真空式节气门阀的软管。若有破裂，应该更换；若有松动，应该重新夹紧。

④进行道路试验。如果升挡过迟，则说明换挡冲击大的故障是其造成的。如果在升挡之前发动机转速异常升高，使得在升挡的瞬间产生较大冲击，则说明自动变速器中的离合器或制动器打滑，应该分解变速器进行修理。

⑤检测主油路油压。怠速工况时，如果主油路油压过高，说明主油路调压阀或节气门阀有故障，可能是调压弹簧的预紧力过大或阀芯卡滞所致；如果主油路油压正常，但是起步进挡时有较大冲击，说明前进离合器或倒挡及高挡离合器的进油单向阀阀球损坏或漏装。为此，应该拆卸阀体，对阀体上的控制油路、控制阀进行检查并修理。

⑥检测换挡时主油路油压。换挡时，正常情况下，主油路油压会瞬时地下降，如果没有下降，说明蓄压器活塞卡滞，因此，需要拆卸阀体，检查并修理蓄压器；如果电磁阀损坏，应该更换电磁阀；如果在换挡瞬间电磁阀没有收到控制信号，说明电子控制单元ECU有故障，应该予以更换。

换挡冲击大的故障诊断与排除流程如图5-38所示。

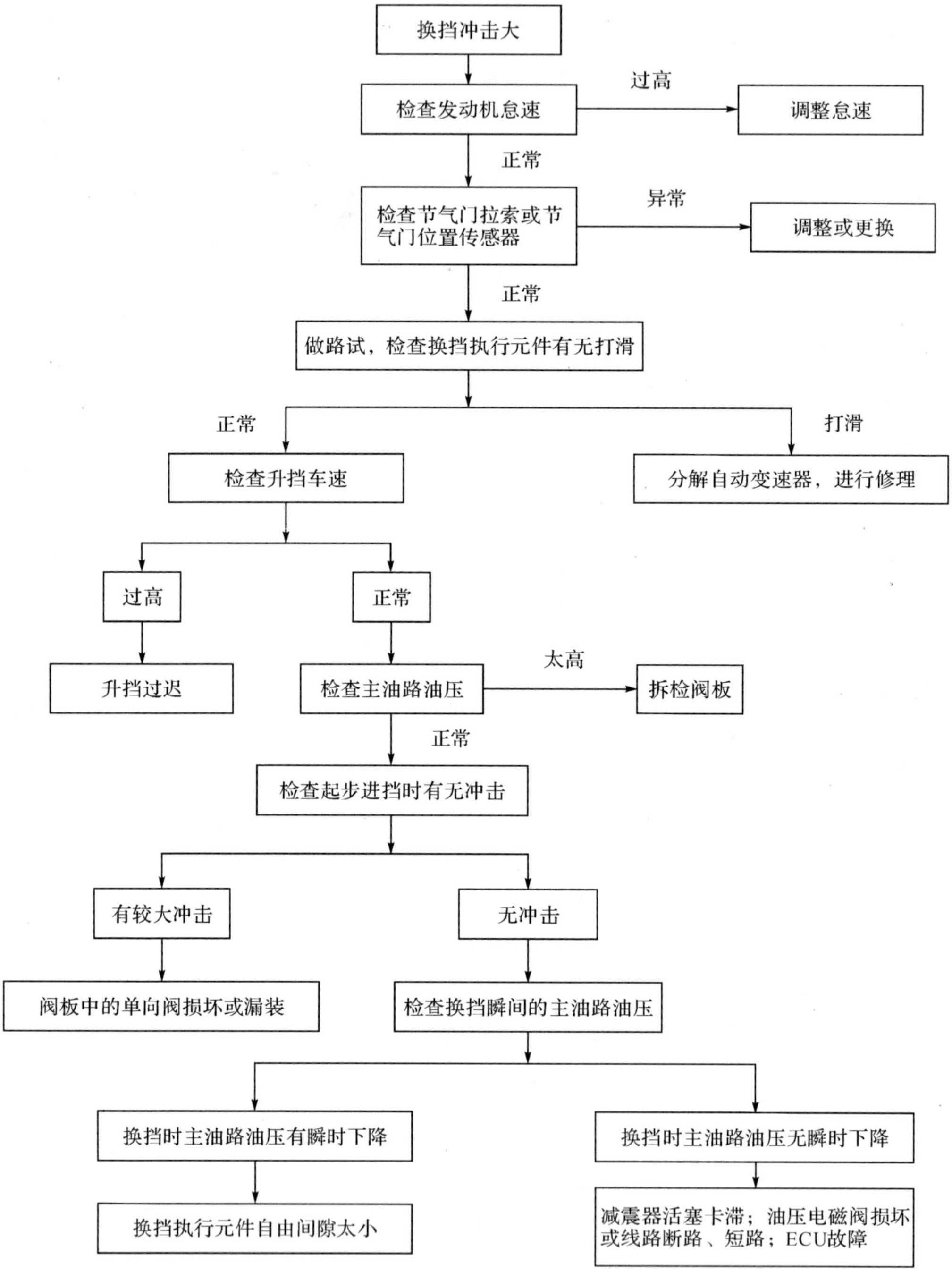

换挡冲击大
检查发动机怠速 —过高→ 调整怠速
正常
检查节气门拉索或节气门位置传感器 —异常→ 调整或更换
正常
做路试，检查换挡执行元件有无打滑
正常 / 打滑
检查升挡车速 | 分解自动变速器，进行修理
过高 → 升挡过迟
正常 → 检查主油路油压 —太高→ 拆检阀板
正常
检查起步进挡时有无冲击
有较大冲击 → 阀板中的单向阀损坏或漏装
无冲击 → 检查换挡瞬间的主油路油压
换挡时主油路油压有瞬时下降 → 换挡执行元件自由间隙太小
换挡时主油路油压无瞬时下降 → 减震器活塞卡滞；油压电磁阀损坏或线路断路、短路；ECU故障

图 5-38　换挡冲击大的故障诊断与排除流程

4. 自动变速器不能升挡

(1)故障现象

汽车行驶中自动变速器始终保持在 1 挡，不能升入 2 挡及高速挡，或行驶中自动变速器可以升入 2 挡，但不能升入 3 挡及超速挡。

(2)故障原因

①节气门拉索调整不当。

②车速传感器、节气门位置传感器或线路有故障。

③调速阀故障或其油路严重泄漏。

④换挡电磁阀或线路有故障。

⑤2 挡及高挡制动器、离合器有故障。

⑥换挡阀卡滞或挡位开关有故障。

⑦ECU 或线路故障。

(3)故障诊断与排除操作步骤及维修要点

①对于电子控制自动变速器,应首先进行故障自诊断操作,调取故障代码。影响换挡控制的传感器有:节气门位置传感、车速传感器等。按所显示的故障代码查找故障原因。

②检查车速传感器。如有损坏,应予以更换。

③检查挡位开关的信号。如有异常,应予以调整或更换。

④测量调整器油压。若车速升高后调速器油压仍为 0 或很低,说明调速器有故障或调速器油路严重泄漏。对此,应拆检调速器。调速器芯如有卡滞,应分解清洗,并将阀芯和阀孔用金相砂纸抛光。若清洗抛光后仍有卡滞,应更换调速器。

⑤测量油压。

⑥用压缩空气检查调速器油路有无泄漏。如有泄漏,应更换密封圈或密封环。

⑦若调速器油压正常,应拆卸阀板,检查各个换挡阀。换挡阀如有卡滞,可将阀芯取出,用金相砂纸抛光,再清洗后装入。如不能修复,应更换阀板。

⑧若控制系统无故障,应分解自动变速器,检查各个换挡执行元件打滑,用压缩空气检查各个离合器、制动器油路或活塞有无泄漏。

自动变速器不能升挡的故障诊断与排除流程如图 5-39 所示。

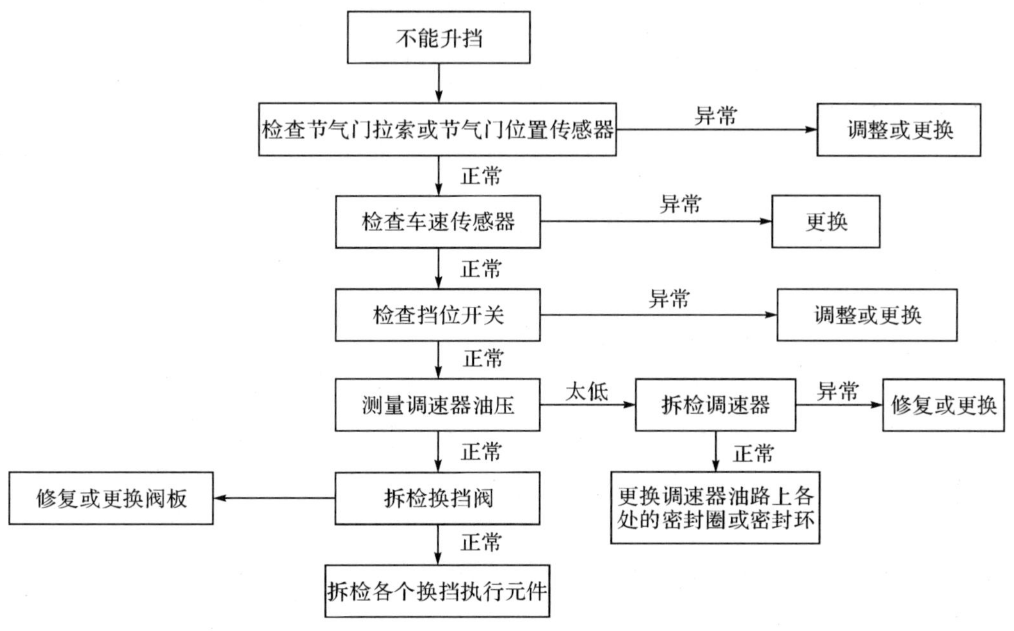

图 5-39　自动变速器不能升挡的故障诊断与排除流程

5. 自动变速器无超速挡

(1)故障现象

行驶中突然发现超速挡上不去，变速器出现类似打滑现象，发动机转速超过 4000 转/min 仍然不能进入超速挡，若这时缓慢踩下加速踏板，车速能渐渐提升至 120km/h 左右，之后油门踩到底车速也上不去了。该故障是间歇性的，有时又正常，开始时故障发生间隔时间长，后来越来越频繁。故障灯不亮，ECU 也没有记录储存故障代码。

(2)故障原因

①超速挡开关、超速挡电磁阀或线路有故障。

②节气门位置传感器、车速传感器、ATF 油温传感器、发动机水温传感器有故障。

③3～4 挡换挡阀卡滞，超速制动器、离合器或单向离合器卡死。

④挡位开关、制动开关或线路、ECU 或线路有故障。

(3)故障诊断与排除操作步骤及维修要点

①对于电控自动变速器，应先进行故障自诊断，检查有无故障代码。自动变速器油温度传感器、节气门位置传感器、超速电磁阀等部件的故障都会影响超速挡的换挡控制。如有故障代码输出，则按显示的故障代码查找故障原因。

②检查自动变速器油温度传感器在不同温度下的电阻值，并与标准值进行比较。如有异常，应更换自动变速器油温度传感器。

③检查挡位开关和节气门位置传感器的信号。挡位开关的信号应和换挡操纵手柄的位置相一致。节气门位置传感器的电阻或输出电压应能随节气门的开大而上升，并与标准值相符。如有异常，应予以调整。若调整无效，应更换挡位开关或节气门位置传感器。

④检查超速挡开关。在“ON”位置时，超速挡开关的触点应断开，仪表板上的超速挡指示灯(“OD/OFF”指示灯)不亮；在“OFF”位置时，超速挡开关的触点应闭合，超速挡指示灯(“OD/OFF”指示灯)应亮起。如有异常，应检查电路或更换超速挡开关。

⑤检查超速电磁阀的工作情况。打开点火开关(ON)，但不要起动发动机，在按下超速挡开关时，检查超速电磁阀有无工作声音。如果超速电磁阀不工作，应检查控制线路或更换超速电磁阀。

⑥用举升器将汽车升起，让驱动轮悬空。运转发动机，让自动变速器以前进挡工作，检查在空载状态下自动变速器的升挡情况。如果在空载状态下自动变速器能升入超速挡，且升挡车速正常，说明控制系统工作正常，不能升挡的故障原因为超速制动器打滑，在有负荷的状态下不能实现超速挡。

如果能升入超速挡，但升挡后车速提不上去，发动机转速下降，说明超速行星齿轮机构中的直接离合器或直接单向超越离合器卡死，使超速行星齿轮机构在超速状态下出现运动干涉，加大了发动机运转的阻力。

如果在无负荷的状态下仍不能升入超速挡，则说明控制系统有故障。对此，应拆卸阀板，检查 3～4 挡换挡阀，如有卡滞，可将阀芯拆下，予以清洗抛光。如不能修复，应更换阀板总成。

自动变速器无超速挡的故障诊断与排除流程如图 5-40 所示。

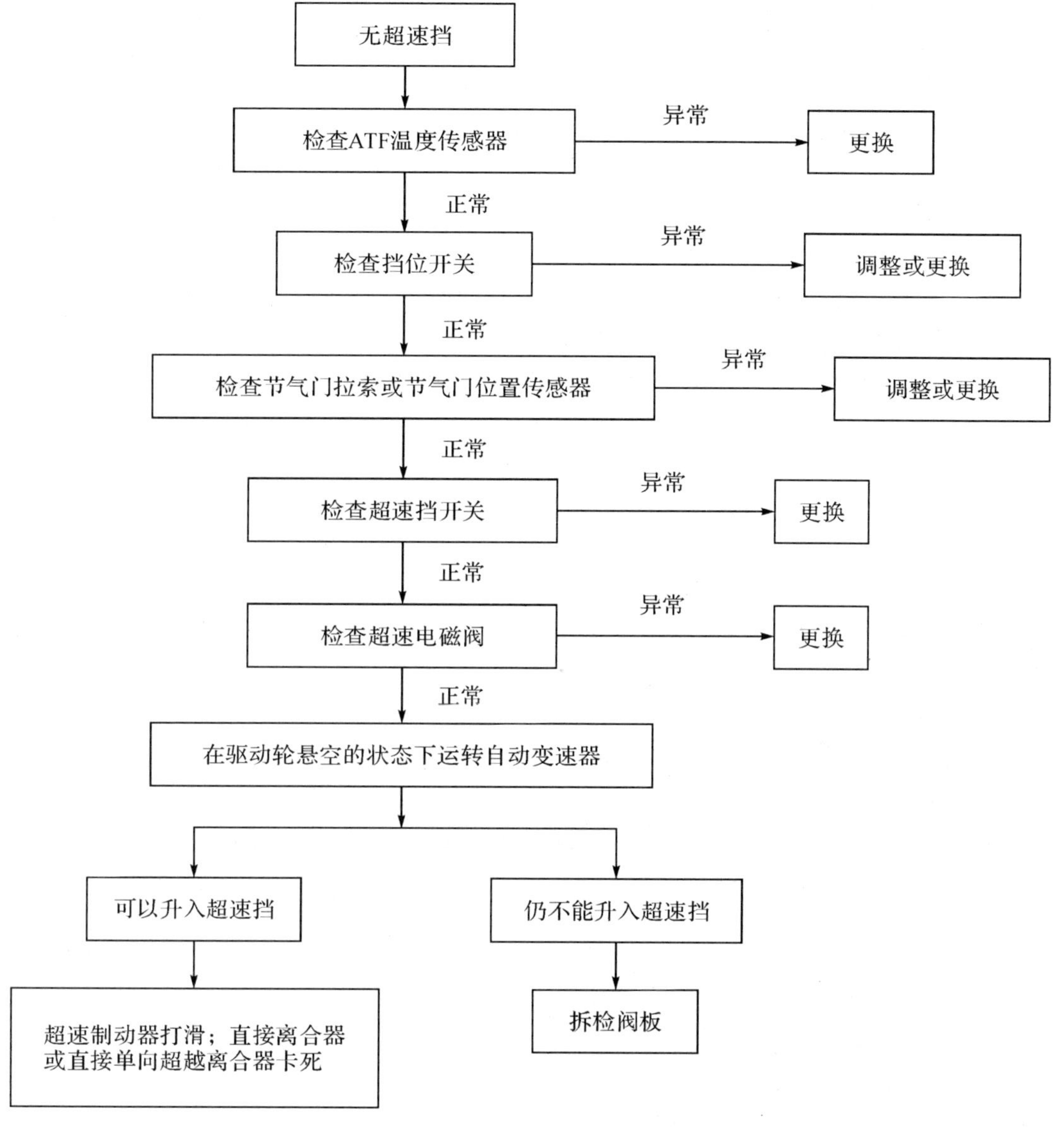

图 5-40　自动变速器无超速挡的故障诊断与排除流程

6. 自动变速器无前进挡

(1)故障现象

①汽车倒挡行驶正常，在前进挡时不能行驶。

②换挡手柄在 D 挡位时不能起步，在 S 挡位、L 挡位(或 2 挡位、1 挡位)时可以起步。

(2)故障原因

①操纵手柄调整不当。

②前进离合器严重打滑，前进单向超速离合器打滑或装反。

③前进离合器油路严重泄漏。

(3)故障诊断与排除操作步骤及维修要点

①检查换挡操纵手柄的调整情况。如有异常,应按规定程序重新调整。

②测量前进挡主油路油压。若油压过低,则说明主油路严重泄漏,应拆检自动变速器,更换前进挡油路上各处的密封圈和密封环。

③若前进挡的主油路油压正常,应拆检前进离合器。如摩擦片表面粉末冶金层有烧焦或磨损过甚,应更换摩擦片。

④若主油路油压和前进离合器均正常,则应拆检前进挡单向超越离合器,按照自动变速器维修手册所述方法检查前进单向离合器的安装方向是否正确以及有无打滑。如有装反,应重新安装;如有打滑,应更换新件。

自动变速器无前进挡的故障诊断与排除流程如图 5-41 所示。

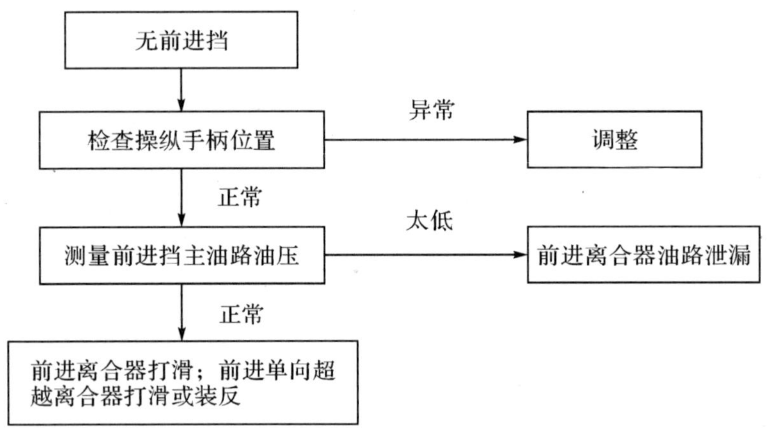

图 5-41 无前进挡的故障诊断与排除流程

7. 自动变速器无倒挡

(1)故障现象

汽车在前进挡能正常行驶,但在倒挡时不能行驶。

(2)故障原因

①操纵手柄调整不当。

②倒挡油路泄漏。

③倒挡及高挡离合器或低挡及倒挡制动器打滑。

(3)故障诊断与排除操作步骤及维修要点

①检查换挡操纵手柄的位置。如有异常,应按规定程序重新调整。

②检查倒挡油路油压。若油压过低,则说明倒挡油路泄漏。对此,应拆检自动变速器予以修复。

③若倒挡油路油压正常,应拆检自动变速器,更换损坏的离合器和制动器的摩擦片或制动带。

自动变速器无倒挡的故障诊断与排除流程如图 5-42 所示。

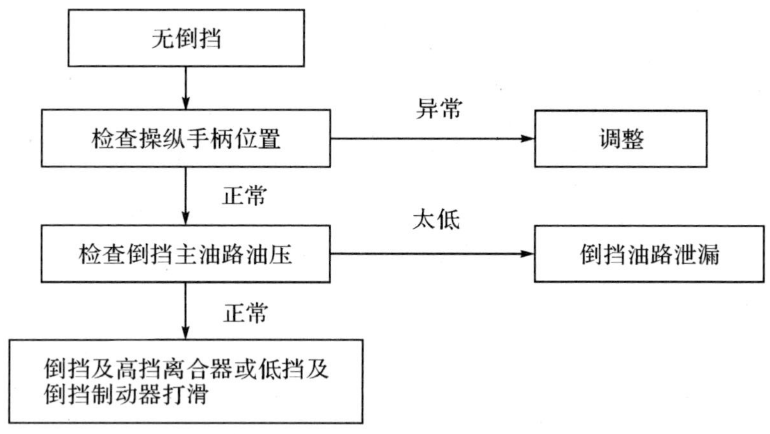

图 5-42　无倒挡的故障诊断与排除流程

8. 自动变速器升挡过迟

(1)故障现象

①在汽车行驶中,升挡车速明显高于标准值,升挡前发动机转速偏高。

②必须采用松油门提前升挡的操纵方法,才能使自动变速器升入高挡或超速挡。

(2)故障原因

①车速传感器损坏或节气门位置传感器调整不当或损坏。

②强制降挡开关短路。

③ECU 及电路有故障。

(3)故障诊断与排除操作步骤及维修要点

①对于电子控制自动变速器,应先进行故障自诊断操作,读取自动变速器的故障代码。如有故障代码,则按所显示的故障代码查找故障原因。

②检查节气门拉索或节气门位置传感器的调整情况。如不符合标准,应重新予以调整。

③测量节气门位置传感器的电阻。如不符合标准,应予以更换。

④对于采用真空式节气门阀的自动变速器,应拔下真空式节气门阀上的真空软管,检查在发动机运转中真空软管内有无吸力。如果没有吸力,说明真空软管破裂、松脱或堵塞,对此,应予以修复。

⑤检查强制降挡开关。如有短路,应予以修复或更换。

⑥测量怠速时的油主油路油压,并与标准值进行比较。若油压太高,应通过减少节气门阀推杆长度的方法予以调整。若调整无效,应拆检主油路调压阀或节气门阀。

⑦用举升器将汽车升起,让驱动轮悬空,然后起动发动机,挂上前进挡,让自动变速器运转,同时测量调速器油压。

⑧若调速器油压正常,则升挡迟缓的故障原因为换挡阀工作不良。对此,应拆检或更换阀板。

自动变速器升挡迟缓的故障诊断与排除流程如图 5-43 所示。

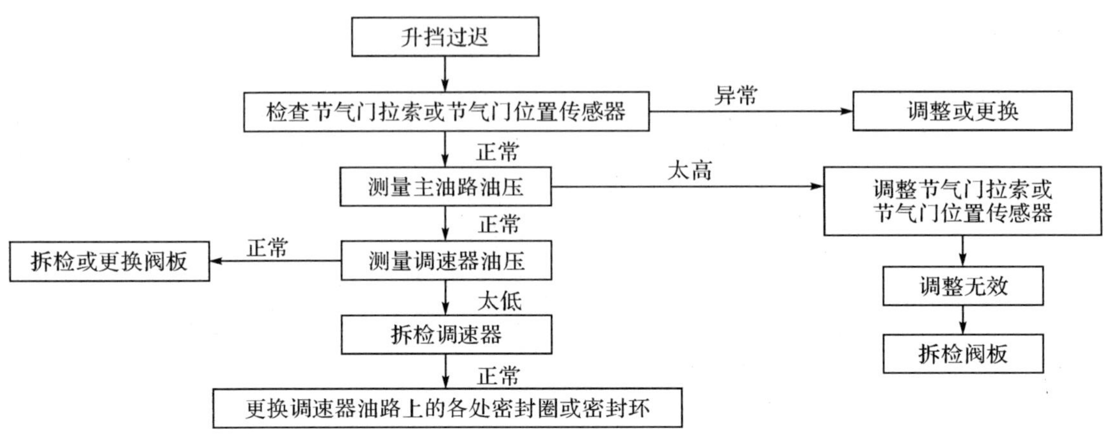

图 5-43　自动变速器升挡迟缓的故障诊断与排除流程

9. 自动变速器频繁跳挡

(1)故障现象

汽车行驶中,自动变速器出现突然降挡现象,降挡后发动机转速升高,并产生换挡冲击。

(2)故障原因

①节气门位置传感器故障。

②车速传感器故障。

③控制系统电路故障。

④换挡电磁阀接触不良。

⑤电控单元故障。

(3)故障诊断与排除操作步骤及维修要点

①对于点控自动变速器,应先进行故障自诊断。如有故障代码出现,则按说显示的故障代码查找故障原因。

②测量节气门位置传感器,如有异常,则予以更换。

③测量车速传感器,如有异常,则予以更换。

④检查控制系统电路各条接地线的接地状态,如有接地不良现象,应予以修复。

⑤拆下自动变速器油底壳,检查各个换挡电磁阀线束接头的连接情况,如有松动,应予以修复。

⑥检查控制系统电路各接线脚的工作电压,如有异常,应予以修复或更换。

⑦换一个新的阀板或电脑试一下,如果故障消失,则说明原阀板或电子控制单元损坏,应更换。

⑧更换控制系统所有线束。

自动变速器频繁跳挡的故障诊断与排除流程如图 5-44 所示。

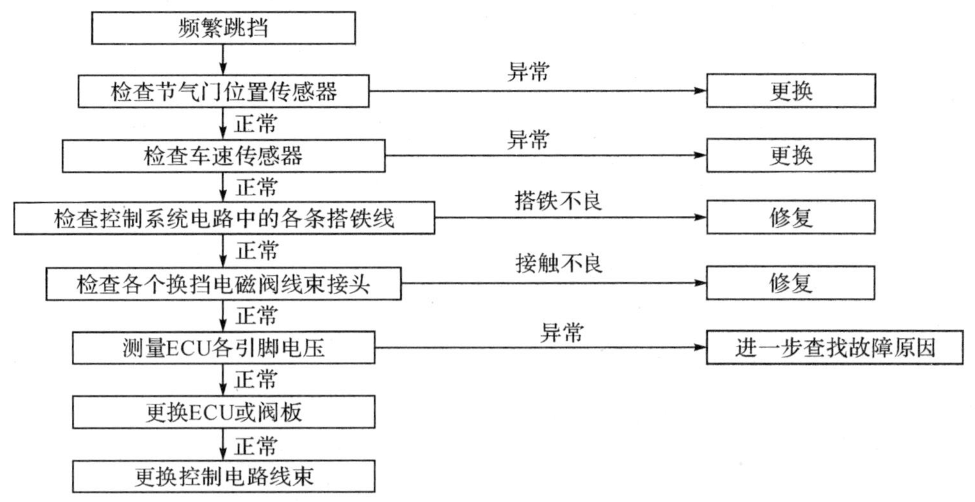

图 5-44　自动变速器频繁跳挡的故障诊断与排除流程

10. 自动变速器无发动机制动

(1)故障现象

汽车行驶中，当选挡手柄位于 2、1 或 S、L 挡位时，松开加速踏板，发动机转速降至怠速，但汽车减速不明显；下坡时，自动变速器在前进低挡，但不能产生发动机制动作用。

(2)故障原因

①选挡手柄位置调整不当。

②挡位开关调整不当。

③2 挡强制制动器打滑或低挡及倒挡制动器打滑。

④控制发动机制动的电磁阀故障。

⑤阀体故障。

⑥自动变速器故障。

(3)故障诊断与排除操作步骤及维修要点

①对于电控自动变速器，应先进行故障自诊断，读取故障代码，如有故障代码显示，则按显示的故障代码查找故障原因。

②进行道路试验，检查加速时自动变速器有无打滑现象。如有打滑，应拆修自动变速器。

③如果换挡操纵手柄位于 S 挡位时没有发动机制动作用，但换挡操纵手柄位于 L 挡位时有发动机制动作用，说明 2 挡强制制动器打滑，应拆修自动变速器。

④如果换挡操纵手柄位于 L 挡位时没有发动机制动作用，但换挡操纵手柄位于 S 位时有发动机制动作用，说明低挡及倒挡制动器打滑，应拆修自动变速器。

⑤检查控制发动机制动的电磁阀线路有无短路或断路；电磁阀线圈电阻是否正常；通电后有无工作声音。如有异常，应修复或更换。

⑥拆卸阀板总成，清洗所有控制阀。阀芯如有卡滞可抛光后修复。如抛光后仍有卡滞，应更换阀板总成。

⑦检查电子控制单元各接脚电压。要特别注意与节气门位置传感器、挡位开关连接的

各接脚的电压,如有异常,应做进一步的检查。

⑧更换一个新的电子控制单元试一下。如果故障消失,说明原电子控制单元损坏,应更换。

自动变速器无发动机制动的故障诊断与排除流程如图 5-45 所示。

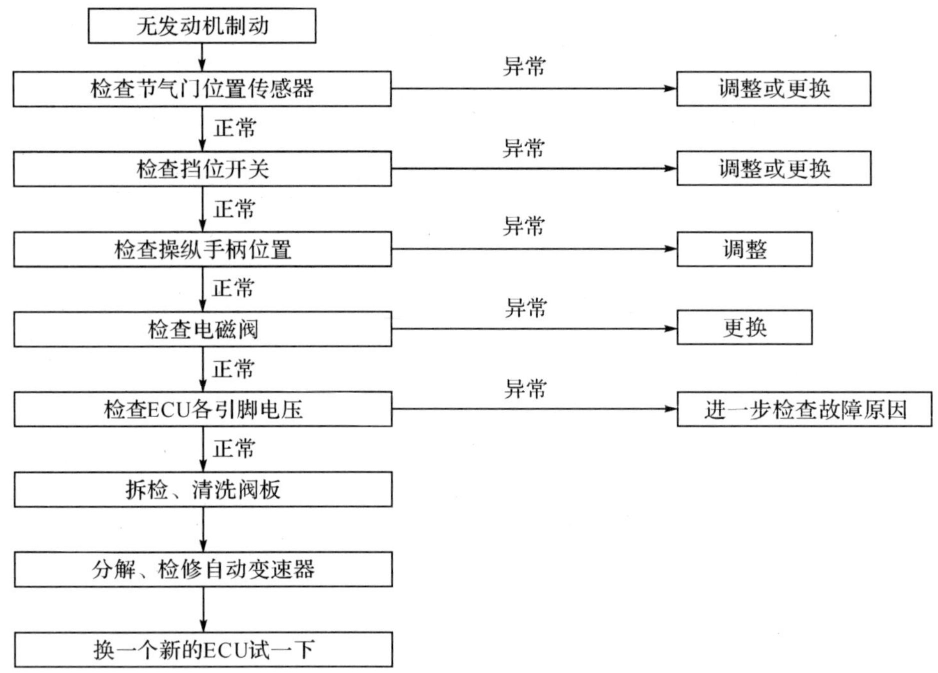

图 5-45　自动变速器无发动机制动的故障诊断与排除流程

11. 自动变速器不能强制降挡

(1)故障现象

汽车以 3 挡或超速挡行驶时,突然把加速踏板踩到底,自动变速器不能立即降低一个挡位,汽车加速无力。

(2)故障原因

①节气门拉线或节气门位置传感器调整不当。

②强制降挡开关损坏。

③强制降挡电磁阀短路或断路。

④强制降挡阀卡滞。

(3)故障诊断与排除操作步骤及维修要点

①检查节气门拉索或节气门位置传感器的安装情况。如有异常,应按标准重新调整。

②检查强制降挡开关。在加速踏板踩到底时,强制降挡开关的触点应闭合;松开加速踏板时,强制降挡开关的触点应断开。如果加速踏板踩到底时强制降挡开关触点没有闭合,可用手直接按动强制降挡开关,如果按下强制降挡开关后触点能闭合,说明开关安装不当,应重新调整;如果按下开关后触点仍不能闭合,说明开关损坏,应予以更换。

③对照电路图,在自动变速器线束插头处测量强制降挡电磁阀。如有异常,则故障原因

可能是线路短路、断路或电磁阀损坏。对此应检查线路或更换电磁阀。

④打开自动变速器油底壳，拆下强制降挡电磁阀，检查电磁阀的工作情况。如有异常，应予以更换。

⑤拆卸阀板总成，分解并清洗强制降挡控制阀。阀芯如有卡滞，可进行抛光。若无法修复，则应更换阀板总成。

自动变速器不能强制降挡的故障诊断与排除流程如图 5-46 所示。

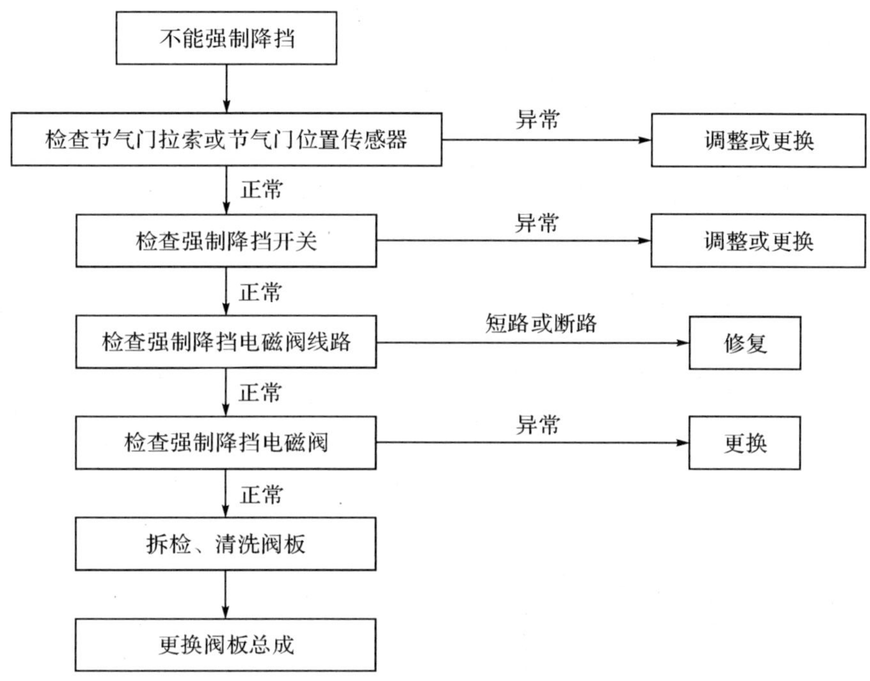

图 5-46　自动变速器不能强制降挡的故障诊断与排除流程

12. 自动变速器异响

(1)故障现象

在汽车行驶时，自动变速器内始终有异响，而停车挂空挡后异响消失。

(2)故障原因

①油泵磨损过度，自动变速器油面过高或过低。

②液力变矩器的锁止离合器、导轮及单向离合器等损坏。

③行星齿轮机构有故障。

④换挡执行元件异响。

(3)故障诊断与排除操作步骤及维修要点

①检查自动变速器油油面高度。若太高或太低，应调整至正确高度。

②用举升器将汽车升起，起动发动机，在空挡、前进挡、倒挡等状态下检查自动变速器产生异响的部位和时刻。

③若在任何挡位下自动变速器前部始终有连续的异响，通常为油泵或液力变矩器异响，对此，应拆检自动变速器，检查油泵有无磨损、液力变矩器内有无大量摩擦粉末。如有异常，

应更换油泵或液力变矩器。

④若自动变速器只有在行驶中才有异响，空挡时无异响，则为行星齿轮机构异响。对此，应分解自动变速器，检查行星齿轮机构各个零件有无磨损痕迹、齿轮有无断裂，单向超越离合器有无磨损、卡滞，轴承或止推垫片有无损坏。如有异常，应予以更换。

自动变速器异响的故障诊断与排除流程如图5-47所示。

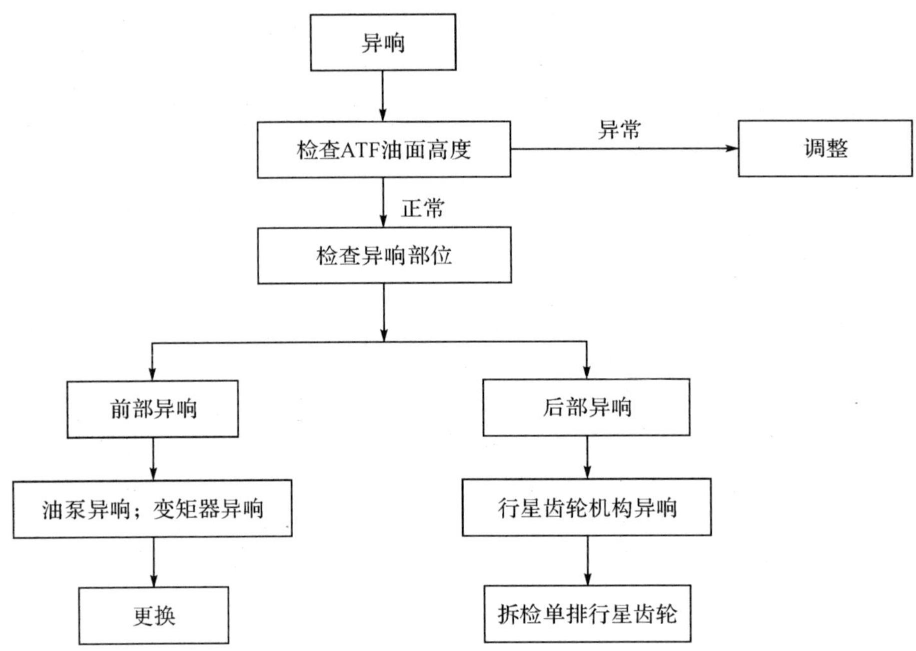

图5-47　自动变速器异响的故障诊断与排除

13. 自动变速器油易变质

(1)故障现象

更换后的新油使用不久即变质；温度太高，从加油口处向外冒烟。

(2)主要故障原因

①换油不彻底、油的牌号不符合规定。

②汽车使用不当，经常超负荷或不正常行驶。

③散热器或管路堵塞、限压阀卡滞等。

④离合器或制动器间隙过大、过小，运动件配合间隙过小。

⑤主油路油压过低，致使离合器或制动器在接合过程中打滑。

⑥冷却液进入油路、变矩器有故障

(3)故障诊断与排除操作步骤及维修要点

①首先，使汽车以中低速行驶5～10min，当自动变速器达到正常工作温度时，在发动机运转的情况下检查自动变速器油散热器的温度，正常情况下温度为60℃左右。

如果散热器温度过低，说明变速器至变速器油散热器通道有阻塞，应检修其相通的油管、散热器和限压阀。

如果散热器的温度过高，说明离合器或制动器的间隙过小，需要拆检自动变速器。

如果散热器的温度正常，则需要检测主油路的压力是否正常。若上述检查均为正常，则可能是自动变速器使用不当或变速器油质量有问题。应该将变速器油全部放出，清洗干净后，加入规定牌号和级别的变速器油。

自动变速器 ATF 容易变质的故障诊断与排除流程如图 5-48 所示。

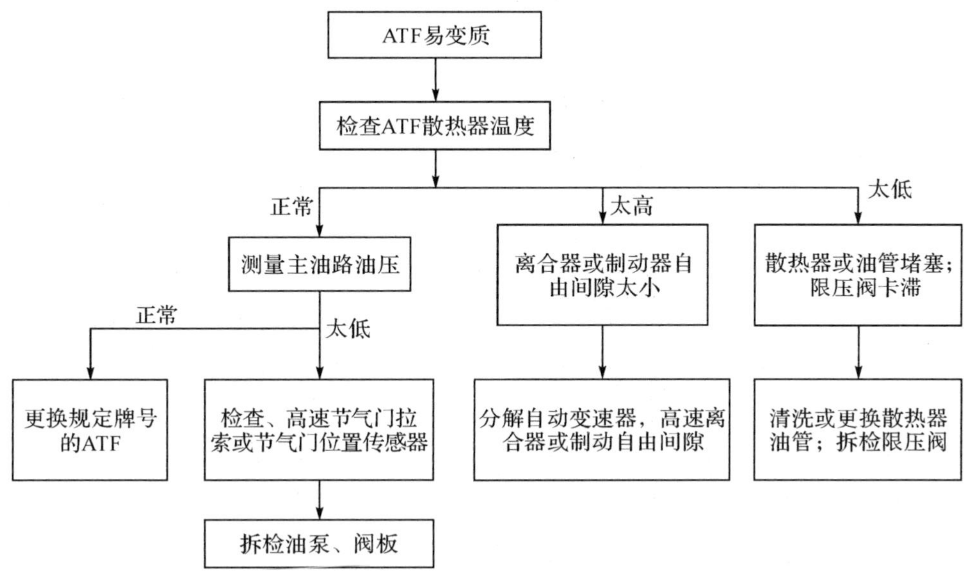

图 5-48　ATF 容易变质的故障诊断与排除流程

5.2.8　故障实例分析

【例 5.3】　富康 EL1 自动变速器综合故障

(1)故障现象

一辆富康 EL1 自动变速器轿车行驶到 9000km 时，出现如下问题：

①闭合点火开关，变速器故障报警灯 SPT 和 T 交替闪烁。

②换挡不平稳，有冲击现象。

③行车时，变速器进入强制 3 挡应急模式。

(2)故障诊断

用 ELIT 诊断仪检查，显示为油压传感器故障。油压传感器位于变速器壳体上，它向变速器电脑传送主油路压力信号。根据 ELIT 提供的诊断情况，将油压传感器卸下，经检测，发现油压传感器内部断线失效，无法继续使用。更换新的油压传感器，试车后故障排除。但该车运行两三天后，又出现同样的故障，用 ELIT 检查，仍为油压传感器故障，再次更换油压传感器，故障又消失，然而几天过去后故障又重复出现。

油压传感器偶然出现一两次故障，可能是传感器自身的品质问题。但连续出现同一故障，必定与油压传感器的相接件有关。从油压传感器的工作原理可知，与其连接的部件只有电脑的 3 个端子，其中 24、25 号端子为传感器提供 5V 的电源，如果这个电压不稳或过高，都会引起传感器的损坏。所以应重点检查这一电压。经检测，24、25 号端子间的电压值高达 12V，远远超过了规定的 5V。油压传感器长时间在这么高的电压下工作，必然导致内部电路损坏。当更换新的油压传感器时，短时间内油压传感器不会马上烧坏，表现为正常，问题似乎得到了解决。但运行一段时间后就会烧坏，故障再次发生，这就是油压传感器连续损坏的原因。更换电脑总成和油压传感器后，故障不再出现。

5.3 转向系统和行驶系统故障诊断

汽车在行驶过程中，需要经常改变其行驶方向。汽车转向系统就是改变或保持汽车行驶方向的装置。现代汽车转向系统按动力不同分为机械转向系统与动力转向系统两大类。

机械转向系统是以驾驶员的操纵力作为能源，主要由转向操纵机构、转向器与转向传动机构组成，其机械转向系统的布置如图 5-49 所示。

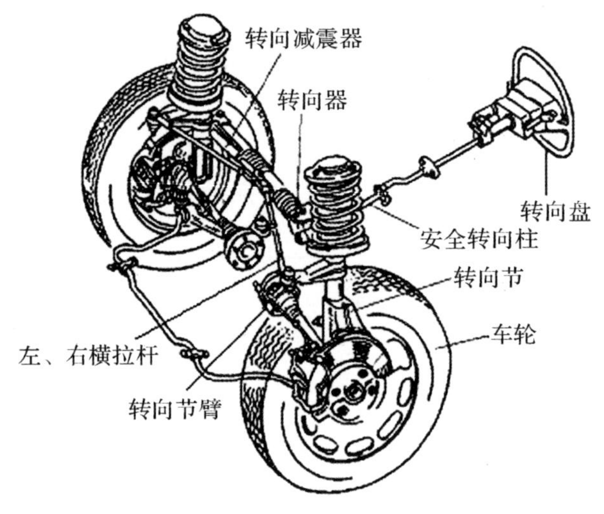

图 5-49 机械转向系统

汽车转向系统常见的故障有：转向盘自由转动量过大、转向沉重、自动跑偏、前轮摆振等。这些故障现象通常为综合性故障，除与转向系统有关外，还可能与轮胎、悬架、车身等有关。

1. 转向沉重

(1)故障现象

汽车转弯时，转动转向盘感到吃力，且无回正感。

(2)故障原因

转向沉重的原因与轮胎气压不足及悬架、车轴、转向轮定位所存在的故障有关，与转向系统有关的故障为：

①齿条和小齿轮啮合间隙过小。

②转向轴的轴承过紧或损坏。

③转向拉杆的球头销与球头座配合过紧。

④转向轴万向节十字轴配合过紧。

⑤前稳定杆变形。

(3)故障诊断与排除操作步骤及维修要点

①举起汽车,转动转向盘若无沉重感,表明故障由轮胎气压过低或前轮定位不正确引起。

②拆下横(直)拉杆,使横拉杆与转向器(齿条)脱开,再转动转向盘检查。若转向盘转动灵活,表明拉杆球头销运动卡滞或传动轴外万向节卡滞、润滑不良。

③拆下凸缘管与转向器主动齿轮间的夹紧箍,再转动转向盘检查,转向仍然沉重,应对转向柱的弯曲程度进行检修,并检查其支承轴承是否损坏、卡滞等;若转向盘转动灵活,应检查转向器润滑油是否充足,调整是否得当,齿条是否弯曲变形、与衬套配合是否过紧。

④对动力转向系统,应先检查、调整驱动皮带的张紧度,观察有无漏油现象,并检查油泵、控制阀、助力缸的工作情况。

2. 转向盘自由转动量过大

(1)故障现象

汽车转向盘位于直行位置时,转向盘左右转动的游动角度过大。根据 GB 7258－2012,《机动车运行安全技术条件》的规定,最大设计车速大于或等于 100km/h 的机动车,其转向盘的最大转动角度不得大于 10°;最大设计车速小于 100km/h 的机动车,则不得大于 15°。

(2)故障原因

①转向系统的齿轮啮合间隙调整不当。

②转向系统齿轮箱安装不良。

③转向系统齿轮磨损。

④转向轴万向节磨损。

⑤左、右横拉杆连接处磨损。

(3)故障诊断与排除操作步骤及维修要点

在自由转动量过大的诊断过程中,重点应判断故障是由转向器,还是由拉杆轴节磨损的原因造成的。

检查故障时,架起汽车转向轮,左右转动转向盘,当用力转动时,拉杆不同步运动,说明拉杆连接处磨损而旷量过大;若拉杆不动,则说明转向器齿轮的磨损过大。

3. 转向不灵敏

(1)故障现象

左、右转动转向盘时,有明显的间隙感觉;需用较大幅度转动方向盘才能控制汽车的行驶方向。

(2)故障原因

主要原因是各部配合间隙过大或连接松动。

①转向器主动齿轮与齿条(主、从副)啮合间隙过大、轴承松旷,横拉杆及各连接杆件松旷。

②轮毂轴承调整不当或磨损松旷。

(3)故障诊断与排除操作步骤及维修要点

①转动转向盘,转向器齿条不能立即随之运动,表明齿条与主动齿条啮合间隙过大。

②若齿条运动而横拉杆不动,应更换缓冲衬套,并检查连接情况。

③横拉杆运动而转向臂不动，应对横拉杆外端球头销进行检修与调整。

④若转向臂能随之灵活摆动，可晃动前轮检查轮毂轴承是否松旷。

⑤对其他类型的转向系统，还应检查和调整转向器的轴承预紧度、啮合间隙，调整、紧固各连接杆件球头销等。

4. 车轮摆振

(1)故障现象

汽车在中高速或某一较高转速时，出现行驶不稳，严重时转向盘有震手的感觉。

(2)故障原因

①转向减震器、前悬架减震弹簧或减震器损坏。

②车轮、制动盘或传动轴不平衡，前轮定位不正确或悬架松动。

③转向器啮合间隙过大、传动机构松旷、轮毂轴承松旷。

(3)故障诊断与排除操作步骤及维修要点

①检查转向盘自由行程。

②转向减震器出现漏油痕迹或拆下推拉检查时，阻力过小及出现空行程，应更换。

③前悬架减震器是否漏油，推压车身检查前悬架的减震性能。

④检查传动轴是否松动、弯曲等。

⑤检查调整前轮定位，对车轮进行动平衡。

5. 车辆跑偏

(1)故障现象

汽车行驶时，稍松转向盘，汽车就会自动偏向另一边，必须用力握住转向盘，才能保证车辆的直线行驶。

(2)故障原因

①轮胎气压不相等、轮毂轴承预紧度不相等。

②单边制动拖滞，前轮定位不正确。

③前悬架两侧减震弹簧弹力不相等或减震器工作性能存在较大差异。

④车辆两侧轴距不相等。

(3)故障诊断与排除操作步骤及维修要点

①检查两前轮的轮胎气压。

②触摸跑偏一侧的制动鼓和轮毂轴承，过热，说明制动拖滞或轴承过紧。

③观察汽车两侧的高度，若两侧高度不同，表明较低一侧悬架弹簧的弹力衰退，应予更换。

④压动车辆前端一侧，若车身上、下震动 2～3 次后马上静止，表明减震器工作正常。

⑤测量汽车两侧轴距，检查调整前轮定位。

6. 转向助力不足

(1)故障现象

装有液压助力式转向器的车辆，转向时转向盘转动沉重或存在忽轻忽重现象。

(2)故障原因

①转向油泵驱动皮带松弛或损坏，油泵工作不良。

②储油罐油面过低，系统内有空气，管路漏油。

③压力流量限制阀弹簧弹力下降或密封不严，转向控制阀、助力缸工作不良。

(3)故障诊断与排除操作步骤及维修要点

①检查储油罐液面高度，调整油泵皮带预紧度。

②检查液压管路及各连接部位有无漏油现象，并进行排气。

③检查液压泵的泵油压力及转向控制阀和助力缸的工作情况

7. 前轮轮胎异常磨损

(1)故障现象

轮胎胎面磨损异常，主要表现为：胎冠中部磨损，胎冠外侧或内侧磨损，胎冠呈锯齿状、羽片状磨损，胎冠呈波浪状、碟边状磨损等，见表 5-7。

表 5-7　轮胎花纹异常磨损的特征和原因

特征	原因	特征	原因
 胎冠过度磨损	气压过高	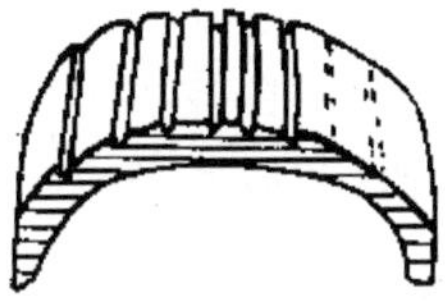 单边磨损	前轮外倾角失准，后桥壳变形
 胎肩过度磨损	气压过低	 杯形(贝壳形)磨损	悬挂部件和连接车轮的部件(球节、车轮轴承、减震器、弹簧衬套等)磨损，车轮不平衡
 锯齿(羽毛)状磨损	前束失准，主销衬套或球节松旷	 第二道花纹过度磨损(只出现在子午线胎上)	轮辋太窄而轮胎太宽，不配套

(2)主要故障原因

①轮胎气压过低，未定期进行轮胎换位，轮胎不平衡，前轮定位不正确。

②纵横拉杆、转向器、轮毂轴承、主销松旷。

③前梁、车架变形，前轮变形，轮胎螺栓松动。

④使用不当：超载、偏载，起步过急，高速转向，制动过猛等。

(3)故障诊断与排除操作步骤及维修要点

①首先检查轮胎气压，若轮胎气压过高，应进行检查调整。

②检查前轮前束和外倾调整,若调整不当,应进行检调。

③检查车轮制动器,若分离不彻底,应予以调整。

④检查悬架系统的零件,若连接松动、磨损过甚或破坏,应进行紧固或更换。

⑤检查车轮摆差,若摆差过大,应更换车轮。

8.行驶系统异响

(1)故障现象

汽车行驶时,行驶系统有异常响声,且行驶速度越高,响声越大。

(2)故障原因

①悬架各部件连接松动,安装不良或有损伤。

②减震器工作不良。

③前轮轴承磨损松动。

④转向节销、衬套磨损、安装不良。

(3)故障诊断与排除操作步骤及维修要点

①检查悬架各件连接,若松动、安装不良或损伤,应紧固、修复或更换。

②检查减振器,若工作不良或损坏,应予以修复或更换。

③检查前轮轴承,若松动或磨损,应予以调整或更换。

④检查转向节销和衬套,若转向节销或衬套磨损、安装不良,应修复或调整。

5.4 制动系统故障诊断

5.4.1 液压制动系统的常见故障

液压制动系统的常见故障有制动不灵、制动失效、制动拖滞、制动跑偏。

1.制动不灵

制动不灵又叫作制动力不足。

(1)故障现象

汽车行驶中制动时,驾驶员感到减速困难;汽车紧急制动时,制动距离长。

(2)故障主要原因及处理方法

造成制动不灵的原因主要是:

①制动管路中有空气,或油管凹瘪,软管老化、发胀,内孔不畅通或管路内壁积垢太厚,应予排气、清洁或更换。

②储液罐制动液不足或变质,应使用规格正确的制动液并调整到规定高度。

③制动主缸、制动轮缸、管路或管接头漏油,应予检查排除。

④制动鼓磨损过甚,或制动间隙调整不当,应予更换或调整。

⑤制动主缸出油阀、回油阀不密封或活塞回位弹簧预紧力太小,或进油孔、补偿孔、储液罐通气孔、活塞前贯通小孔堵塞,应予调整、清洁或更换。

⑥制动器摩擦片(制动盘)与制动鼓(制动钳)的接触面积太小,制动蹄摩擦片质量欠佳或使用中表面硬化、烧焦、油污,铆钉头外露,应予磨削、修理或更换。

⑦制动踏板自由行程太大,应予调整等。

(3)故障诊断方法

具体参照如图 5-50 所示的液压制动系统制动不灵常见故障原因的诊断流程进行诊断。

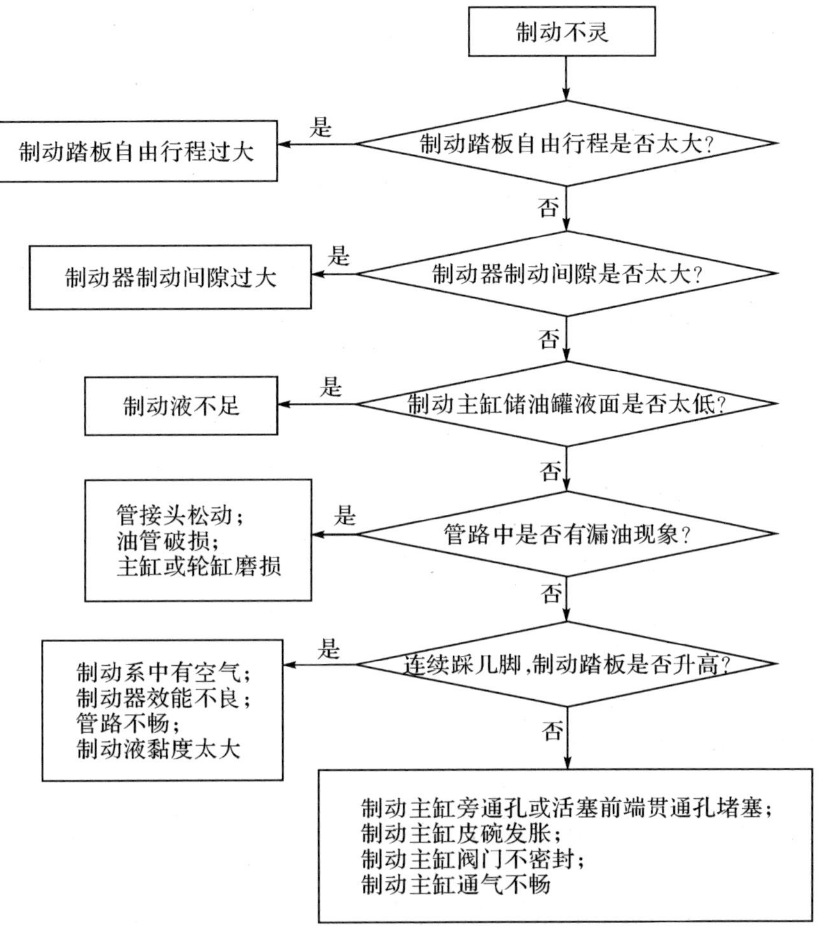

图 5-50　液压制动系统制动不灵常见故障原因的诊断流程

2. 制动失效

(1)故障现象

汽车行驶时,踩下制动踏板车辆不减速,即使连续踩几脚制动也无明显作用。

(2)故障主要原因及处理方法

造成制动失效的原因主要是:

①制动主缸内无制动液,应添加制动液至规定高度。

②制动软管、金属管断裂或接头处严重泄漏,应予更换。

③制动踏板至制动主缸的连接脱开,应予修理等。

(3)故障诊断方法

踩下制动踏板,如无连接感,说明是踏板与制动主缸的连接脱开。

检查系统管路有无泄漏或破裂(通常根据油迹)。管路的泄漏或破裂会使回路中形成不了高压,使制动性能失效。

如上述情况正常，则应检查制动主缸和制动轮缸。

液压制动系统制动失效常见故障原因的诊断流程如图 5-51 所示。

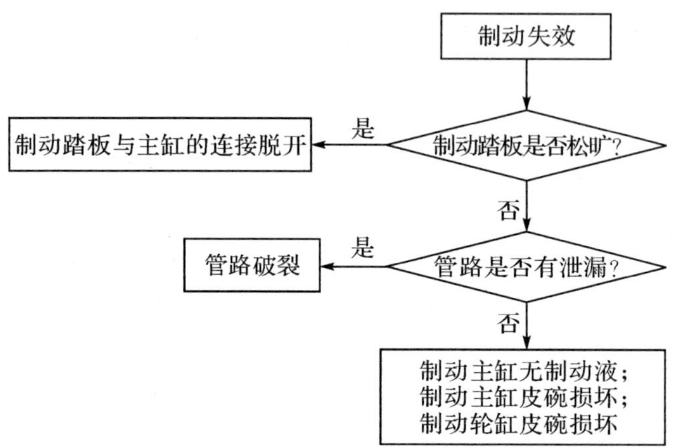

图 5-51　液压制动系统制动失效常见故障原因的诊断流程

3. 制动拖滞

(1)故障现象

在行车制动中，当抬起制动踏板后，全部或个别车轮的制动作用不能完全立即解除，以致影响车辆重新起步、加速行驶或滑行。

(2)故障主要原因及处理方法

造成制动拖滞的原因主要是：

①制动踏板无自由行程，应予调整。

②踏板回位弹簧脱落、拉断、拉力不足或踏板轴锈蚀、卡住而回位困难，应予连接或更换。

③制动蹄回位弹簧脱落、拉断、拉力太小而回位不畅，应予连接或更换。

④制动器制动间隙太小，应予调整。

⑤制动油管凹瘪、堵塞或制动液太脏、太稠而使回油困难，应予更换等。

(3)故障诊断方法

若个别车轮发热，应检查该轮制动轮缸是否回位不畅，管路是否不畅，制动器制动间隙是否太小，制动蹄(盘)是否回位不畅。

若全部车轮发热，应检查制动踏板自由行程是否太小，制动器制动间隙是否太小，制动主缸是否回油慢(回油孔不畅，皮碗发胀)，真空助力器空气阀是否漏气。

液压制动系统制动拖滞常见故障原因的诊断流程如图 5-52 所示。

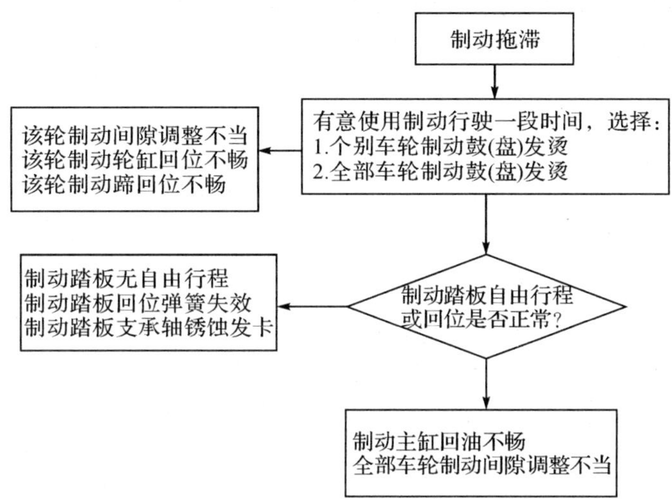

图 5-52　液压制动系制动拖滞常见故障原因的诊断流程

4.制动跑偏

(1)故障现象

制动时跑偏，紧急制动时甚至出现掉头或甩尾现象。

(2)故障主要原因及处理方法

造成制动跑偏的根本原因是汽车左、右两侧车轮受到的制动力不一致。具体原因主要是：

①前轮定位不正确，应予调整或更换部件。

②一侧鼓式制动器制动底板松动或盘式制动器制动钳固定支架(板)松动，应予复原、紧固。

③左、右轮制动蹄(钳)摩擦片与制动鼓(盘)的接触面积不一或制动间隙不一，应予调整。

④左、右轮制动蹄(钳)回位弹簧拉力不一，应予更换。

⑤左、右轮轮胎气压不一，直径不一，花纹不一或花纹深度不一，应按规定充气或更换轮胎。

⑥一侧车轮制动管凹瘪、阻塞、漏油或制动系统内有空气，应予修理、清洁或排气。

⑦一侧车轮制动轮缸活塞与缸壁磨损过甚或皮碗老化、发胀、发黏，应予更换。

⑧一侧车轮制动蹄弯曲、变形，应予校正或更换。

⑨悬挂装置紧固件松动，应予紧固等。

(3)故障诊断方法

减速制动，汽车向左(右)跑偏，说明右(左)轮制动迟缓或制动力不足。

紧急制动，观察车轮在地面上的印迹。若同一轴两边车轮印迹不能同时产生，则其中印迹短的车轮为制动迟缓，印迹轻的为制动力不足。

检查制动迟缓或制动力不足车轮的轮胎气压、轮胎磨损情况及制动管路是否漏油。检查制动系统中有无空气，制动间隙是否正常。故障仍存在时分解检查制动器和制动轮缸。

故障还是存在，应检查车身或悬架、转向系统、行驶系统是否有故障。

汽车制动跑偏常见故障原因的诊断流程如图 5-53 所示。

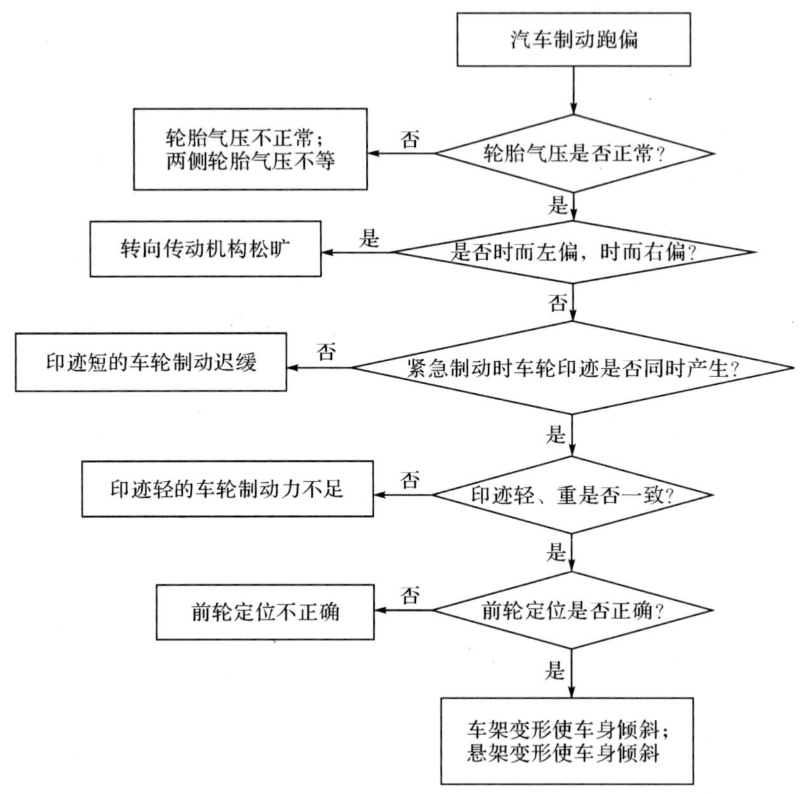

图 5-53　汽车制动跑偏常见故障原因的诊断流程

5.液压制动的其余故障

(1)制动踏板发软或有弹性

故障原因主要是:

①制动系统管路中有空气,应进行放气操作。

②制动主缸、制动轮缸中活塞与缸筒间隙过大,应更换皮碗或总成。

③制动液不足,应补充同型号制动液至规定高度等。

(2)制动踏板发硬

装有真空助力器的车辆,故障原因主要是助力器或软管漏气,可对真空助力器真空度和阀门的密封性进行检查,若良好,再对制动系其他部位进行检修。

(3)制动时车身抖动

故障原因主要是:

①润滑油或制动液污染了制动摩擦片,造成摩擦片打滑。污染摩擦片的润滑油可能源于后桥油封漏油,润滑脂可能源于车轮轴承密封件泄漏,应在排除故障后更换制动蹄片。

②制动盘划伤或翘曲,应予更换。更换时,同轴左、右两侧的制动盘应同时更换。

③制动钳松动或卡滞,应予紧固或润滑,必要时更换制动摩擦片。

(4)制动器噪声

盘式制动器制动盘和制动钳之间的震颤噪声或尖叫声,多因旋转元件抛光不良,修削加工粗糙，表面刮擦受损或钳体部位毛刺造成，应给予逐一检修清洁，必要时更换零部件。可采用不定向涡流式抛光法重新抛光其表面，制动盘过度磨损会导致金属刮削声。制动盘磨损超过规定限度，应给予更换。

鼓式制动器内摩擦片的过度磨损，制动蹄或鼓调整不当或变形将导致摩擦声或金属刮削声，应给予校正或更换。此外，制动器元件松动、脱落或装配不良时，还会出现机械撞击声。这时应停车检修，将相应元件装配回位并固定好。

(5)发动机工作时自发制动

故障原因主要是：真空助力器空气阀关闭不严，进入空气。

针对故障原因，找出故障位置后排除。

5.4.2　驻车制动的常见故障

驻车制动系统常见故障主要包括驻车制动效能不良和驻车制动拉杆不能定位。

1. 驻车制动效能不良

(1)故障现象

完全拉起拉杆，汽车仍能溜动。

(2)故障主要原因及处理方法

造成驻车制动效能不良的原因主要是：

①拉杆的工作行程过大，应予调整。

②后制动摩擦片或制动鼓有油污，应予清洁。

③拉索连接部分松旷或因阻滞而运动不畅，应予调整或清洁等。

(3)故障诊断方法

检查驻车制动拉杆的工作行程。如果正常，故障一般由后制动摩擦片或制动鼓有油污、后制动摩擦片烧蚀引起；如果不正常，故障一般由驻车制动工作行程调整过大、驻车制动拉索连接部分松旷或因阻滞而运动不畅引起。

2. 驻车制动拉杆不能定位

(1)故障现象

拉起拉杆至某一位置，放手后拉杆又回到初始位置；或拉杆不能拉起。

(2)故障主要原因及处理方法

造成驻车制动拉杆不能定位的原因主要是：

①棘爪弹簧失效或折断，应予更换。

②棘爪与齿板轮齿磨损过甚而滑牙，应予更换。

③棘爪或拉杆变形卡滞，应予校正或更换。

④棘爪或齿板等处铆钉脱落，应予修理等。

(3)故障诊断方法

反复按放驻车制动拉杆，观察拉杆能否复位。如果能，故障一般由棘爪弹簧失效或折断、棘爪与齿板轮齿磨损过甚而滑牙引起；如果不能，故障一般由棘爪或拉杆变形卡滞、棘爪或齿板等处铆钉脱落引起。

【相关拓展】

1. 四轮定位仪的使用

由于汽车行驶速度越来越快，汽车的操纵稳定性对行车安全影响越来越大。有些汽车，尤其是轿车不仅具有前轮定位，还具有后轮外倾角和后轮前束等定位参数。如果能对汽车四轮定位参数进行检测，不仅能确定所有车轮定位正确与否，还能确定前轴、后轴、悬架、车架等的技术状况，为底盘不解体诊断提供可靠依据。所以四轮定位仪使用越来越广泛。

四轮定位仪是专门用来测量车轮定位参数的设备。四轮定位仪可检测的项目包括：前轮前束、前轮外倾角、主销后倾角、主销内倾角、后轮前束、后轮外倾角、轮距、轴距、推力角和左右轴距差等。

常用的四轮定位仪有气泡水准式车轮定位仪、光学式车轮定位仪、激光式车轮定位仪和电脑式车轮定位仪等几种。它们的测量原理基本是一致的，但不同类型的四轮定位仪的使用方法有一定的差异，因此应严格按使用说明书的要求和方法进行操作。

电脑式车轮定位仪则要比其他几种车轮定位仪先进得多。下面以电脑式四轮定位仪为例，说明四轮定位仪的使用方法。它一般由电脑主机、彩色显示屏、操作键盘、传感器、打印机、遥控器和举升式支架等组成，往往制成可移动台式。这种仪器一般由安装在车轮上的传感器，把车轮与定位角之间的几何关系转变成电信号或光信号，送入电脑分析判断，然后由显示屏或打印机输出。电脑可以存贮若干车型的前轮定位数据，而且还可以不断输入新的数据，以便与测得的同一车型的定位值对照。汽车资料由键盘输入，测试过程可操作全功能遥控器，可读取近10年来世界各地汽车四轮定位参数，且可更新。还配有数码视频图像数据库，显示检查和调整位置等。有些电脑式车轮定位仪不光能检测前轮定位，而且还可以检测后轮定位式技术状况。

为便于检测和调整，被检汽车需放在地沟上或举升平台上，地沟或举升平台应处于水平状态，四轮定位仪则安装在地沟两旁或举升平台上，图5-54是四轮定位仪安装在举升平台上的情况。

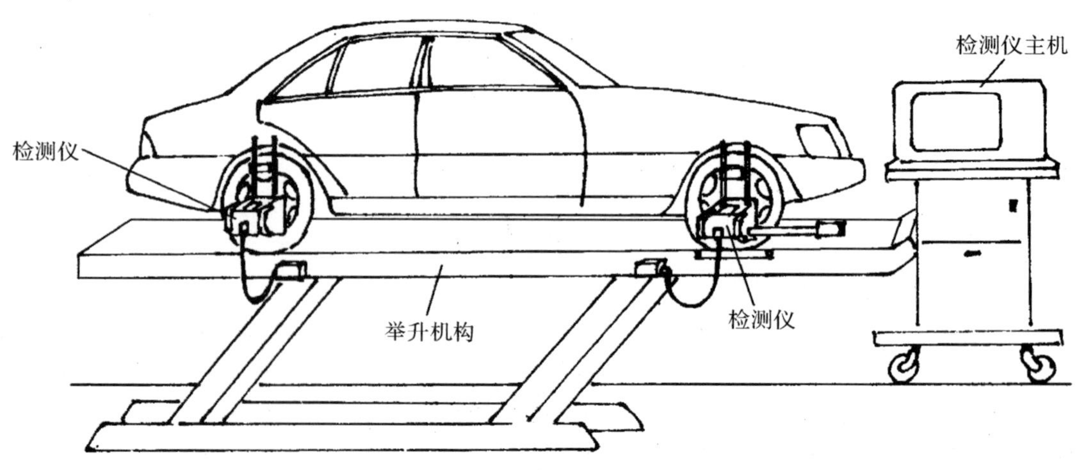

图5-54　四轮定位仪安装在举升平台上

(1)检测前的准备

①把汽车开上举升平台,托住车轮,把汽车举升0.5m(第一次举升)。

②托住车身,把汽车举升至车轮能自由转动(第二次举升)。

③检查轮胎气压,使其符合标准值。

④拆下各车轮,检查轮胎磨损情况,要求各轮胎磨损基本一致。

⑤做车轮动平衡试验,动平衡完成后,将车轮装回车上。

⑥检查车身高度,检查车身四个角的高度和减震器技术状况,如车身不平应先调平,同时检查转向系统和悬架是否松旷,如松旷则应先紧固或更换零件。

(2)检测步骤

①把传感器支架安装在轮辋上,再把传感器(定位校正头)安装到支架上,并按使用说明书的规定调整。

②开电脑主机进入测试程序,输入被测汽车的车型和生产年份。

③进行轮辋变形补偿,转向盘位于直驶位置,使每个车轮旋转一周,即可把轮辋变形误差输入电脑。

④降下第二次举升量,使车轮落到平台上,把汽车前部和后部向下压动4～5次,使各部位落到实处。

⑤用刹车锁压下制动踏板,使汽车处于制动状态。

⑥将转向盘左转至电脑显示“OK”,输入左转角度数;然后将转向盘右转至电脑显示“OK”,输入右转角度数。

⑦将转向盘回正,电脑显示出后轮的前束及外倾角数值。

⑧调下转向盘,并用转向盘锁锁止转向盘,使之不能转动。

⑨将安装在四个车轮上的定位校正头的水平仪调到水平线上,此时电脑显示出转向轮的主销后倾角、主销内倾角、转向轮外倾角和前束的数值。电脑将比较各测量数值,得出“无偏差”、“在允许范围内”或“超出允许范围”的结论。

⑩若“超出允许范围”,按电脑提示的调整方法进行针对性调整。调整后仍不能解决问题,则应更换有关零部件。

⑪将转向轮左右转动,观察屏幕上数值有无变化,若有变化,应重新调整。

⑫拆下定位校正头和支架,进行路试,检查四轮定位调整的效果。

(3)车轮定位检测结果分析

车轮前束应符合标准。若车轮前束超标,则容易导致车轮侧滑,轮胎磨损加剧,严重时,轮胎会有羽毛状的磨损。当车轮前束超标时,应对其进行调整,使之满足要求。前轮前束的调整通常是依赖左、右横拉杆中的调整螺母进行。调整时,左、右车轮应对称调整,以保证汽车直线行驶时左、右前轮的前束角相等,否则汽车易出现跑偏、转向轮与车身干涉等现象。

车轮外倾角应符合标准。若车轮外倾角超标,易使车轮侧滑,导致轮胎的快速磨损及转向拉力,影响安全行车。若两前轮的外倾角相差较大,则车辆易向正外倾角较大的一侧偏驶。车轮负外倾角过大时,还容易出现车轮“飞脱”的危险。车轮外倾角一般不可调整,因此,当车轮外倾角超标时,应检查悬架系统零部件是否弯曲变形或损坏,转向节、车桥是否变形或装配不良,待找出原因排除故障后,重新测量车轮外倾角,直至符合标准为止。

主销后倾角和主销内倾角应符合标准。若主销后倾角、主销内倾角过大，则易导致汽车转向沉重、转向轮回正过猛；而主销后倾角、主销内倾角过小，则不利于转向轮的自动回正。主销内倾角一般不可调整，而主销后倾角是否可调整因车型而异。因此，当主销后倾角和主销内倾角超标时，应检查悬架系统零部件、转向节、车桥或车身是否弯曲变形或者装配不良，待找出原因并排除故障后，重新测量主销定位参数，直至符合标准为止。

2. 车轮平衡机的使用

汽车的车轮是由轮胎、轮毂组成的一个整体。但由于制造上的原因，使这个整体各部分的质量分布不可能非常均匀。当汽车车轮高速旋转起来后，就会形成动不平衡状态，造成车辆在行驶中车轮抖动、方向盘震动的现象。为了避免这种现象或是消除已经发生的这种现象，就要使车轮在动态情况下通过增加配重的方法，使车轮校正各边缘部分的平衡。这个校正的过程就是人们常说的动平衡。

应当对轮胎定期做动平衡检查，用动平衡检测仪检查。轮胎平衡分为动态平衡和静态平衡两种。动态不平衡会使车轮摇摆，令轮胎产生波浪形磨损；静态不平衡会产生颠簸和跳动现象，往往使轮胎产生平斑现象。因此，定期检测平衡不但能延长轮胎寿命，还能提高汽车行驶时的稳定性，避免在高速行驶时因轮胎摆动、跳动，失去控制而造成的交通事故。离心式车轮平衡机如图 5-55 所示。

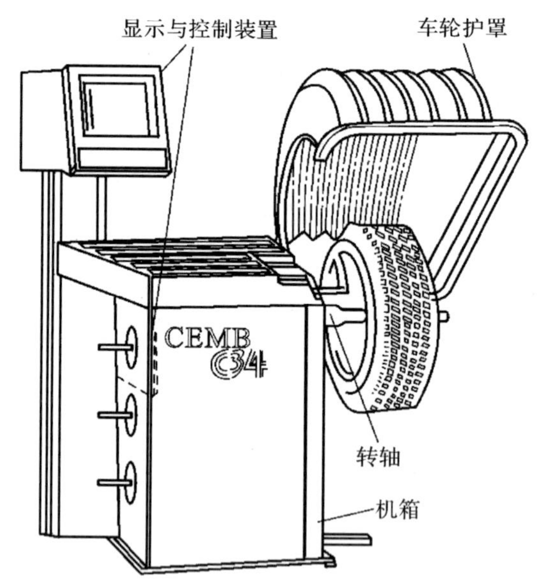

图 5-55　离心式轮胎平衡机

(1)车轮平衡机安全操作规程

①操作时应严格按使用要求进行，应小心挂放车轮，防止中心轴变形，确保机器正常工作，延长使用寿命。

②进行平衡时应选择与轮胎中心孔相配的定位中心椎。

③轮胎装夹必须牢固可靠，防止出现松动现象，作业前必须盖上护罩，方可起动。

④进行平衡时，应检查和输入所测轮胎轮辋直径、轮辋宽度及测量头至轮胎内侧距离。

⑤作业完成后切断电源，及时清理现场，保持设备、环境清洁。

(2)检测结果分析

车轮不平衡的原因：

①轮毂、制动鼓(盘)加工时轴心定位不准、加工误差大、非加工面铸造误差大、热处理变形、使用中变形或磨损不均。

②轮毂螺栓质量不等、轮毂质量分布不均或径向圆跳动、端面圆跳动太大。

③轮胎质量分布不均、尺寸或形状误差太大、使用中变形或磨损不均、使用翻新胎或垫、补胎。

④并装双胎的充气嘴未相隔180°，单胎的充气嘴未与不平衡点标记相隔180°安装。

⑤轮毂、制动鼓、轮胎螺栓、轮辋、内胎、衬带、轮胎等拆卸后重新组装成轮胎时，累计的不平衡质量或形位偏差太大，破坏了原来的平衡。

思考题

1. 离合器常见故障有哪些？如何排除？
2. 变速器常见故障有哪些？如何排除？
3. 自动变速器须进行哪些方面的检查？
4. 自动变速器常见故障有哪些？产生的原因及排除方法？
5. 制动系常见故障有哪些？产生的原因及排除方法？

第六章 底盘电子控制系统故障诊断

学习目标

1. 知识目标

(1)了解电子控制动力转向系统故障诊断。
(2)掌握电子控制防抱死制动系统(ABS)的故障诊断。
(3)了解装备 ABS 的汽车易出现的一些特殊现象。
(4)掌握电子控制防滑驱动系统的故障诊断。

2. 能力目标

(1)能运用汽车故障诊断的方法来判断底盘电控系统常见的故障。
(2)熟悉检测方法。

相关知识

6.1 电子控制动力转向系统故障诊断

电子控制动力转向系统(EPS)是在普通动力转向系统基础上,以车载微机的应用为条件发展起来的。电子控制动力转向系统能随转向条件的不同来控制转向助力:在停车和低速行驶转向或快速转向时有较大的助力以保证转向轻便;在中高速行驶转向时有较小的助力以提供路感。根据动力源的不同,电子控制动力转向系统常分为液压式和电动式两种。

6.1.1　液压式电子控制动力转向系统

液压式电子控制动力转向系统通常由液压动力转向系统、电磁阀、车速传感器和电控单元组成，其电控单元根据检测到的车速信号，控制电磁阀以调节系统压力，使转向助力放大倍率实现连续可调，从而满足高、低速时的转向助力要求，另外不少动力转向系统还增设了转向盘角速度传感器，以满足快速转动转向盘的增力要求。如图 6-1 所示。

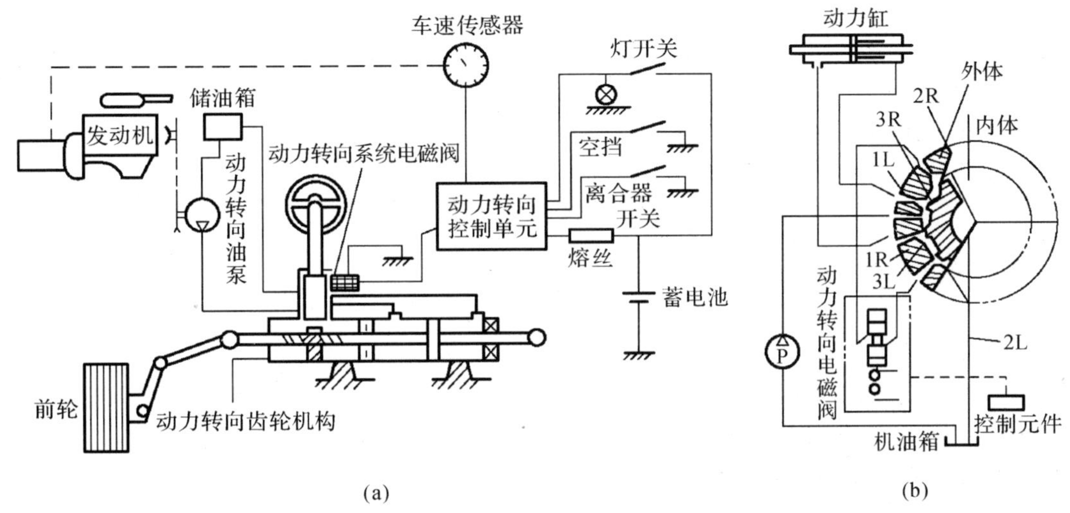

图 6-1　液压式电子控制动力转向系统的组成

6.1.2　电动式电子控制动力转向系统

电动式电子控制动力转向系统通常由转矩传感器、车速传感器、电子控制单元(ECU)、电动机和电磁离合器等组成，它利用直流电动机作为转向助力源，电控单元根据转向参数和转矩传感器、车速等信号，控制电动机转矩的大小和方向，实现转向助力调节。其组成与原理如图 6-2 和图 6-3 所示。

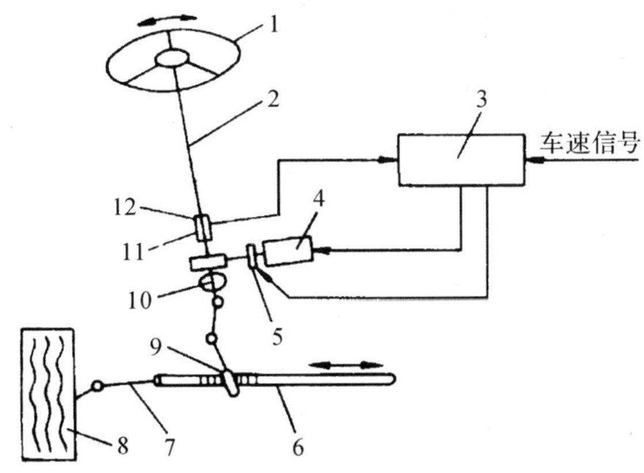

1—转向盘　2—输入轴　3—ECU　4—电动机　5—电磁离合器　6—转向齿条
7—横拉杆　8—转向轮　9—输出轴　10—扭力杆　11—扭矩传感器　12—转向齿轮

图 6-2　电动式电子控制动力转向系统的组成

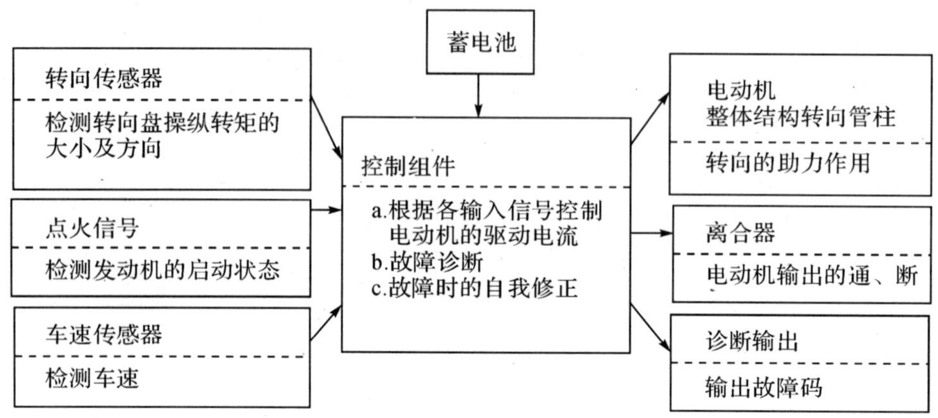

图 6-3　电子控制动力转向系统的原理

6.1.3　电子控制动力转向系统的故障自诊断

1. 电子控制动力转向系统的故障自诊断

电子控制动力转向系统一般都具有故障自诊断功能，以监测、诊断系统的工作情况。当系统出现故障时，电子控制单元将其故障信息以代码形式显示出来，以使维修人员快速、准确地判断出故障类型及故障部位。

2. 电子控制动力转向系统的故障诊断

电子控制动力转向系统的机械及油路的故障诊断，可参考普通动力转向部分进行。其电控部分的故障诊断以皇冠轿车电子控制动力转向系统为例进行说明，图 6-4 为该车动力转向系统的控制电路和 ECU 插接器示意。

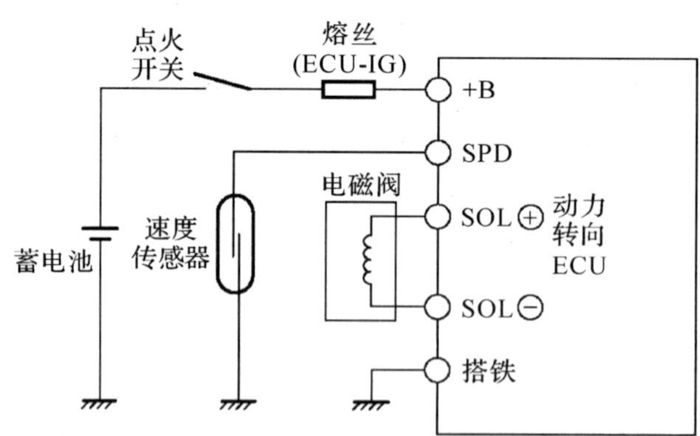

图 6-4　皇冠轿车动力转向系统的控制电路和 ECU 插接器

(1)故障现象

怠速或低速行车时转向沉重；高速行驶时转向太灵敏。

(2)故障原因

①动力转向系统机械及油路故障。

②动力转向的 ECU - IG 熔断丝。

③动力转向的 ECU 插接器接触不良。

④车速传感器线束有断路或短路故障。

⑤动力转向电磁阀线圈有断路或短路故障。

⑥动力转向 ECU 故障。

(3)故障诊断与排除操作步骤及维修要点

①检查转向系统的机械及油路故障，如轮胎气压、前轮定位、悬架与转向连接件之间的连接情况以及动力转向泵的输出油压等，检查正常或排除以上故障后仍不能消除故障现象，则应进行下步检查。

②打开点火开关(ON)，检查 ECU - IG 熔断丝是否完好。若熔断丝烧毁，应更换熔断丝重新检查，若熔断丝再次烧毁，则表明此熔断丝与动力转向 ECU 的＋B 端子之间的电路有搭铁故障；若熔断丝完好，则进行下步检查。

③拔下动力转向 ECU 插接器，检查动力转向 ECU 插接器的＋B 端子与车身搭铁处之间的电压是否为正常值(10～14V)。若无电压，则表明 ECU - IG 熔断丝与 ECU 的＋B 端子之间的线束有断路故障；若电压正常，则进行下一步检查。

④检查动力转向 ECU 插接器的 GND 端子与车身搭铁处之间的电阻是否为零。若电阻不为零，则表明 ECU 插接器的 GND 端子与车身接铁处之间线束断路或接触不良；若电阻为零，则应进行下步检查。

⑤顶起汽车一侧前轮并使之转动，用欧姆表测量 ECU 插接器的 SPD 端子和 GND 端子之间的电阻。在车轮转动时，其正常的电阻值应在 0 到∞之间交替变化，否则说明 ECU 的 SPD 端子与车速传感器之间的线束有断路或短路故障，或车速传感器有故障。若其电阻变化正常，则应进行下步检查。

⑥检查动力转向 ECU 插接器的 SQL(＋)端子或 SOL(－)端子与 GND 端子之间是否导通。若相通，则表明 SQL(＋)端子或 SOL(－)端子之间的线路发生短路，或电磁阀有故障；若不导通，则进行下步检查。

⑦用欧姆表检查 SQL(＋)端子或 SOL(－)端子之间的电阻，其正常值应为 6～10Ω。若阻值不正常，则表明 SQL(＋)端子或 SOL(－)端子之间的线路有断路或电磁阀有故障；若阻值正常，则可能是动力转向 ECU 故障，必要时可对 ECU 进行替换检查。

6.2　电子控制防抱死制动系统(ABS)的故障诊断

ABS 系统通常由车轮速度传感器、液压控制单元(液压调节器、制动压力调节器)、电控单元 ECU 及故障指示灯等组成；如图 6-5 所示。汽车行驶时，若 ABS 故障指示灯持续点亮，说明 ABS 系统存在故障，此时应及时对 ABS 系统进行检测诊断并排除故障。

1.装备 ABS 的汽车易出现的一些特殊现象

①发动机起动时，踏下制动踏板会弹起；而发动机熄火时，制动踏板会下沉。

②制动时转方向盘，会感到方向盘有轻微的震动。

③制动时，会感到制动踏板有轻微下沉，或轻微震动。

④高速行驶急转弯时，或冰雪路面上行驶时，有时会出现制动警告灯亮起的现象。

⑤制动时，ABS 继电器不断地动作，这是 ABS 起作用的正常现象。

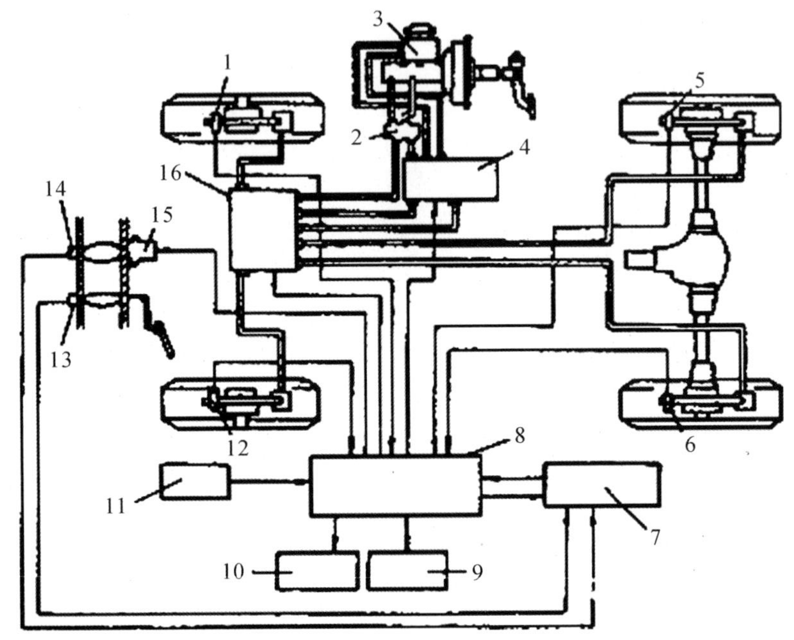

1—右前轮速传感器　2—比例阀和差压阀　3—制动主缸　4—ASR 制动压力调节器
5—右后轮速传感器　6—左后轮速传感器　7—发动机/变速器电子控制单元
8—ABS/ASR 电子控制单元　9—ASR 关闭指示灯　10—ASR 工作指示灯
11—ASR 选择开关　12—左前轮速传感器　13—主节气门位置传感器
14—副节气门位置传感器　15—副节气门驱动步进电机　16—ABS 制动压力调节器

图 6-5　典型 ABS/ASR 组成

⑥制动后期，会有车轮被抱死，在地面上留下拖滑的印痕。这是因为在车速小于 7～10km/h 时，ABS 不起作用。此时的印痕很淡，与普通制动时留的长而深的印痕不同。

ABS 故障现象一般有几种情况：一是紧急制动时，车轮被抱死；二是制动效果不良；三是警告灯亮；四是 ABS 出现不正常情况。

2. ABS 系统故障自诊

(1)ABS 的自检

①点火开关接通，ABS ECU 立即对其外部电路进行检查。这时制动警告灯亮，3s 后熄灭。若制动警告灯一直亮或不亮，说明 ABS 电路有故障。

②对制动压力调节器的检查是通过控制阀的循环来实现。

③发动机起动后，车速第一次达 60km/h，ABS 系统完成自检。

④自检过程中若有异常，则停止使用 ABS，储存故障码并点亮故障警告灯。

(2)两个制动警告灯

①ABS 灯：黄色，标记为 ABS 或 ANTILOCK。

②制动灯：红色，标记为 BREAK，由制动液压力开关和液面开关及手制动器开关控制。

③若制动灯亮，可能制动液不足、储液器制动压力过低或手制动器开关问题，此时 ABS 和普通制动系统均不能正常工作。

④若 ABS 灯亮，说明 ABS 系统有故障，此时无 ABS 功能，但常规制动系统仍有效。

3. 常见 ABS 系统的故障检修方法

(1)车轮速度传感器的调整

传感器传感插头脏污，传感器的空气隙没有达到要求，都会引起传感器工作不良，应对其进行调整，以恢复正常工作状态。传感器的调整可用纸垫片贴紧传感头的端面来完成，当汽车运行时，随着传感器齿圈的旋转，纸垫片就会自然消失。

调整前轮速度传感器：拆下相应的前轮轮胎和车轮装置，拧松紧固传感头螺栓，然后沿着 ABS 轮速传感器线束拔掉传感器，清除其表面的金属或脏物，并刮传感头端面，在传感头端面粘贴一新纸垫片(做一"F"标记表示轮)，纸垫片厚度为 1.3mm，拧松传感器支架固定衬套的螺栓，旋转衬套，给固定螺栓提供一个新的锁死凹痕面，通过盘式制动挡泥板孔，将传感头装进支架上的衬套，确认纸垫片贴在传感头端面上，并在整个安装中没有掉下来，装复后传感器上连线接触良好。推动传感头向传感器齿圈顶端移动，直到纸垫片与齿圈接触为止，用 2.4～4N·m 的力矩拧紧固定螺栓，使传感头定位。重新装好轮胎和车轮，并放下汽车，起动发动机路试，ABS 故障指示灯不亮为系统正常，传感器良好。否则，ABS 系统仍有故障，须进一步检修。

调整后轮传感器：同前轮传感器调整相同。拆下后轮、制动钳、传动装置及传感头，清洁其表面，在传感头端面贴纸垫片(标注 R)，35 脚电脑 ABS 的纸垫片厚度为 0.65mm。装复传感头，拧紧固定螺栓，推传感头向传感器齿圈顶端移动，至纸垫片与齿圈接触为止，保持此状态用 2.4～4N·m 力矩拧紧固定螺栓，使传感头定位。重新装复制动钳、车轮，放下汽车，最后进行路试。

若发现车轮速度传感器工作不良，应用数字万用表测量其线圈的电阻。电阻大为断路，电阻小为短路，均需要更换传感头。

(2)ABS 系统线束更换

ABS 线束接头接触不良，线束腐蚀、断裂及外部屏蔽损坏等，都会导致防抱死制动系统无法正常工作，须对其进行更换。线束插头通常与线束一同更换，个别线束插头损坏时，可更换新插头，地线与屏蔽线要焊接牢固，线束插头是塑料的，一般只能与线束一同更换。线束插头必须插牢，以防接触不良，接头插接后，将卡销插好。

(3)ABS 系统的泄压

一般 ABS 系统的泄压方法是：将点火开关关闭(置于"OFF")，然后反复踩制动踏板，踏板的次数在 20 次以上，当踏板力明显增加，即感觉不到踩踏板的液压助力时，ABS 系统即泄压完毕。

(4)ABS 系统的放气

ABS 系统中如有空气，会严重干扰制动压力的调节，而使 ABS 系统功能丧失，工作不正常。尤其对 ABS 进行维修之后，要按"维修手册"规定进行放气。

(5)液压控制装置的检修

在检修液压控制装置之前，要按一般方法泄压。拆卸液压控制装置时，拔下电磁阀，取下 O 形环，用干净的制动液润滑电磁阀 O 形环，装用性能完好的电磁阀，用 4～5N·m 力矩交替拧紧固定螺栓，固定好电磁阀，插好接线插头。

(6)液压元件泄漏检查

检查液压元件泄漏时，接通点火开关，直至液压泵停止运转，接着再等 3min，使整个液压系统处于稳定状态。查看压力表,若 5min 内系统压力下降,表明液压系统有泄漏之处。再检查是液压元件本身泄漏,还是其外部系统泄漏,分别修复,必要时更换磨损部件或总成。

4. 检修 ABS 时应注意的事项

①首先需对 ABS 外观进行检查。

②应区分是 ABS 机械部分(制动器、制动总泵、制动管路等)不良还是 ABS 电子控制部分的故障。方法:拔下 ABS 控制线束,让汽车以普通制动方式制动,如果故障消失,则为电子控制部分故障;否则说明机械部分有故障。

③ABS 电子控制部分故障多为线束插接器或导线松脱、车速传感器不良等。制动压力调节器的故障相对较少。

④在检修制动压力调节器、制动分泵、储压器、后轮比例分配阀、电动油泵、制动液管路、压力警告和控制开关时需泄压。泄压方法:关闭点火开关,反复踩制动踏板 20 次以上,直到感觉到踩制动踏板力明显增加为止。

6.3 电子控制防滑驱动系统的故障诊断

汽车驱动防滑系统(Acceleration Slip Regulation 或 Traction Control System),简称 ASR 或 TCS(日本车型称它为 TRC 或 TRAC)。ASR 系统是继 ABS 后采用的一套防滑控制系统,是 ABS 功能的进一步发展和重要补充。ASR 系统和 ABS 系统密切相关,通常配合使用,构成汽车行驶的主动安全系统。

ABS 是防止制动过程中的车轮抱死、保持方向稳定性和操纵性,并能缩短制动距离的装置。而 ASR 的作用是防止汽车加速过程中的打滑,特别防止汽车在非对称路面或在转弯时驱动轮的空转,保持方向稳定性、操纵性,维持最大驱动力的装置。由于 ASR 是 ABS 系统功能的延伸和补充。因此 ASR 与 ABS 之间有许多相同之处,主要部件可以通用或共用。

为了提高汽车的行驶性能,对于 TRC 的故障应及时诊断并加以排除。下面以凌志 LS400 为例,说明 TRC 故障的检测与诊断方法。如图 6-6 所示。

1. 使用与维修中的一般注意事项

①拆装系统中的电器元件和线束插头,应先断开点火开关。

②不可用充电机起动发动机,也不要在蓄电池与汽车电系统连接的情况下,对蓄电池进行充电。

③避免电子控制单元受到碰撞和敲击。

④在高温环境(如烤漆作业)下,应拆下电子控制单元;在焊接电器元件与线路时,应拔下线束插头。

⑤不要让油污沾染电子控制单元,特别是电子控制单元的端子。

⑥要注意对蓄电池的电压进行检查,特别是长时间停驶后初次起动时。

⑦不要使车轮转速传感器和传感器齿圈沾染油污或其他脏污,且不要敲击轮速传感器。

2. 防滑控制系统的故障自诊断

当防抱死警告灯持续点亮时,就表明系统因故障已退出工作状态,已将故障情况以故障代码的形式储存记忆。大多数具有自诊断功能的防滑控制系统可以通过跨接诊断

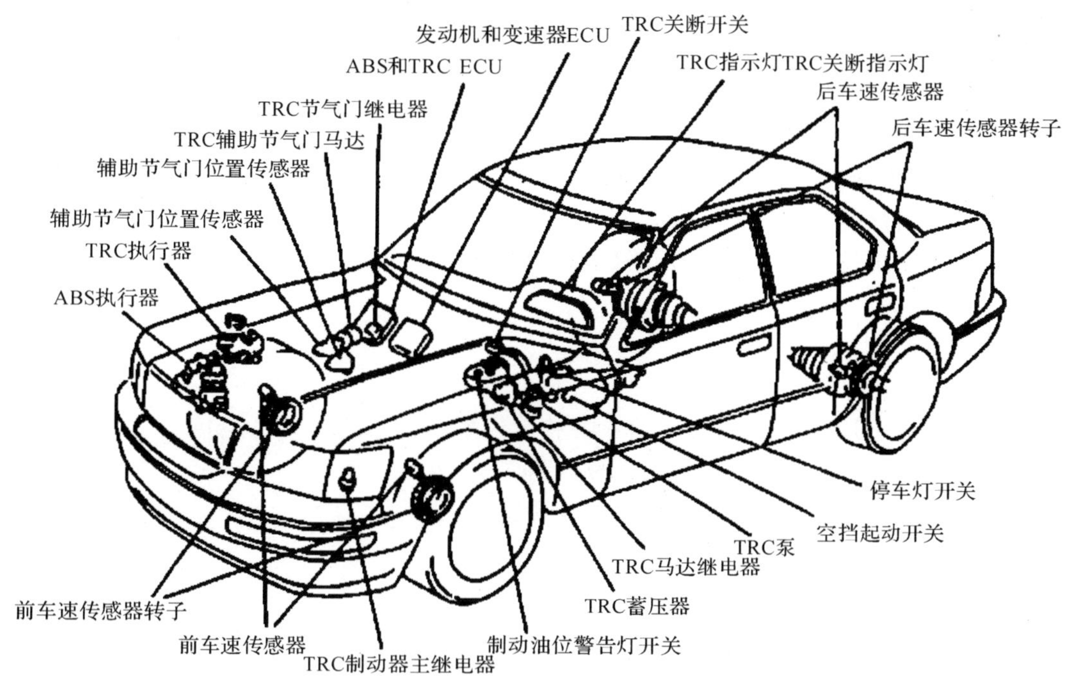

图 6-6　凌志 LS400 零件

插座中相应的端子，根据仪表板上的警告灯或 ECU 上的发光二极管的闪烁情况读取故障代码，然后从维修手册中查找故障代码所代表的故障情况，也可以利用解码器直接读取故障代码。

通过警告灯或发光二极管闪烁的方式，读取故障代码的一般顺序是：

①将点火开关置于断开位置(OFF)。

②用跨接线跨接诊断插座中的相应端子。

③将点火开关置于点火位置，以正确的方法计数警告灯或发光二极管的闪烁次数，确定故障代码。

④从维修手册中查找故障代码所代表的故障情况。

利用解码器读取故障代码时，选择合适插头的线束与诊断插座和解码器插接，再选择相应的软件，从解码器的显示屏上就可以直接读取简明的故障情况。

在防滑控制系统的故障排除以后，还需要通过特定的方法清除电子控制单元(ECU)中存储的故障代码。否则，尽管系统已经恢复正常，但电子控制单元(ECU)仍将储存记忆故障代码。

3. 故障诊断与排除的一般步骤

当防滑控制系统的警告灯(包括防抱死警告灯和防滑转警告灯)持续点亮时，或感觉防滑控制系统工作时，应及时对系统进行故障诊断和排除。

①确认故障情况和故障症状。

②对系统进行直观检查，检查是否有制动液渗漏、导线破损、插头松脱、制动液液位过低等现象。

③读取故障代码，再根据维修手册查找故障代码所代表的故障情况。

④根据读取的故障情况，利用必要的工具和仪器对故障部位进行深入检查，确诊故障部位和故障原因。

⑤排除故障。

⑥清除故障代码。

⑦检查警告灯是否仍然继续点亮。

⑧警告灯不再持续点亮后，进行路试，确诊系统是否恢复正常工作。

思考题

1. 简述装备 ABS 的汽车易出现的一些特殊现象。
2. 简述电子控制动力转向系统的故障诊断。
3. 简述防滑控制系统的故障自诊断的步骤。

第七章 电器系统故障诊断

学习目标

1. 知识目标

(1)了解汽车电器系统的组成。

(2)掌握汽车电器故障常见部位及故障诊断方法。

(3)了解电器设备检查工具。

(4)掌握排除故障的诊断流程。

2. 能力目标

(1)能运用汽车电器故障诊断的方法来判断汽车常见的故障。

(2)熟悉故障流程。

(3)能运用工具查出简单故障。

相关知识

汽车电器系统包括起动系统、充电系统、灯系统、巡航控制系统、中央门锁和防盗系统、仪表辅助系统等。本章着重从以上几个方面分别阐述其故障常见部位及故障诊断方法。

汽车起动系统一般包括蓄电池、起动机、起动继电器、点火开关、导线等，如图 7-1 所示。

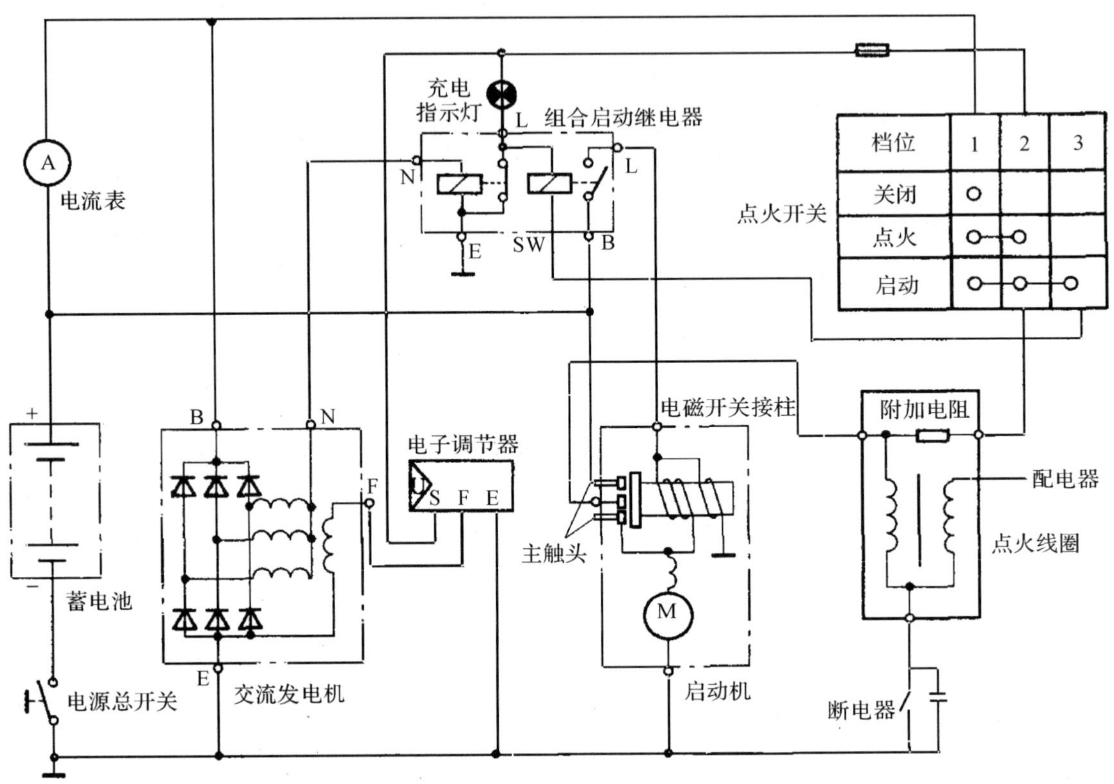

图 7-1 汽车起动系统组成

有防盗系统的汽车还装备有起动防盗系统。起动系统一旦发生故障，就会导致起动机不能带动发动机运转，常见故障有起动机不转或运转无力、起动机空转以及起动机异响等。

7.1 起动系统故障诊断

7.1.1 起动系统不转的故障诊断与排除

1. 故障现象

接通起动开关，起动机不转。

2. 故障原因

①蓄电池电容量不足，或各导线连接松动、接线柱脏污接触不良。

②起动电磁开关线圈断路或接触盘接触不良。

③起动继电器触点烧蚀、继电器磁力线圈断路或烧坏。

④起动机内部电枢轴弯曲或轴承过紧、整流器脏污或烧蚀、电刷磨损过短、弹簧过软不能接触、电枢线圈或磁场线圈短路、断路或搭铁。

⑤起动防盗系统故障。

3. 故障诊断

对于有起动防盗系统的汽车，将点火开关转到“ON”位，观察防盗系统指示灯是否异常，若有异常应先排除防盗系统的故障，然后再逐一进行诊断。

①按喇叭，开大灯。如果喇叭不响，大灯不亮，则为蓄电池及其线路故障。

②如果喇叭声响、大灯亮度都正常，则开大灯并起动起动机：

若大灯灯光变暗，起动机不转，则为起动机搭铁故障。

若大灯亮度不变，起动机不转，短接起动机电磁开关；起动机能正常运转为电磁开关故障；有火花，起动机不能运转，则为起动机内部机械故障；无火花，起动机不转，则为起动机内部线圈断路故障。

若仪表指示大量放电，起动机不转，则为起动机连接线路或继电器搭铁故障。

7.1.2　起动系统运转无力的故障诊断与排除

1. 故障现象

起动机转动缓慢无力，带动发动机困难，或接通起动开关，起动机只有“咔哒”声且不转动。

2. 故障原因

①蓄电池电量不足或连接导线松动，接触不良。

②起动机轴承过紧或松旷，电枢轴弯曲有时碰擦磁极，整流子和电刷间脏污或电刷磨损过短、弹簧过软，电枢和磁场线圈短路。

③起动开关触点烧蚀或电磁开关线圈短路。

④电枢移动式起动机串联辅助线圈断路或短路。

3. 故障诊断

①诊断程序基本与起动机不转的相同。因为这两种故障的产生因素基本一样，只是程度不同。

②接通起动开关，起动开关处只是“咔哒”一声，无力转动的故障，常发生在电磁控制式起动机和电枢移动式起动机。

对于电磁控制式起动机，接通电磁开关，有“咔哒”声，但起动机不转动，说明电磁开关线圈短路或接触不良，产生的磁力太小，不足以进一步压缩回位弹簧，致使主回路接触盘接触不良。

如电磁开关线圈正常，可能是在起动时起动机小齿轮刚好顶在飞轮端面不能啮入。这时，若将发动机曲轴接转一个角度，往往又可使小齿轮啮入飞轮齿间而显示工作正常。若在这种情况下还不能使小齿轮啮入发动，表明回位弹簧过硬。

对于电枢移动式起动机，接通电磁开关时，动触点的上触点先闭合，辅助线圈接通，电枢缓慢旋转并移功，圆盘顶起扣爪块，使动触点的下触点也闭合，将主回路接通，起动机有力地转动。若扣爪块与圆盘接触的凸肩磨损，不能顶起扣爪块释放限止板，动触点的下触点不能闭合，主回路不通，起动机只能缓慢无力地转动。另外，如果辅助线圈断路或短路，起动机起动时不能缓慢旋转，往往产生起动机小齿轮顶住发动机飞轮轮齿端面而不易啮入的情况。

7.1.3 起动机空转的故障诊断与排除

1. 故障现象

接通起动开关,起动机只是空转,小齿轮不能啮入飞轮齿圈带动发动机转动。

2. 故障原因

①机械强制式起动机的拨叉脱槽,不能推动驱动小齿轮,或其行程调整不当,不能进入啮合。

②电磁控制式起动机的电磁开关铁芯行程太短。

③电枢移动式起动机辅助线圈短路或断路,不能将电枢带到工作位置。

④起动机单向啮合器打滑。

⑤飞轮齿严重磨损或打坏。

3. 故障诊断

起动机空转实际有两种情况:一种是起动机驱动小齿轮不能与飞轮齿圈啮合的空转,故障主要在起动机的操纵和控制部分;另一种是起动机驱动小齿轮已和飞轮齿圈啮合,由于单向啮合器打滑而空转,故障主要在起动机单向啮合器。

若驱动小齿轮不能与飞轮齿圈啮合,则应进行如下检查、诊断:

①对于机械强制式起动机,应先检查传动叉行程是否调整适当。若调整不当,在未驱使驱动小齿轮与飞轮齿圈啮合时,主接触盘已与触点接通而导致起动机空转。如调整适当,则可能是传动叉脱出嵌槽。

②对于电磁控制式起动机,则应检查主回路接触盘的行程是否过小。如过小,会使主回路提早接通,造成电枢提前高速旋转。

③对于电枢移动式起动机,主要是扣爪块上阻挡限止板的凸肩磨损,不能阻挡限制板的移动,致使活动触点的下触点提早闭合,并使电枢高速旋转。当活动触点与固定触点上、下两触点间隙调整不当,即下触点间隙太小也同样会引起电枢提早高速旋转。

若单向啮合器打滑空转,应分解起动机进行检修或更换。

7.1.4 起动机异响的故障诊断与排除

1. 故障现象

接通起动开关,起动机运转时有撞击声,且不能带动发动机运转。

2. 故障原因

①起动开关或电磁开关行程调整不当。

②电枢移动式固定触点和活动触点间隙调整不当。

③起动机驱动小齿轮或飞轮轮齿磨损过甚或打滑。

④起动机固定螺栓松动或离合器壳松动。

⑤起动机内部故障。

3. 故障诊断

此现象表明起动机驱动小齿轮啮入困难。首先摇转曲轴一个角度,再接通起动开关试验。

①如撞击声消失且能啮入起动发动机，则说明飞轮齿圈部分轮齿啮入端打坏，应予以更换。

②如曲轴转到任何角度都不能消除撞击声，驱动小齿轮始终不能啮入，则表明起动机拨叉行程或电磁开关行程过短，导致驱动小齿轮尚未啮入即高速旋转。

③当接通起动开关时，起动机壳体将明显抖动，说明起动机固定螺栓或离合器壳固定螺钉松动，应立即紧固，否则可能造成起动机驱动端盖折断。

④此外，根据撞击声响特征也可大致判明原因。一般行程调整不当或带有空转的撞击声是连续的，而起动机固定螺栓或离合器壳松动或飞轮齿损坏引起的撞击声是断续的，且有时可以啮入起动。空转带有撞击声的诊断方法同起动机空转故障。

7.2　充电系统故障诊断

汽车充电系统主要由蓄电池、交流发电机、调节器以及相关线路构成。充电系统的主要故障有充电指示灯不亮、不充电、充电电流异常等。丰田汽车采用的充电指示灯的控制电路如图 7-2 所示。

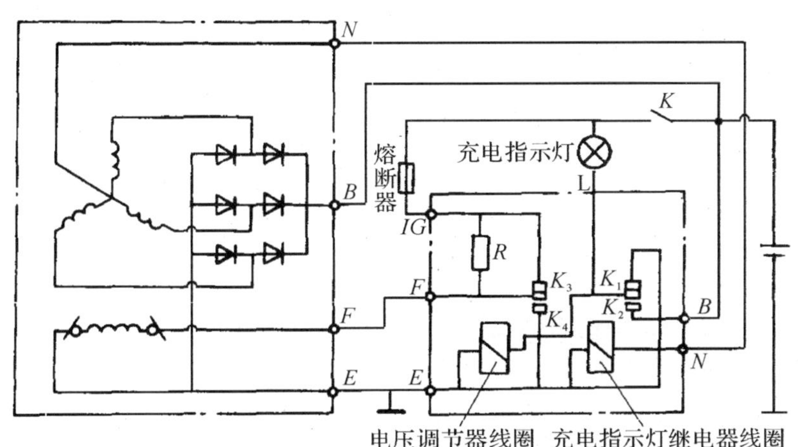

图 7-2　丰田汽车采用的充电指示灯的控制电路

7.2.1　主要部件的检测

1. 蓄电池的检测

(1)电容量检测

①电压测量法。可采用 12V 高率放电计来进行检测，将放电触针接至蓄电池的两个极柱上，保持 15s。

②如无高率放电计，也可用一般电压表测量。

(2)电解液密度和液面高度检测

①电解液相对密度的检测。

②电解液液面高度的检测。

2. 交流发电机的检测

(1)不解体检测

为了判定交流发电机有无故障及故障部位,应首先对其进行不解体检查。表 7-1 所示为 JF132N 内搭铁型发电机的各接线端子间的标准阻值及故障现象和原因。

表 7-1　JF132N 内搭铁型发电机的各接线端子间的标准阻值及故障现象和原因

万用表型号	"F"与"E"端子	"B"与"E"端子		"B"与"N"端子		"N"与"E"端子	
		正向	反向	正向	反向	正向	反向
MF－500 型	5～7Ω	50～60Ω	>10kΩ	13～15Ω	>10kΩ	13～15Ω	>10kΩ
108－1 型	5～7Ω	40～50Ω	>10kΩ	8～10Ω	>10kΩ	8～10Ω	>10kΩ
故障现象及原因	1. 阻值为∞,磁场绕组断路; 2. 阻值大于标准值,电刷与集电环接触不良; 3. 阻值小于标准值,磁场绕组短路; 4. 阻值为零,"F"端子有搭铁故障或两集电环短路	1. 正向电阻值小于标准值,二极管短路; 2. 正、反向电阻值均为零,"B"端子搭铁或正负元件板间绝缘损坏或正负二极管中有短路发生; 3. 正向电阻大于标准值,二极管断路		1. 正向阻值为∞,"N"端子引线所连接的一相绕组和正二极管断路或正二极管均断路; 2. 正、反向电阻值均为零,正极管中至少有一只短路		1. 正向阻值为∞,"N"端子引线所连接的一相绕组和负二极管断路或三个负二极管均断路; 2. 正、反向电阻值均为零,负极管中至少有一只短路	

注:其他型号的交流发电机的检测与故障判断与上述情况类似,数据有所不同

(2)交流发电机内部故障的解体检测

若交流发电机内部有故障,可进行解体检测。

①转子的检测:

集电环的检测如图 7-3 所示。

转子线圈的检测如图 7-3 所示。

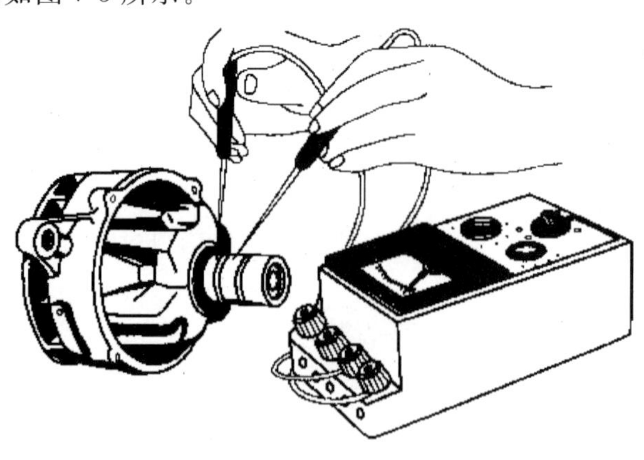

图 7-3　集电环绝缘性、转子线圈的检测

②定子的检测。对定子主要进行定子线圈的绝缘性能、断路和短路的检查。可使用万用表检查，如图 7-4 所示。

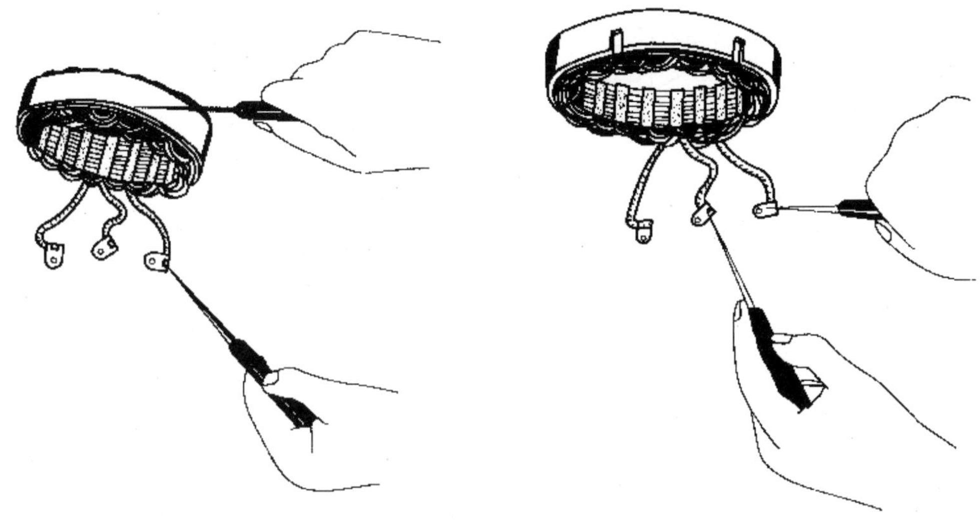

图 7-4　定子的检测

③二极管的检测。用万用表检查二极管，如图 7-5 所示。

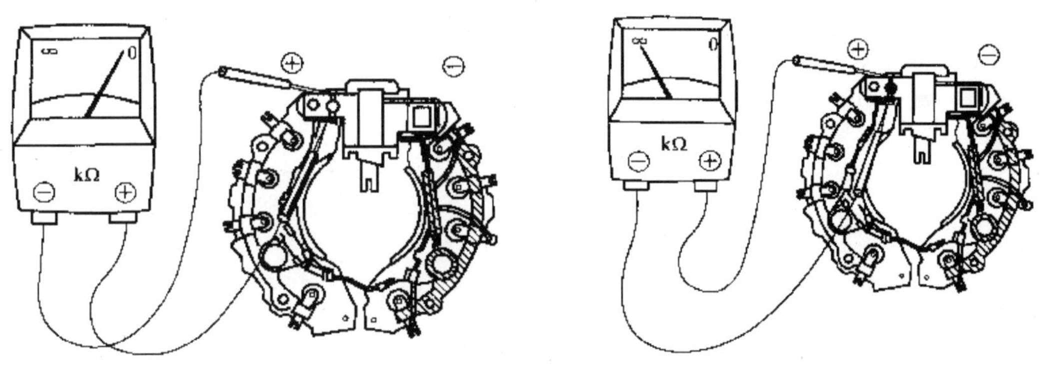

图 7-5　二极管的检测

3. 调节器的检测

(1)搭铁型式的检测

当不知电子调节器的搭铁型式时，可依据图 7-6 所示的线路把调节器和可调直流电源连接，按以下步骤进行搭铁型式判别。

①电源电压 U 调到 12V(28V 调节器调到 24V)。

②接通开关 S，若小灯泡不亮，则为内搭铁型；若小灯泡发亮，则为外搭铁型。

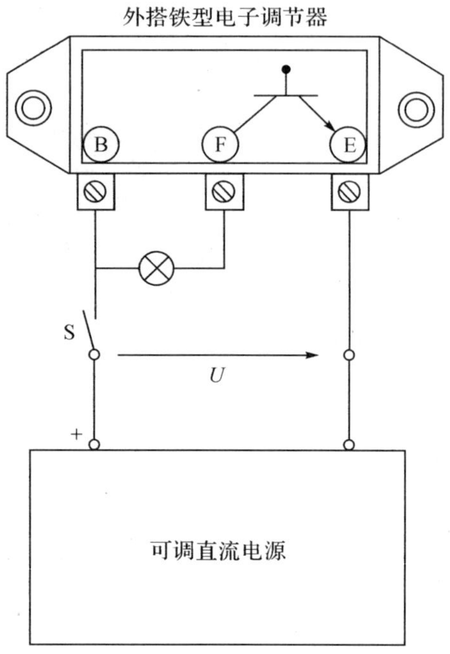

图 7-6　外搭铁型电子调节器的检测

(2)故障检测

对于外搭铁型调节器,按图 7-6 所示的线路连接;对于内搭铁型调节器,则按图 7-7 所示连接好线路,按以下步骤进行检测。

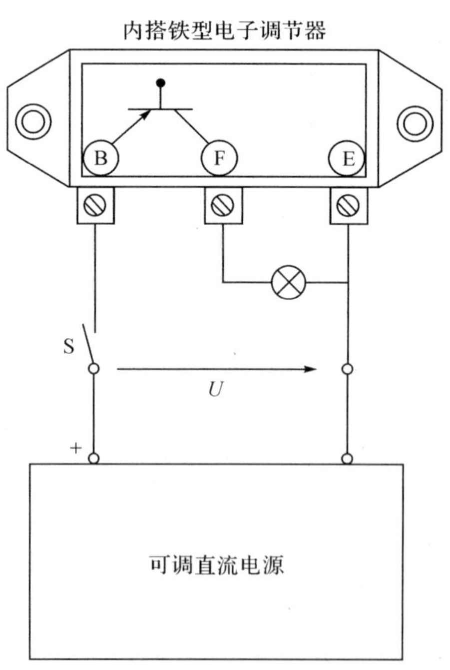

图 7-7　内搭铁型电子调节器的检测

①接通开关 S，将可调直流电源的电压 U 由 0V 逐渐调高，此时小灯泡 L 的亮度应随电压升高而增强。

②当电压 U 调高到调节电压值(14V 调节器为 13.5～14.5V，28V 调节器为 27～29V)或略高于此值时，若小灯泡熄灭，则调节器良好，否则为调节器损坏。

7.2.2　不充电故障诊断与排除

1. 故障现象

发电机以中速以上速度运转时，电流表指示不充电或充电指示灯不熄灭。

2. 故障原因

①发电机传动带过松、打滑。

②接线错误，电流表等元件或线路断路、短路。

③发电机故障：

- 硅二极管击穿、短路或断路。
- 定子或转子线圈断路、短路或搭铁。
- 炭刷在其架内卡滞与集电环接触不良。
- 电枢和磁场接线柱绝缘损坏或其接线不良。
- 集电环绝缘击穿。
- 转子爪极松动。

④调节器故障或调节器与发电机不匹配。

3. 故障诊断

①检查风扇皮带的挠度。

②检查各连接导线接线是否良好以及发电机接线是否正确；若线路连接正常，接通点火开关，将试灯一端与发电机“F”端子相接，而另一端搭铁(也可用万用表直流电压挡“＋”表笔与发电机磁场接线柱相接，“－”表笔搭铁)。若试灯点亮，则磁场外电路正常。若试灯不亮(或电压表无读数)，则将试灯的火线端依次接调节器的“B”端子，若试灯点亮，则为调节器或调节器和发电机之间连线断路或短路；若试灯不亮，则为调节器和蓄电池之间的元件损坏或电路断路或短路。

③若磁场外电路正常，可拆下发电机“F”端子导线，检测“F”端子与“－”(“E”)之间的电阻是否正常，若不正常，则为磁场内电路故障。若正常，则重新连接好“F”端子导线并拆下发电机“B”端子上的连线，将试灯一端接触电枢接线柱，另一端搭铁，起动发动机并使发动机稍高于怠速运转(不允许高速运转)，若试灯不亮或亮度暗红，说明是发电机内部故障；若试灯亮度正常，则为调节器故障。

7.2.3　充电电流过小故障诊断与排除

1. 故障现象

蓄电池经常存电不足，照明灯光暗淡，电喇叭声音小，起动机运转缓慢无力。

2. 故障原因

①充电线路接线不良，接触电阻大。

②风扇皮带打滑，发电机转速过低。

③发电机整流子个别二极管损坏。

④发电机集电环脏污、炭刷与集电环接触不良，致使励磁电流过小。

⑤发电机定子绕组某相连接不良，有短路或断路故障，转子绕组局部短路，转子与定子刮碰或气隙不当。

⑥电压调节器故障。

3. 故障诊断

①检查导线连接情况和风扇皮带的挠度，确定其工作状况是否良好。

②如上述检查良好，可拆下发电机"B"端子导线，用试灯的两根导线分别和发电机的接线柱"B"和"F"相连，然后起动发动机，逐渐提高转速进行试验，并观察试灯亮度。

• 如试灯发红，可再提高转速试验。如试灯亮度不增强，则说明发电机内部有故障。

• 如试灯亮度随发动机转速提高而增强，则说明发电机良好，故障在调节器。对于电磁振动式电压调节器可能是调节器的调节电压过低或触点脏污所致。

7.2.4 充电电流过大故障诊断与排除

1. 故障现象

①在蓄电池不亏电的情况下，充电电流仍在10A以上。汽车行驶2～3h，电流表始终指示5A充电电流。

②蓄电池的电解液消耗过快，需经常添加。

③照明灯泡、分电器断电触点经常烧损。

④点火线圈或发电机有过热现象。

2. 故障原因

①电压调节器电压调整过高。

②电磁振动式电压调节器低速触点黏结或高速触点脏污、接触不良、搭铁电阻增加，使励磁绕组不能及时短路。

③磁化线圈或温度补偿电阻断路。

④发电机绝缘电刷或正电刷与元件板短路。

⑤电子调节器的大功率三极管集电结和发射结之间漏电过大，不能有效截止。

3. 故障诊断

用万用表直流电压挡测试发电机电压，即红表笔触及发电机"B"端子，黑表笔搭铁，逐渐提高发动机转速，检查发电机电压。

①如果电压偏低、充电电流很大，应检查蓄电池是否严重亏电或内部短路。

②如果电压过高，可能是电磁振动式电压调节器低速触点黏结或高速触点接触不良。

③如果人为闭合高速触点，电压下降，则为电磁线圈、温度补偿电阻断路。

④如果人为闭合高速触点，电压仍不下降，则为高速触点氧化、脏污而存在闭合电阻，以

致励磁电路不能合理短路。

7.2.5　充电电流不稳定故障诊断与排除

1. 故障现象

发动机在怠速以上运转时，时而充电，时而不充电，电流表指针不断摆动或充电指示灯频繁点亮。

2. 故障原因

①风扇皮带打滑。

②蓄电池至发电机电枢接线柱导线接线不良。

③集电环脏污或炭刷与集电环接触不良，炭刷弹簧过软。

④电磁振动式电压调节器触点烧蚀或脏污，触点臂弹簧过软。

3. 故障诊断

诊断时应首先排除风扇皮带传动不良、导线接线不良等影响因素，然后对下述三种情况进行诊断。

①电流表指示充电且指针在各种转速范围内均摆动。这说明电压控制不平稳，可在发动机稍高于怠速运转时，用起子搭接电压调节器低速触点，如电流表指针稳定，说明该触点接触不良，或气隙、弹簧张力调整不当。

②电流表指针仅在高速范围内摆动。这说明电压调节器高速触点接触不良，可检查该触点是否烧蚀、脏污或接触不良。

③某一转速范围充电不稳。此故障多为电压调节器气隙调整不当所致。

④经上述诊断检查仍无效，则故障在发电机内部，一般为集电环脏污或炭刷接触不良。

7.2.6　充电指示灯故障诊断与排除

充电指示灯故障包括接通点火开关后指示灯不亮、发动机转速已提高但指示灯仍不熄灭等故障。

1. 接通点火开关，指示灯不亮

(1)故障现象

接通点火开关后，指示灯不亮或发暗红。

(2)故障原因

①熔断器烧断，接线松动。

②指示灯泡烧毁。

③充电指示继电器触点接触不良，两对触点黏结。

(3)故障诊断

①检查熔断器是否熔断，接线是否松动。

②如良好，可将调节器的接线插座拔开，取出指示灯引线，接通电源开关，用此引线接铁试验。

③如指示灯亮，说明指示灯泡良好，故障是指示继电器的触点接触不良或调节器内部搭铁不良。

2. 发动机发动后，转速已提高，指示灯不熄灭

(1)故障现象

发动机以中速以上转速运转时，充电指示灯不熄灭。

(2)故障原因

①插头或导线连接松动或断路。

②指示继电器调整不当或触点黏结分不开。

(3)故障诊断

应首先判明发电机是否发电。如发电而指示灯不熄灭，可拆下调节器盖，检查调节器触点是否黏结。可将触点分开试验，如分开后指示灯熄灭，则说明调节器调整不当或触点黏结。如分开后指示灯仍不熄灭，则应进一步检查有无搭铁之处。

7.3 汽车灯系统故障诊断

汽车灯系统包括汽车照明灯、汽车信号灯及安全指示灯等。汽车灯系统的故障率较高，故障原因主要是导线连接松动、接触不良、短路、搭铁、断路和充电系统电压调整过高等。汽车灯系统故障在诊断时常采用试灯法和电源短接法等。

汽车照明灯系统包括前照灯、雾灯、牌照灯、倒车灯、内部照明灯及其开关电路等。照明灯系统的故障诊断以桑塔纳轿车前照灯为例进行说明。

桑塔纳轿车照明电路如图 7-8 所示。

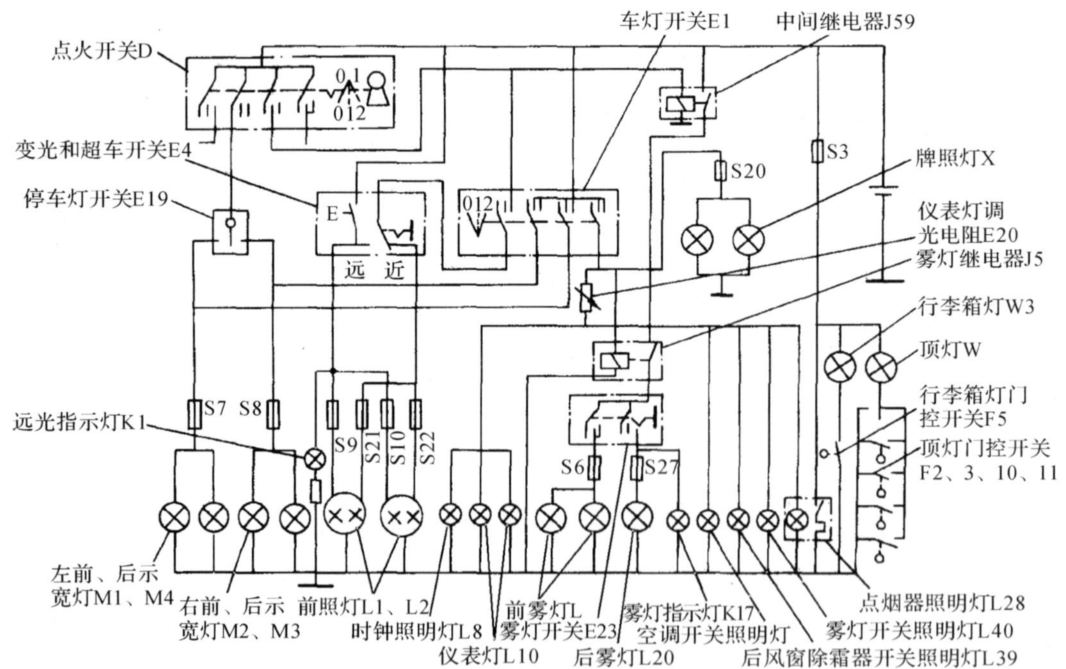

图 7-8 桑塔纳轿车照明电路

7.3.1　前照灯的检测

前照灯的诊断参数主要是发光强度和光束照射位置。

1. 前照灯检测仪的类型与检测方法

按照结构特征与测量方法的不同，前照灯检测仪可分为聚光式、屏幕式、投影式和自动追踪光轴式等几种类型，由接受前照灯光束的受光器、使受光器与汽车前照灯对正的校准装置、前照灯发光强度指示装置、光轴偏斜方向和偏斜量指示装置及支柱、底座、导轨、车辆摆正找准装置组成。

投影式前照灯检测仪：投影式前照灯检测仪将前照灯光束的影像映射到投影屏幕上，从而检测出发光强度和光轴偏斜量。检测时，检测仪放在前照灯前方 3m 处。投影式前照灯检测仪的构造如图 7-9 所示。在聚光透镜的上下和左右方向装有四个光电池，前照灯光束的影像通过聚光透镜、光度计的光电池和反射镜后，影射到投影屏上，如图 7-10 所示。在检测时，通过上下与左右移动受光器使光轴偏斜指示计的指示值为零，即上下与左右光电池的受光量相等，从而找到被测前照灯主光轴的方向，然后根据投影屏上前照灯光束影像的位置，即可得出主光轴的偏斜量，同时可从光度计的指示值得出发光强度。

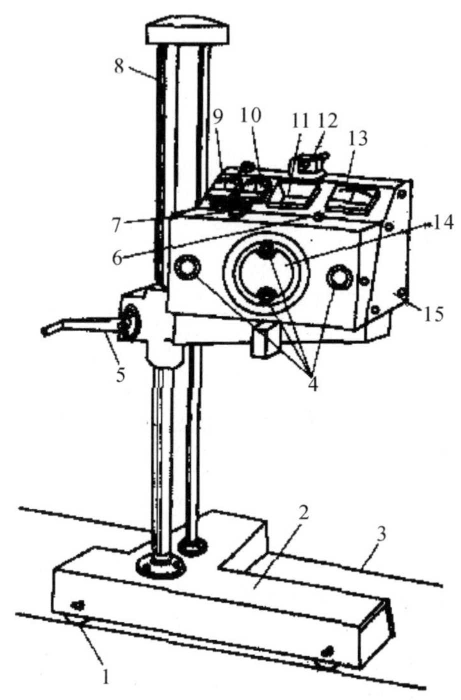

1—车轮　2—底座　3—导轨　4—光电池　5—上下移动手柄
6—光轴刻度盘(上下)　7—光轴刻度盘(左右)　8—支柱
9—左右偏斜指示计　10—上下偏斜指示计　11—投影屏
12—车辆摆正找准器　13—光度计　14—聚光透镜　15—受光器

图 7-9　投影式前照灯检测仪的构造

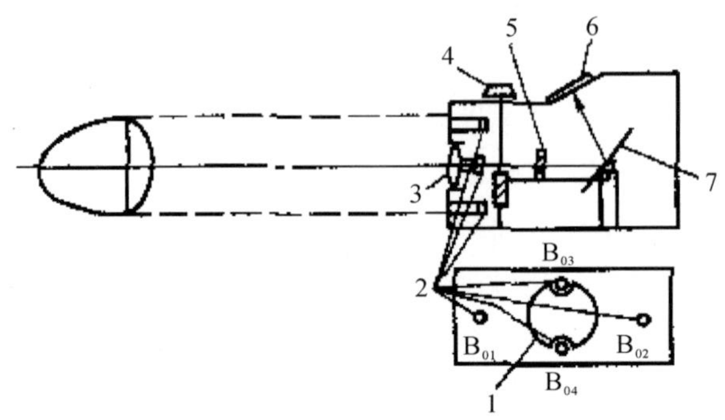

1、3—聚光透镜　2—光电池　4—光轴刻度盘
5—光度计光电池　6—投影屏　7—反射镜
图 7-10　光束影射原理

2. 前照灯发光强度和光轴偏斜量的检测方法

(1)检测仪的准备

①在前照灯检测仪不受光的情况下,检查光度计和光轴偏斜量指示计是否对准机械零点,若指针失准,可用零点调整螺钉调整。

②检查聚光透镜和反射镜的镜面上有无污物,若有,可用柔软的布或镜头纸等擦干净。

③检查水准器的技术状况。若水准器无气泡,应进行修理;若气泡不在红线框内时,可用水准器调节器或垫片进行调整。

④检查导轨是否沾有泥土等杂物,若有,应清除干净。

(2)车辆的准备

①清除前照灯的污物。

②轮胎气压应符合汽车制造厂的规定。

③汽车蓄电池应处于足电状态。

(3)检测方法

由于前照灯检测仪的类型、牌号不同,其检测发光强度和光轴偏斜量的方法也不完全相同,在此仅介绍通用的使用方法。

①将被检车辆尽可能地与前照灯检测仪的轨道保持垂直方向驶近检测仪,直至前照灯与检测仪受光器之间达到规定的检测距离(3m、1m、0.5m 或 0.3m)

②用车辆摆正找准器使检测仪与被检汽车对正。

③开亮前照灯,用前照灯找准器使检测仪与被检前照灯对正。

④检查发光强度和光轴偏斜量。

⑤对于投影式前照灯检测仪,应使光轴偏斜指示计的示值为零,根据投影屏上前照灯影像中心所示的刻度值,即可读出光轴的偏斜量。如果投影式前照灯检测仪设有光轴刻度盘,则要转动光轴刻度盘,使投影屏上的坐标原点与前照灯影像中心重合,读取此时光轴刻度盘上的指示值,即可得出发光强度。

⑥对于自动追踪光轴式前照灯检测仪,只要按下控制盒上的测量开关,受光器立即追踪前照灯光轴,根据光轴偏斜指示计和光度计上的指示值,即可获得光轴偏斜量和发光强度。

⑦检测完一只前照灯后,用同样的方法检测另一只前照灯。

3. 前照灯远、近光均不亮

(1)故障现象

车灯开关处于 2 位时,拨动变光开关,前照灯远、近光均不亮。

(2)故障原因

①熔断器 S9、S10、S21、S22 均断路。

②车灯开关 E1 损坏。

③变光开关 E4 损坏。

④前照灯双丝灯泡损坏。

⑤连接线路断路。

(3)故障诊断与排除

前照灯远、近光均不亮故障诊断流程如图 7-11 所示。

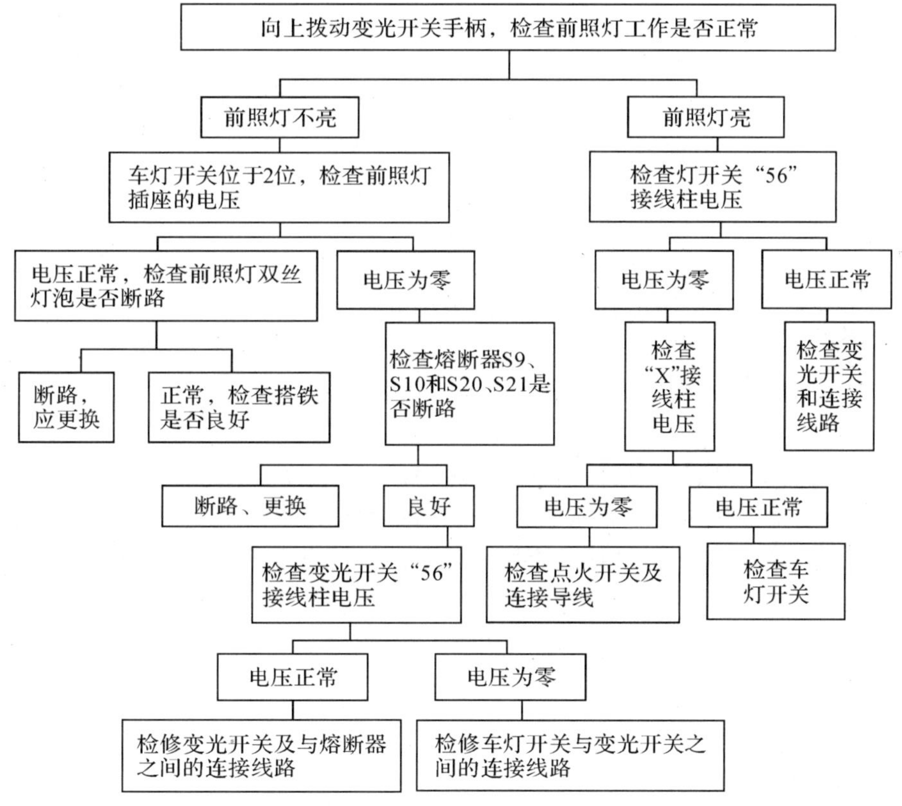

图 7-11　前照灯远、近光均不亮故障诊断流程

4. 前照灯远光或近光不亮

(1)故障原因

①变光开关远光或近光挡接触不良。

②双丝灯泡远光灯丝或近光灯丝损坏。

③熔断器 S9、S10 或 S21、S22 断路。

④远光灯或近光灯连接线断路。

(2)故障诊断与排除

如图 7-12 所示。

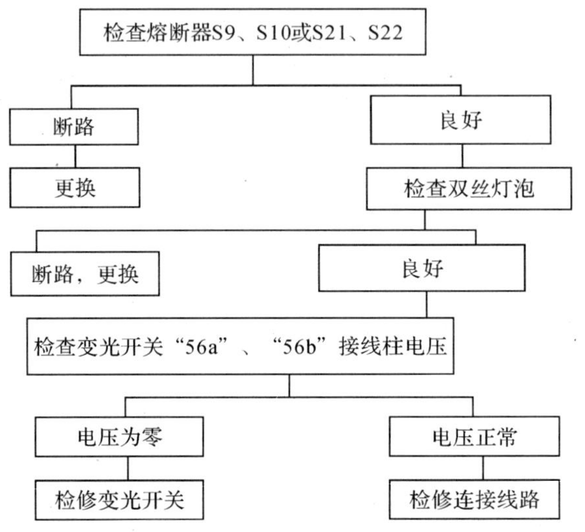

图 7-12　前照灯远光或近光不亮的诊断流程

3. 前照灯只有一侧亮，另一侧不亮

(1)故障现象

前照灯开关接通后，前照灯只有一侧亮，另一侧不亮。

(2)故障原因

前照灯连接器或搭铁线松脱、导线断路或搭铁、灯泡烧坏等。

(3)故障诊断

①检查不亮侧的前照灯连接器，若松脱或接触不良，可拆下检查，并进行必要校正，然后重新插接稳固；如果重新连接后故障现象仍然存在，则继续下列检查。

②检查不亮侧的前照灯搭铁线是否脱落，如有不良，应重新进行紧固。若重新紧固后故障现象仍然存在，则为灯泡本身故障。

③检查灯泡是否完整，如有缺陷，应予更换。

4. 前照灯亮度不够

(1)故障现象

接通开关，前照灯灯光昏暗，亮度不够。

(2)故障原因

①蓄电池充电不足、交流发电机输出电压过低。

②变光开关接触不良。

③连接器接触不良。

④灯泡使用时间过久，灯丝已经老化。

⑤半封闭式前照灯的反光镜老化或沾有污物。

(3)故障诊断

①用万用表检测蓄电池的电压，蓄电池电压应在 12V 以上，若低于 12V 时，应检查蓄电

池并予以补充充电。

②检查交流发电机的输出电压，若输出电压低于13.8V，则为发电机或其调节器故障，可参考充电系统故障进行检测与排除。

③用试灯法检查前照灯的电路，并检查各种导线插头，排除线路故障，若故障现象仍然存在，则为灯泡自身故障，应更换。

5.前照灯无超车变光信号

(1)故障现象

前照灯远光、近光均正常，但拨动变光开关手柄，前照灯灯光无变化。

(2)故障原因

变光开关接触不良。

(3)故障诊断

用试灯法在变光开关的接线柱上刮试，若试灯不亮，表明变光开关内部故障。故障包括触点接触不良或触点烧蚀、粘污等，应用磨石或砂条打磨光洁，必要时予以更换。

其他灯系统的故障诊断与排除方法基本与前照灯的检查相同，不再详细介绍。

7.4　电子巡航系统故障诊断

7.4.1　电子巡航控制系统的基本组成

电子巡航控制系统主要由主控开关、车速传感器、电子控制器和执行元件四部分组成。

1.主控开关

主控开关一般为组合式开关，安装在方便驾驶员操作的转向盘或其他部位。它由主开关和控制开关组成，主开关为巡航系统的电源开关；控制开关一般有三个开关、五种控制功能，即SET/COAST(设置/减速)、RES/ACC(恢复/加速)和CANCEL(取消)。接通主开关，当汽车行驶在40～200km/h范围内时，压下SET/COAST开关并松开，巡航控制ECU使汽车以松开开关时的车速稳定行驶。此时，再压下SET/COAST或RSE/ACC开关，汽车将加速或减速，并以松开开关时的速度稳定行驶。压下CANCEL开关或安全系统起作用后，巡航系统取消，再压下RES/ACC开关，汽车将恢复取消前设定的速度稳定行驶。

2.车速传感器

车速传感器通常和车速里程表驱动装置相连，具有非电子式车速表的汽车，巡航系统设有专用车速传感器，一般安装在汽车变速器输出轴上。车速传感器有光电式、霍尔效应式、磁阻式等多种结构形式。

3.执行元件

执行元件是电子巡航控制系统的一个组成部分，有电动和气动两种控制形式。电动控制方式一般采用步进电机控制，而气动控制方式多数采用进气歧管真空度控制的真空伺服结构。

4.电子控制器

电子控制器又称巡航电脑，是整个控制系统的中枢，它接受来自制动踏板、车速传感器和操纵开关的信号，经处理后控制伺服装置，继而控制执行机构动作。

7.4.2 电子巡航控制系统的基本工作原理

电子控制器接受两个信号，一是驾驶员设定的指令速度信号，二是车速反馈信号，检测出这两个输入信号之间的误差后，将控制信号送至节气门执行器。节气门执行器根据所接受的控制信号调节发动机节气门开度以修正电子控制器所检测到的误差，从而使车速保持恒定。

7.4.3 电子巡航控制系统的安全装置

为了确保行车安全，巡航控制系统的控制器电路中设有多重安全装置，一旦以下所列的任一项动作发生，巡航控制器都会立即停止工作，同时直接使执行元件的工作停止。

①踏下制动踏板或拉动驻车制动器。

②踏下离合器踏板或扳动自动变速器选挡杆。

③关掉主开关或打开取消开关。

④车速下降超过原设定车速 20km/h。

⑤关掉电源。

7.4.4 电子巡航控制系统常见故障诊断

如表 7-1 所示，巡航控制系统常见的故障一般可以分为两类，一是巡航控制系统不能工作，二是巡航控制安全保持系统的故障。

表 7-1 电子巡航控制系统常见故障

故意类型	故障现象	检修方法
巡航控制系统不能工作	速度传感器没有信号	检查速度传感器及其线束
	执行机构不工作	①检查执行机构动力源的供电情况
		②检查真空泵或步进电机的工作情况
		③检查真实泵橡胶是否老化或有机械损伤
	安全系统故障	检查安全系统
	自由拉杆和节气门拉线卡死	检查自由拉杆和拉线
	ECU 工作不正常	检修或更换 ECU
安全系统故障	速度信号不正确或没有	检查速度传感器及其线束
	调整限制电路故障	检查调整限制开关或线束
	低速限制电路故障	检查 ECU 或低速限制电路
	安全磁性离合器故障	检查安全磁性离合器及其电路
	没有制动信号	检查制动电路及熔断器
	没有空挡起动信号	检查空挡电路及熔断器
	ECU 不工作	检修或更换 ECU

7.5　辅助电器故障诊断与检测

为保证车辆行驶的安全性和舒适性，大部分车辆还装有一些辅助电器系统，本节将简单介绍几种辅助电器常见故障的诊断与检测方法。

7.5.1　车速表的故障诊断与检测

若车速表不工作，说明车速表电路出现故障，应按表 7-2 所示程序进行故障诊断。若车速传感器出现故障，则按图 7-13 所示进行车速传感器检测。检测时，拔开导线连接器，将蓄电池“＋”接传感器端子 2，“－”接端子 3，转动传动轴，使传感器转轴转动，检测传感器端子 1 和 3 之间的电压，应在 0～11V（或更大）范围内连续变化。车速传感器轴每转一圈，电压变化应为 20 次，否则说明传感器损坏，应更换。

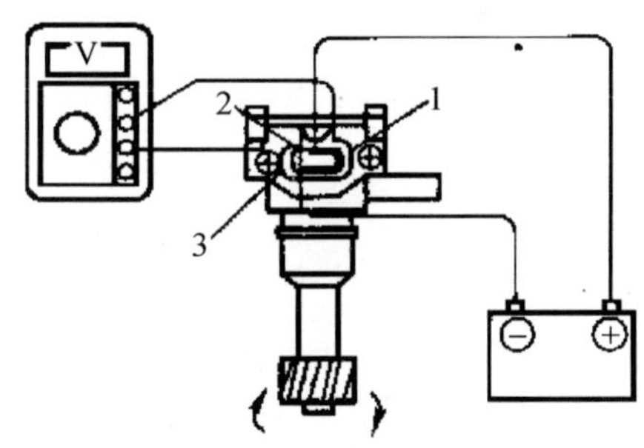

图 7-13　车速传感器的检测

表 7-2　车速里程表不工作的故障诊断与检测

步骤	诊断与检测方法	结果	
		是	否
1	检查行驶中里程表是否工作	车速表故障	至步骤 2
2	①拔下仪表连接器 A 和 C，顶起车辆，点火开关“ON”； ②转动传动轴的同时检测端子 A－B 和 C－B 之间的电压； ③传动轴每转 1 周，电压应在 0V 和 11V 间连续变化	电路板故障	至步骤 3
3	检查车速传感器工作是否正常	车速传感器电源组件或其导线故障	车速传感器故障

7.5.2　水温表不工作的故障诊断与检测

水温表不工作的故障诊断与检测程序见表 7-3。

表 7-3 水温表不工作的故障诊断与检测

步骤	诊断与检测方法	结果	
		是	否
1	①脱开水温传感器，点火开关“ON”，水温表的指针应指向 COOL； ②将连续器端子串入一只 3.4W 的灯泡搭铁，灯泡应点亮，同时水温表指针应移向热端	电源组件故障	至步骤 2
2	①点火开关“OFF”，检测水温表电阻； ②端子 A 和 B 间电阻是否为 54Ω； ③端子 A 和 C 间电阻是否为 146Ω； ④端子 B 和 C 间电阻是否为 200Ω	水温传感器故障	水温表故障

水温传感器的检测：测量水温传感器端子与传感器之间的电阻，在水温为 50℃时，电阻约为 249Ω；水温为 115℃时，电阻约为 28Ω。否则应更换传感器。

7.5.3 燃油表不工作的故障诊断与检测

燃油表不工作的故障诊断与检测程序见表 7-4。

表 7-4 燃油表不工作的故障诊断与检测

步骤	诊断与检测方法	结果	
		是	否
1	①脱开燃油传感器，点火开关“ON”，表的指针是否指向 ENTRY； ②在燃油表端子 2 和 3 间串一个 3.4W 的灯泡，观察灯泡是否点亮，同时燃油表指针是否移向满刻度	电源组件故障	至步骤 2
2	①点火开关“OFF”，检测燃油表电阻； ②端子 A 和 B 间电阻是否为 73Ω； ③端子 A 和 C 间电阻是否为 188Ω； ④端子 B 和 C 间电阻是否为 115Ω		

燃油传感器的检测：将 3 节 1.5V 的干电池串联，将正极通过一只 3.4W 的灯泡接至端子 3，负极接至端子 2，将电压表的表笔“＋”接端子 3，表笔“－”接传感器外壳，当油箱内浮标从顶部移到底部时，电压表的示值应连续上升，否则为传感器损坏。

7.5.4 发动机机油压力警告灯的故障诊断与检测

发动机机油压力警告灯不亮：其故障诊断与检测程序见表 7-5。

表 7-5　警告灯不亮的故障诊断与检测

步骤	诊断与检测方法	结果	
		是	否
1	①拔下仪表系统连接器 B； ②点火开关“ON”，约 40s 后警告灯是否点亮	至步骤 3	至步骤 2
2	检查灯泡是否正常	电路板故障	更换灯泡
3	①确保机油压力在 40kPa 以上； ②发动机停机时，机油压力警告开关端子与搭铁是否导通； ③发动机运转时，端子与搭铁间是否不导通	电源组件故障	机油压力警告开关故障

发动机机油压力警告灯一直亮：其故障诊断与检测程序见表 7-6。

表 7-6　警告灯一直亮的故障诊断与检测

步骤	诊断与检测方法	结果	
		是	否
1	①点火开关“ON”，15s 内起动发动机 ②观察发动机起动后 15s 内警告灯是否熄灭或过后又亮	至步骤 4	至步骤 2
2	将仪表端子 B—18 搭铁	电路板故障	至步骤 3
3	①确保机油压力在 40kPa 以上； ②发动机停机时，机油压力警告开关端子与搭铁是否导通； ③发动机运转时，端子与搭铁间是否不导通	电源组件故障	机油压力警告开关故障
4	拔下发电机连接器，警告灯是否点亮	至步骤 5	交流发电机故障
5	检测仪表端子 B—6 与搭铁是否导通	该线路故障	电路板故障

7.5.5　喇叭的故障诊断与检测

喇叭的常见故障及诊断部位见表 7-7。

表 7-7　喇叭常见故障

故障现象	诊断部位
喇叭不响	①蓄电池电量不足 ②熔断器熔断或线路故障； ③喇叭继电器故障； ④喇叭损坏

续表

故障现象	诊断部位
喇叭声音沙哑	①蓄电池电量不足； ②线路接触不良； ③喇叭继电器故障； ④喇叭调整不当或损坏
喇叭常响或耗电量过大	①喇叭调整不当； ②触点间绝缘垫损坏漏电； ③电容器或灭弧电阻短路

7.5.6 音响系统的常见故障诊断

下面以上海别克轿车为例，介绍音响系统常见故障的诊断方法。

音响系统被锁住的故障诊断：点火开关置“OFF”，拆下熔断器 E1－E2 和 J7－J8，等待 1min后再装复，点火开关置“RUN”，应解锁。否则更换收音机。

收音机系统不工作的故障诊断：其故障诊断程序见表 7-8。

表 7-8 收音机系统不工作的故障诊断

步骤	诊断与检测方法	结果	
		是	否
1	检查熔断丝 E1－E2 是否断路	更换	至步骤 2
2	检查熔断丝 J7－J8 是否断路	更换	至步骤 3
3	拆下连接器，在端子 F1 和搭铁之间连一试灯，看试灯是否亮	至步骤 4	线路 640 断路
4	在连接器端子 F2 和搭铁之间连一试灯，看试灯是否亮	至步骤 5	线路 351 断路
5	在连接器端子 F2 和 E16 之间连一试灯，点火开关“ON”，看试灯是否亮	更换收音机	线路 43 断路

7.5.7 电动雨刮和冲洗系统的常见故障诊断与检测

电动雨刮和冲洗系统的常见故障及诊断部位见表 7-9。

表 7-9　电动雨刮和冲洗系统故障诊断

故障现象	诊断部位
系统不工作	①线路和熔断器故障； ②雨刮开关或电机故障； ③车身控制 ECU
开关在某挡不工作	雨刮开关故障或线路故障
冲洗系统不工作	①洗涤液罐中缺水； ②冲洗开关或电机故障； ③线路或喷管故障

思考题

1. 起动机不转的现象、原因及排除方法？
2. 什么原因会引起起动机空转？
3. 怎样排除起动机有异响的故障？
4. 简述喇叭不响的诊断方法。

第八章

汽车空调系统故障诊断

学习目标

1. 知识目标

(1)了解汽车空调系统的组成和工作原理。

(2)掌握汽车空调系统故障诊断方法。

(3)了解汽车空调系统常见故障的诊断与排除。

(4)掌握空调系统的性能检测的方法。

2. 能力目标

(1)能运用汽车空调系统诊断的方法来判断汽车空调常见的故障。

(2)熟悉故障流程。

相关知识

汽车空调目前分为两种:手动控制的汽车空调和电脑控制的汽车空调。手动控制的汽车空调只能按驾驶员所设定的鼓风机空气温度和鼓风机转速不断运行,而电脑控制的汽车空调可以通过检测车内温度、车外温度和太阳辐射等等,根据驾驶员所设置的温度,自动调节鼓风机空气温度和鼓风机转速,从而将车内温度保持在设定的温度。手动控制的汽车空调系统故障可以通过人工和仪器设备进行诊断。电脑控制的汽车空调系统故障除了可以通过人工和仪器设备进行诊断外,还可以利用故障自诊断系统进行诊断。

8.1 汽车空调系统的组成和工作原理

8.1.1 汽车空调系统的组成及分类

1. 汽车空调系统的组成

汽车空调主要由制冷系统、暖风装置、通风装置、操纵控制装置以及空气净化装置等组成。

(1)制冷系统

由压缩机、冷凝器、贮液干燥器(或积累器)、膨胀阀(或孔管)、蒸发器和电气控制系统组成,采用蒸气压缩式的制冷原理对空气进行冷却。作为冷源的蒸发器,其温度低于空气的露点温度,因此,制冷系统还有除湿和净化空气的作用。

(2)暖风装置

一般轿车空调是通过把发动机的冷却水引入暖风散热器,再利用暖风电机将热空气吹入车内,来达到提高室内温度的目的。同时,还可以对前挡风玻璃进行除霜。

(3)通风装置

包括暖风电机、风道、风门和出风口等,把车外的新鲜空气引入车内,通过排风口把车内污浊空气排出车外。

(4)操纵控制装置

一般由电气系统、真空系统和操纵装置组成,对制冷系统和暖风装置的工作进行控制,同时,对车内的温度、风量、流向进行调节,保证空调系统正常工作。

(5)空气净化装置

一般由空气过滤器、排风口、电气集尘器和阴离子发生器等组成。对引入的车外空气进行过滤,不断排出车内的污浊气体,保证车内空气清洁。

2. 汽车空调系统的分类

根据压缩机控制方法的不同,汽车空调系统可分两类:一类是压缩机的开关由压力开关或温度开关控制,即循环离合器系统;另一类是压缩机连续运转,即蒸发机压力控制系统。

根据冷凝剂类型的不同,汽车空调系统可分为 R-12 系统和 R-134a 系统,目前大多数车辆采用 R-134a 系统。

根据操纵控制装置的不同,汽车空调系统可分为手动控制空调系统、自动空调系统和微型计算机控制的空调系统。

8.1.2 汽车空调系统的工作原理

1. 汽车空调制冷系统的工作原理

如图 8-1 所示,制冷剂密封在制冷系统中,制冷系统工作时,压缩机转动,将低温低压的制冷剂蒸汽变成高温高压的制冷剂蒸汽送进冷凝器中。冷凝器把制冷剂蒸汽的热量散发出去,使制冷剂蒸汽变为液体。制冷剂放出热量后,经干燥过滤器过滤去水分。液态制冷剂在高温高压下,被压向膨胀阀,因膨胀阀有限流作用,它可根据汽车车厢内的热负荷情况,自动地调节制冷剂的流量,使液态制冷剂经过限量后进入蒸发器。制冷剂突然进入大管径的蒸发器螺旋管中,由于体积变大而压力下降,又由液态变气态,同时吸收大量的热量,使流经蒸发器的空气变冷,冷空气吹向车厢。带有热量的气态制冷剂又被吸进压缩机,开始下一个循环的工作。由此可知,汽车空调制冷系统实际上是一个传热系统,通过制冷剂把车厢内的热量带走,并散发到车外,使车内降温。

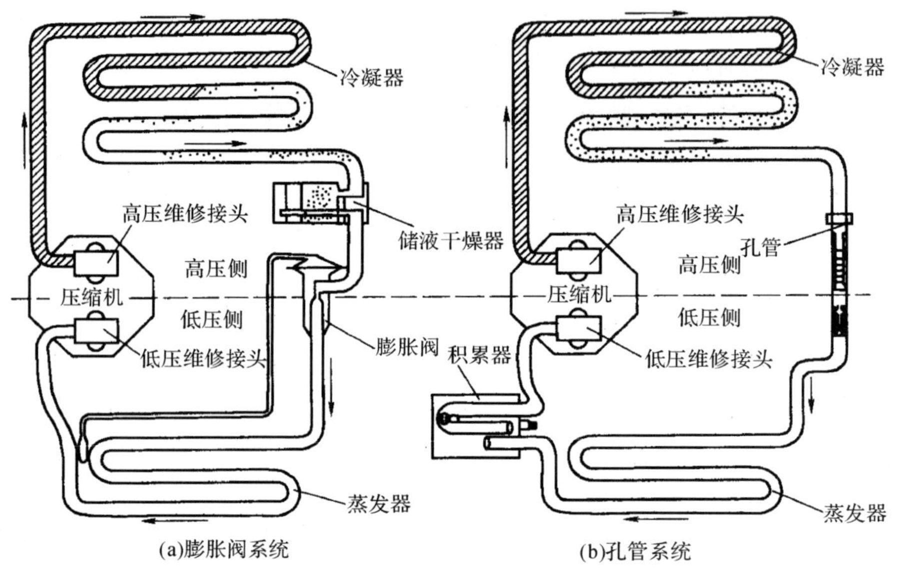

图 8-1 汽车空调制冷系统工作原理

2. 汽车暖风装置的工作原理

暖风装置是将空气送入热交换器,吸收某种热源的热量,以提高空气温度的装置。一般汽车所利用的热源为发动机的冷却液,把送入热交换器中的车外或车内空气,与已变为热水的发动机冷却水进行热交换,空气被加热成为暖风。这种装置经济可靠,应用广泛。

如图 8-2 所示,冷却水通过热水阀流入暖风装置中的热交换器,然后再流回水泵。热水阀的作用是调节所需热水流量。这种装置进入暖风装置的冷却水流量主要是由发动机所带动的水泵来决定的,所以采暖能力会受到发动机转速的影响。

暖风装置除供车内取暖以外,还有对车窗玻璃进行除雾除霜的作用;在不进行取暖时,还可以起到动压通风与强制通风的作用。

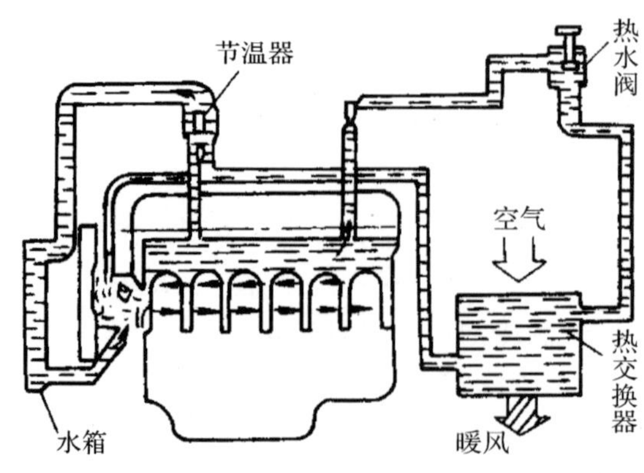

图 8-2 汽车暖风装置

3.汽车通风装置的工作原理

汽车通风装置的主要功能是换气。即打开通风口，利用汽车迎风面的动压通风或利用空调系统中风机的强制通风来进行换气。

动压通风方式是利用汽车行驶时，对车外部所产生的风压，通过进风口和排风口，实现通风换气(自然通风)。动压通风方式不消耗动力，普通轿车都采用动压通风方式进行换气。强制通风是采用电动送风机强制外气进入的方式，这种方式在汽车行驶时，又经常与动压通风一起使用，高级轿车均采用动压通风与强制通风结合的方式。

8.2　汽车空调系统故障诊断方法

1.听

听包括两方面的含义，一是听取驾驶员对故障原因的说明，二是监听设备有无不正常噪声。但当接通空调开关，压缩机刚开始工作时，发动机声音稍微大些是正常的。

2.看

主要是指查看各部件的表面情况，如观察仪表盘上的压力、水温、油压等性能指示灯是否正常，此外还应重点查看以下部位：

①检查压缩机安装是否牢固，压缩机驱动皮带是否有歪斜、破损等情况，同时要求压缩机皮带松紧度合适(可用两个手指压皮带中间部位，能压下7～10mm为宜)。

②检查冷凝器表面是否脏污、变形，与水箱之间是否有杂物。

③检查蒸发器和空气过滤网是否干净和通风良好。

④检查制冷系统管路、接头及组件表面有无油迹(如有油迹，一般是制冷剂出现渗漏)，制冷管路是否有擦伤或变形等。

⑤查看制冷剂的数量和工作状态。

3.摸

主要指用手触摸零件的温度，来判断空调系统工作正常与否。开启空调开关，使压缩机运转15～20min之后，进行如下操作：

①利用手感比较车厢冷气栅格吹出的冷风凉度及风量大小。

②用手触摸压缩机的进、排气管的温度，两者应有明显的温差。

③利用手感比较冷凝器的进管和出管两者温度。当后者温度低于前者为正常，若两者温度相差不大，甚至相同，说明冷凝器有故障。

④用手触摸干燥过滤器前后管道的温度，当两者温度一致为正常，否则说明干燥过滤器存在堵塞现象。

⑤膨胀阀前面的管道与出口应有很大的温差，否则说明膨胀阀出现故障。

4.测

主要指借助压力表对系统的高、低侧进行压力的测量，对于自动空调还可以利用自诊断对制冷系统进行测试，来确定故障部位、原因。

8.3 空调系统的性能检测

8.3.1 制冷剂数量的检查

检查制冷剂数量及工作状态，进而可分析判断空调系统的工作情况。在关闭所有车门、温度控制开关在最冷(COOL)位置、鼓风机控制开关在最高(HI)位置、进气控制开关在内循环(REC)位置、打开空调(A/C)开关使发动机在1500r/min下运转的条件下，从贮液干燥器玻璃观察窗检查制冷剂数量及工作状态，具体情况见表8-1。

表 8-1 制冷剂的数量及观察窗所对应的征兆

项目	征兆	制冷剂数量	处理方法
1	观察窗出现气泡	不足	用检漏仪检查渗漏部位，进行修复，充入适量制冷剂
2	观察窗无气泡出现	无、足够或太多	参照3和4
3	压缩机进、出口间无温度差	无或很少	用检漏仪检查渗漏部位，进行修复，充入适量制冷剂
4	压缩机进、出口间无明显温度差	适量或太多	参照5和6
5	空调关闭后，制冷剂在观察窗口立即呈现清晰状态	过多	排出多余制冷剂，达到规定数量
6	空调关闭后，在观察窗能见到制冷泡沫，然后变成清晰状态	正常	

8.3.2 压缩机冷冻机油的检查

通过压缩机上安装的玻璃镜观察压缩机油量，如果压缩机冷冻机油油面达到视镜高度的80%位置，一般认为是合适的。反之油面在此界限之上，应放出多余的机油；油面在此之下，则应添加。对于未装观察镜的压缩机，可以用量油尺检查其油量。

8.3.3 空调系统泄漏检查

空调系统的泄漏检查有很多种方法，这里只介绍几种方法。

1. 电子检漏仪检漏

电子检漏仪如图8-3所示，应遵照制造厂家有关规定进行检查。检查步骤如下：

①转动控制器敏感性旋钮至断开“OFF”或“ON”位置，将电子检漏仪接通电源(厂家规定电压)，应有5min的升温期(除电池供电外)。

②升温期结束后，放置探头至被怀疑泄漏处，调整控制器和敏感性旋钮，直至检漏仪有新反应为止。移动探头，反应应当停止，若继续反应，则是敏感性调整得过高。

③移动导漏软管，依次在各接头、密封件和控制装置处进行检查。

④断开和系统连接的真空软管,检查各真空软管接头处有无制冷剂蒸汽。

⑤如果发生漏点,检漏仪就会出现反应,发出警报。

注意:探头和制冷剂的接触时间不应过长,不要把制冷剂气流或严重泄漏的地方对准探头,否则会损坏探测仪敏感元件。

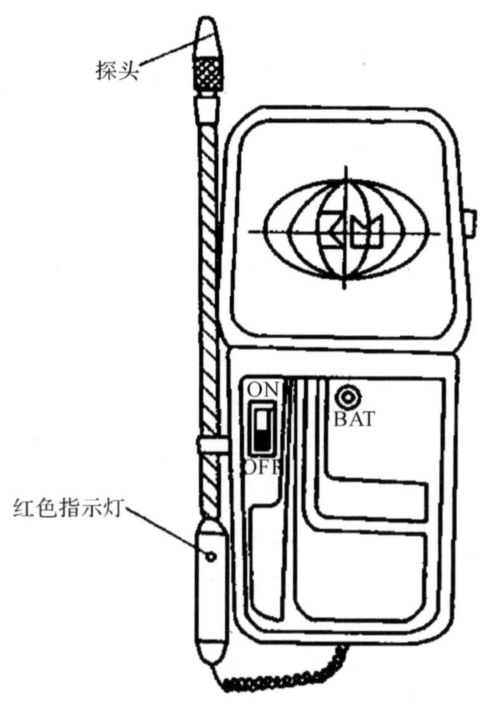

图 8-3　电子检漏仪

2. 皂泡检漏

有些漏点局部凹陷,用检漏仪很难进入,要确定泄漏的确切位置,可用皂泡检漏。首先调好皂泡溶液(用肥皂粉加水即可),溶液的浓度要黏稠到用刷子一抹就可形成气泡的程度;其次将全部接头或可疑区段抹上皂液;最后观察皂泡出现的情况,皂泡形成处就是漏点所在。

3. 染料检漏

把黄色或红色的颜料溶液引入空调系统,可以确定冷漏点和压力漏点,也就是染料检漏。在漏点周围有红色或黄色染料积存,显示出漏点准确位置。具体的操作过程如下:

①准备工作:将压力表组接入系统,放掉系统中制冷剂;拆下表座中间软管,换接一根长152mm、两端带坡口螺母的铜管;铜管的另一端和染料容器相接,中间软管的一端也接在染料容器上,而另一端则和制冷剂灌接通。

②染料进入系统:起动发动机并怠速运转,调整控制器到最凉位置;缓和地打开低压侧手阀,使染料进入系统;向系统充注制冷剂,应为实际量的一半。让发动机连续运行15min,然后关闭发动机和空调系统。

③观察系统:观察软管和接头是否有染料溶液泄漏现象,如果发现漏点,按要求修理。染料可以保留在系统内,对系统无害。

另外,还有一些其他的检漏方法,但须注意的是尽可能地不用火焰检漏仪进行系统的泄漏检查，防止制冷剂被点燃引起火灾，使人、车遭受损失。

8.3.4 用压力表组判断、分析系统故障

1. 制冷不足

(1)故障现象

高、低压侧的压力都偏低，从玻璃观察窗看到有连续的气泡出现，高压管路温热、低压管路微冷。

(2)故障原因

制冷剂充注不足或系统某些部位发生渗漏。

(3)故障诊断与排除

充入适量的制冷剂或用检漏仪查找渗漏部位，并予以修复。

2. 系统中有水分

(1)故障现象

工作期间，在低压侧压力有时正常，有时指示真空；高压侧压力指示正常，有时稍高；间歇性制冷，最后不制冷。

(2)故障原因

干燥剂吸湿能力达到饱和；制冷循环系统内在膨胀阀(或孔管)处结冰，阻塞了制冷剂的流动，导致不制冷；当冰融化后，系统又恢复到正常状态。

(3)故障诊断与排除

干燥剂处于饱和状态，更换贮液干燥器或干燥剂。反复抽真空，排除系统中的水分，然后注入适当数量的新的制冷剂。

3. 制冷剂循环不良

(1)故障现象

高压和低压侧压力都偏低；从贮液干燥器到主机组的管路都结霜；制冷不足。

(2)故障原因

贮液干燥器堵塞，阻滞了制冷剂的流动。

(3)故障诊断与排除

更换贮液干燥器。

4. 制冷剂不循环

(1)故障现象

低压侧压力指示真空，高压侧压力指示太低；膨胀阀或贮液干燥器前后管路上有露水或结霜；不制冷或间歇制冷。

(2)故障原因

系统中有水分或污物阻塞了制冷剂的流动；膨胀阀感温包破裂导致阀门关闭，使制冷剂无法流动。

(3)故障诊断与排除

检查膨胀阀并清理赃物，若感温包破裂，应更换膨胀阀。更换贮液干燥器；抽真空并充注适量制冷剂。

5. 制冷剂过多或冷凝器散热不良

(1)故障现象

低压侧和高压厕压力均偏高;即使发动机转速快速升高或降低,通过观察窗也见不到气泡;制冷不足。

(2)故障原因

系统中制冷剂过量;冷凝器散热不良。

(3)故障诊断与排除

若制冷剂过量使制冷能力下降,应适当排放部分制冷剂;若冷凝器表面脏污或与散热器间夹有杂物、风扇电机存在故障导致冷凝器散热不良,应清洁冷凝器,检查风扇电机的运转情况。

6. 系统中有空气

(1)故障现象

高压侧和低压侧压力都太高;低压管路发热;在储液器的观察窗出现气泡;制冷效果不好。

(2)故障原因

由于抽真空作业时不彻底,使系统中残存部分空气。

(3)故障诊断与排除

彻底抽成真空,重新充注适量新制冷剂;检查压缩机油是否变脏或不足,应更换或添加。

7. 膨胀阀安装不正确或感温包故障(开度不合适)

(1)故障现象

高压侧和低压侧压力都太高;在低压侧管路结霜或有大量露水;制冷不足。

(2)故障原因

膨胀阀存在故障或感温包安装不正确。

(3)故障诊断与排除

由于膨胀阀开度过大,导致向蒸发器高、低压侧都流入过量制冷剂,应检查膨胀阀的工作情况以及膨胀阀上感温包的安装位置。

8. 压缩机故障

(1)故障现象

低压侧压力太高;高压侧压力太低;无冷气吹出。

(2)故障原因

压缩机磨损严重,阀门渗漏或损坏。

(3)诊断与排除

拆检压缩机,视情修复或更换。

8.4　汽车空调系统常见故障的诊断与排除

汽车空调系统常见故障包括电器故障、功能部件的机械故障、制冷剂和冷冻机油引起的故障等,主要表现为系统不制冷、制冷不足或异响等。

1. 系统不制冷

(1)故障现象

起动发动机并稳定在1500r/min左右运行2min,打开空调开关及鼓风机开关,冷气口无冷风吹出。

(2)故障原因

①熔断器熔断,电路短路。

②鼓风机开关、鼓风机或其他电器元件损坏。

③压缩机驱动皮带过松、断裂,密封性差或其电磁离合器损坏。

④制冷剂过少或无制冷剂。

⑤储液干燥器(或积累器)、膨胀阀滤网(或膨胀管)、管路或软管堵塞。

⑥膨胀阀感温包损坏。

(3)故障诊断与排除

系统不制冷的故障诊断流程见图8-4。

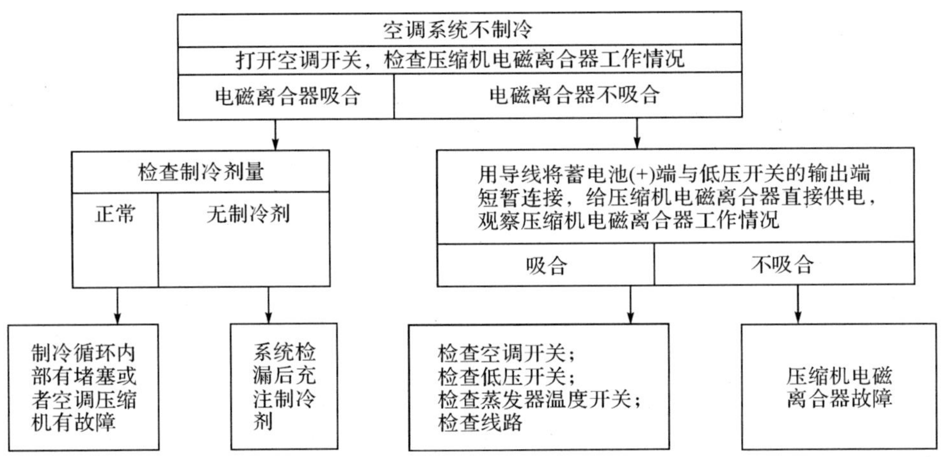

图8-4 系统不制冷的故障诊断流程

2. 系统制冷不足

(1)故障现象

空调系统长时间运行,车厢内温度能够下降,但吹风口吹出的风不冷,没有清凉舒适的感觉。

(2)故障原因

①制冷剂注入量太多,引起高压侧散热能力下降,导致制冷效能不良。

②制冷剂和冷冻机油脏污,使贮液干燥器膨胀阀发生堵塞,导致通向膨胀阀的制冷剂流量下降,引起制冷不足。

③制冷剂和冷冻机油中水分过多,导致膨胀阀节流孔出现冰堵,制冷能力下降。

④系统中含空气过多,使冷凝器散热能力下降。

⑤由于压缩机密封不良而漏气、驱动皮带松弛打滑、电磁离合器打滑等导致压缩机排气温度和压力降低,出现制冷不足。

⑥冷凝器表面积污太多、冷凝器变形等,导致冷凝器散热能力降低。

⑦膨胀阀开度调整过大，蒸发器表面结霜，膨胀阀感温包包扎不紧或外面的隔热胶带松脱，造成开启度过大，导致系统制冷不足。另外，膨胀阀开度过小，使流入蒸发器制冷剂量减少，也会引起制冷不足。

⑧送风管堵塞或损坏。

⑨温控器性能不良，使蒸发器表面结霜，冷风通过量减少，引起制冷不足。

⑩鼓风机开关、变速电阻、鼓风机电机、继电器、线路等工作不良，导致冷风量减少。

(3)故障诊断与排除

系统制冷不足的故障诊断流程见图 8-5。

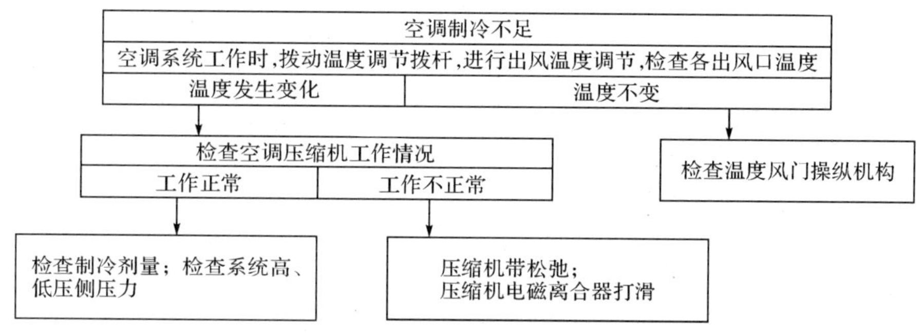

图 8-5　系统制冷不足的故障诊断流程

3. 空调系统异响与震动

(1)故障现象

空调系统工作时发出异常的声响或出现震动。

(2)故障原因

①压缩机驱动皮带松动、磨损过度，皮带轮偏斜，皮带张紧轮轴承损坏等。

②压缩机安装支架松动或压缩机损坏。

③冷冻机油过少，使配合副出现干摩擦或接近干摩擦。

④间隙不当、磨损过度、配合表面油污、蓄电池电压低等原因造成电磁离合器打滑。

⑤电磁离合器轴承损坏，线圈安装不当。

⑥鼓风机电机磨损过度或损坏。

⑦系统制冷剂过多，工作时产生噪音。

(3)故障诊断与排除

空调系统异响或震动的故障诊断流程如图 8-6 所示。

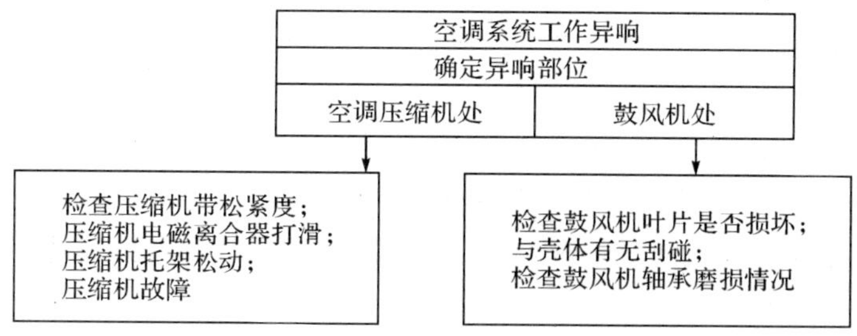

图 8-6　空调系统异响或震动的故障诊断流程

参考文献

[1]肖云魁.汽车故障诊断学[M].北京:北京理工大学出版社,2001.

[2]江冰.现代汽车故障诊断技术的探讨[J].山西交通科技,2002(2):60－61.

[3]金朝勇.现代汽车维修特征与进展[J].合肥工业大学学报,2003(2):250－253.

[4]陈朝阳,张代胜,任佩红.汽车故障诊断专家系统的现状与发展趋势[J].机械工程学报,2003,39(11):1－4.

[5]肖永清.国内外汽车检测技术发展状况[J].中国机电工业,2003(18):37－38.

[6]汪立亮,徐寅生,杨生超.现代汽车电子巡航控制系统原理与检修[M].北京:电子工业出版社,2000.

[7]张建俊.汽车检测与故障诊断技术[M].北京:机械工业出版社,2001.

[8]夏辉.IVECO依维柯轻型汽车的维修与保养[M].北京:人民邮电出版社,1997.

[9]李东江.上海别克轿车维修手册[M]北京:北京理工大学出版社,2000.

[10]王遂双,等.现代汽车电器与电子设备[M].北京:机械工业出版社,1996.

[11]汪贵平.汽车发动机电控汽油喷射系统故障诊断与排除[M].北京:人民交通出版社,1999.

[12]郑霞君,孙镜明.凌志LS400轿车电子控制系统原理与检修[M].沈阳:辽宁科学技术出版社,1998.

[13]刘希恭.凌志LS400轿车维修手册[M].沈阳:辽宁科学技术出版社,2000.

[14]王志友,李铜.桑塔纳轿车构造与检修[M].北京:北京理工大学出版社,1999.

[15]胡光辉.汽车故障诊断技术[M].北京:电子工业出版社,2005.

[16]赵英勋.现代汽车检测与故障诊断[M].北京:国防工业出版社,2007.

[17]刘越琪.发动机电控技术[M].北京:机械工业出版社,2005.

18.邓子祥.故障树分析法在汽车故障诊断中的应用[J].广西轻工业,2009.

19.张震.故障树分析法在汽车故障诊断中的应用[J].中国知网,2012.